DROIT FRANÇAIS

CONVENTION

LITTÉRAIRE & ARTISTIQUE

INTERNATIONALE

Signée à Berne le 9 septembre 1886

BONE

IMPRIMERIE DAGAND, ÉM. THOMAS, SUCCESSEUR, RUE MARCEL LUCET

—

1894

INTRODUCTION

Le droit international a acquis droit de cité dans le monde juridique. Son existence n'est plus à démontrer; elle s'impose à tous comme une impérieuse nécessité. Et, malgré les attaques violentes de quelques sceptiques attardés, malgré l'impuissance dont semblent vouloir le frapper ceux qui lui reprochent de n'avoir d'autre sanction que le droit du plus fort, il poursuit sans cesse sa marche en avant et pénètre de plus en plus à la fois dans les esprits et dans le monde de la réalité. Les relations internationales vont se multipliant chaque jour, et le progrès parallèle du droit des gens en est un résultat à la fois évident et nécessaire.

Si son domaine est encore mal délimité sur certains points; si l'accord fait sur son existence et sa nécessité n'est pas aussi parfait sur ses principes et, à fortiori, sur leurs applications, il ne faut pas s'en étonner. Née d'hier, fille du XIXᵉ siècle, cette branche du droit n'est qu'en voie de formation. Suivant un dire original « elle passe par degré du néant à l'être, elle devient ». (1). Son développement est entravé par les passions, par les préjugés, par de fausses doctrines utilitaires qui ont jeté de profondes racines et offrent, par suite, à l'application des principes lumineux de la raison naturelle une force de résistance dont il est difficile de triompher d'un seul coup. Ici, plus qu'ailleurs, l'épreuve du temps est nécessaire pour assurer à ces principes l'autorité qui doit s'attacher à eux.

Les incertitudes de la théorie et les divergences de la pratique n'ont rien qui doive nous déconcerter. Le devoir du jurisconsulte

(1) REVON, *Thèse du Doctorat* (Grenoble, 1891).

est de poursuivre cette lente unification qui est le but même du droit international. « S'il ne lui appartient pas toujours de montrer la voie à suivre et de déterminer les progrès à accomplir, du moins il est certain qu'une autre fonction tout aussi importante lui revient de droit. En présence des résultats acquis, il est du devoir de la science d'exercer sa mission critique et, par le moyen d'une soigneuse analyse, d'arriver à une systématisation qui fasse un ensemble cohérent, symétrique, lumineux des principes épars que la pratique avait appris à respecter pour leur justice apparente, sans discerner souvent leur nature véritable, ni leur portée. » (1).

Il est peu de matières dans lesquelles cette divergence à laquelle nous venons de faire allusion soit plus apparente, plus marquée que dans la protection internationale des droits intellectuels. Et quand on jette un coup d'œil sur les lois des différentes nations, on s'étonne de leur diversité; l'esprit effrayé se perd dans le dédale des dispositions législatives ou conventionnelles, cherchant en vain le principe lumineux qui les domine et à la lueur duquel toutes auraient dû être écrites. C'est qu'ici, plus qu'ailleurs peut-être, les doctrines utilitaires ont joué un rôle prépondérant et chaque législateur semble avoir voulu donner à l'équité l'intérêt comme mesure.

Mais si nulle part les divergences paraissaient plus profondes, nulle part non plus les progrès, sans répondre encore à toutes les exigences de la théorie, semblent plus sensibles qu'en la matière; nulle part non plus ce développement continu, ce mouvement ascensionnel, cette marche progressive des idées nouvelles ne se perçoivent mieux que dans l'étude de la protection internationale des droits d'auteur.

La contrefaçon a longtemps régné en maîtresse sur l'Europe entière et, aujourd'hui encore, elle trouve droit d'asile auprès de certaines puissances; mais si elle a eu ses heures d'impunité, elle est actuellement l'objet d'une unanime réprobation et les doctrines utilitaires ont eu leur période de grandeur. La conscience des peuples a fini par entendre les doléances des auteurs lésés dans leurs droits les plus sacrés. Dès le milieu du siècle, leurs revendications s'affirment plus impérieuses, plus pressantes, et les diverses

(1) Revue générale du Droit international public (1894, p. 1).

législations essayent de donner une satisfaction partielle à des réclamations trop fondées pour demeurer plus longtemps méconnues. Puis bientôt l'initiative des intéressés supplée à l'insuffisance des parlements ; les auteurs se réunissent et donnent à leurs aspirations la formule de vœux que le législateur est appelé à traduire en articles de loi. Enfin, s'ouvre l'ère des congrès ; elle débute par celui de Bruxelles en 1878 et aboutit le 9 septembre 1886 à la « Convention pour la protection des œuvres littéraires et artistiques », conclue à Berne entre un certain nombre d'Etats dont la réunion forme un groupe imposant de près de 450 millions d'individus.

« La moitié environ de la population du globe, rangée sous une même bannière, et s'inclinant devant cette propriété sacrée entre toutes, d'essence toute métaphysique, niée pendant si longtemps, ne comptant pas même un siècle d'existence, et qui s'appelle le droit de l'auteur sur son œuvre ! Le spectacle est grand ! » (1).

L'étude de ce monument international nous a tenté. C'est là un de ces évènements dans la vie des peuples bien digne d'arrêter un moment l'attention ; une de ces étapes glorieuses du droit international poursuivant sa marche vers l'unification ; et si le succès n'a pas répondu de tous points à l'effort tenté, du moins la question de la protection des droits intellectuels, au delà de la frontière qui les a vu naître, a fait un pas immense et ouvre à l'horizon des espérances qu'un avenir peut-être prochain démontrera n'être point vaines.

Les oppositions auxquelles se sont heurtés les délégués de la convention s'expliquent, d'une part, par l'idée fausse du privilège, d'autre part, par l'intérêt mal entendu que certaines nations croient trouver dans la liberté de la contrefaçon. Aussi, avant d'aborder l'étude spéciale de la convention de Berne, croyons-nous devoir justifier les prétentions de l'auteur sur son œuvre, démontrer l'existence de son droit, en l'asseyant sur une base inébranlable, rechercher la véritable nature juridique de ce droit pour en mieux dégager les effets nécessaires au point de vue international.

Renouard l'a dit avec raison : « C'est parce qu'on se laisse aller

---

(1) CLUNET, *Union internationale pour la protection des œuvres littéraires et artistiques* (Introduction, Paris, 1887).

à éluder la discussion des principes fondamentaux que les questions restent confuses, que les lois rédigées comme au hasard et sans une pensée d'ensemble se prêtent à toutes les argumentations. » *(1).*

Enfin, bien que l'étude de la convention soit le but principal que nous assignions à nos explications, pour mieux mesurer l'étendue du chemin parcouru, pour mieux constater les résultats acquis, comme aussi pour caractériser ce droit aux diverses périodes de son histoire, nous jetterons un rapide coup d'œil sur la législation des divers pays et sur le droit conventionnel créé par les traités, soit avant, soit après 1852, date que nous considérons comme étant celle de l'avénement de la véritable protection internationale des droits d'auteur.

Notre étude comprendra ainsi deux parties, la première : Théorie et Histoire des droits intellectuels, *devant servir de large introduction à la seconde :* La Convention de Berne du 9 septembre 1886.

---

(1) *Traité des Droits d'auteur* (t. I, p. 140).

PREMIÈRE PARTIE

Théorie et Histoire du Droit d'Auteur

BIBLIOGRAPHIE

BOLT .... De la propriété intellectuelle internationale, d'après la
législation anglaise : J. D. I. P. 1888 (p. 447 et s.).

CELLIEZ .... Comptes-rendus du congrès littéraire international de 1878.

CHAVEGRIN .... Questions relatives à la propriété littéraire et artistique :
J. D. I. P. 1888 (p. 212 et 623).

Charles CONSTANT. Code général des Droits d'auteur (Paris 1888).

CLUNET .... Étude sur la Convention d'Union internationale pour la
protection des œuvres litt. et art. (Broch. Paris 1887).

DARRAS .... Droits des auteurs et des artistes au point de vue international (Paris 1887). — De l'état actuel du droit des
auteurs étrangers en France et des auteurs français
à l'étranger : J. D. I. P. 1893 (p. 688 et s.).

DESPAGNET .... Traité de Droit international privé (p. 536 et s.).

DROZ .... Articles sur la Convention de Berne : J. D. I. P. (t. XI, p.
441 et s. — T. XIII, p. 481 et s.).

DUVERGIER .... Annales de la propriété littéraire et industrielle (p. 33 et s.).

FLINIAUX .... Essai sur le droit des auteurs.

GASTAMBIDE ...... De la contrefaçon.

LAVOLLÉE .... Étude sur la Convention de Berne : J. des économ. du 15
mars 1887.

LYON-CŒN .... Lois françaises et étrangères sur la propriété littéraire et
artistique (2 vol., Paris 1889).

D'ORELLI .... Articles : R. D. J. (t. XVI, p. 533 et s. ; t. XVIII, p. 35 et s.).

PAQUY .... Droits des auteurs et des artistes au point de vue intern.

POUILLET .... Traité de la propriété littéraire et artistique.

PROUDHON .... Les majorats littéraires.

RENAULT .... La propriété littéraire et artistique au point de vue international : J. D. I. P. 1878 (p. 117 et 454 et s.).

RENOUARD .... Traité des Droits d'auteur.

SOLDAN .... L'Union internationale pour la protection des œuvres littéraires et artistiques (Paris 1888).

SURVILLE .... Cours élémentaire de droit internat. privé (p. 401 et s.).

ULBACH .... Article : Nouvelle Rome, de novembre et décembre 1884.

VALADON .... La contrefaçon aux Etats-Unis : J. D. I. P. 1888 (p. 316 et s.).

WEISS .... Traité de Droit international privé (p. 666 et s.)

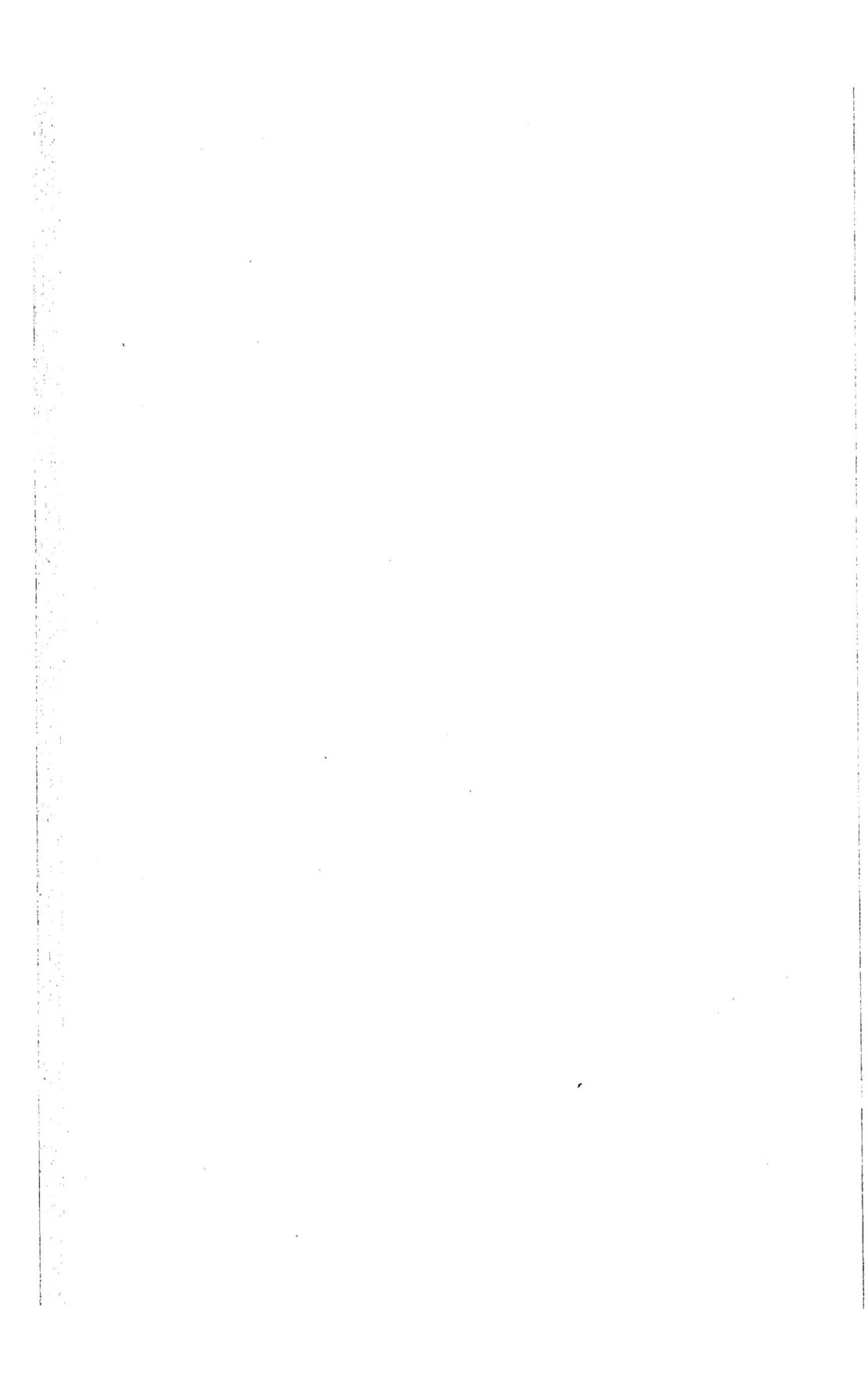

CHAPITRE PREMIER

Théorie ou Fondement et Nature du Droit

SECTION PREMIÈRE. — *EXISTENCE DU DROIT*

Notre prétention paraît étrange, et la démonstration de l'existence du droit d'auteur un inutile effort. Pourquoi chercher à dissiper des doutes qui ne sont plus? Le temps, sur ce point, n'a-t-il pas aplani toutes les difficultés que soulevait autrefois une connaissance imparfaite de la matière?

Nous l'avons dit déjà, l'apparence un peu naïve du procédé s'efface devant la réalité de l'attaque et la rigueur au moins spécieuse des arguments qui la soutiennent. Aussi croyons-nous devoir asseoir ce droit sur une base inébranlable, puisque son existence, longtemps méconnue, trouve aujourd'hui encore des contradicteurs. D'ailleurs, pour déterminer la nature de notre droit, il n'est pas inutile d'en rechercher le fondement.

Les auteurs et les artistes peuvent-ils juridiquement prétendre à un droit sur leurs œuvres? Pour tout esprit non prévenu, poser la question c'est la résoudre : tout produit de l'activité humaine appartient à celui qui l'a fait naître. L'artiste, l'écrivain ont sur leurs œuvres les droits incontestés du créateur sur l'objet créé. Toute œuvre littéraire ou artistique porte le sceau de son auteur; chacune d'elle est la manifestation extérieure de sa personnalité. Toute œuvre du domaine de l'intelligence exige, pour sa conception ou sa réalisation, un travail intellectuel. Or, toute personnalité doit être respectée; tout travail mérite une rémunération.

Respect dû à la personnalité et salaire dû au travail, telles sont donc les deux sources du double droit que nous reconnaissons aux auteurs : un droit moral et un droit pécuniaire.

En vertu de son droit pécuniaire, l'auteur ou l'artiste a seul droit aux produits de son travail, peut seul prétendre aux bénéfices résultant de l'exploitation de son œuvre. En vertu de son droit moral, il reste souverain maître des destinées de cette œuvre. Il doit pouvoir, à son gré, la produire ou la retirer de la circulation, à moins que par l'expiration des délais de protection accordés par la loi, elle ne soit tombée déjà dans le domaine public.

Le droit d'exiger de tous, tant à l'extérieur qu'à l'intérieur, le respect de sa personnalité implique, pour l'auteur ou l'artiste, le droit d'empêcher toute modification, toute addition ou suppression qui, en dénaturant la conception ou la forme matérielle qu'il a cru devoir donner à celle-ci, lui ferait porter la responsabilité d'une œuvre qui n'est plus la sienne.

Cette solution, que dicte la raison et qu'imposent les principes généraux du droit, est-elle universellement admise? S'il en était ainsi, il nous eût suffi de rechercher la nature du droit d'auteur pour tirer, de la solution admise par nous, des conséquences importantes au point de vue international. La reconnaissance du droit moral n'a jamais soulevé de graves controverses; mais on a contesté la légitimité du droit pécuniaire et, aujourd'hui encore, le droit de libre reproduction trouve des défenseurs apparemment convaincus.

Nous n'avons pas la prétention de réfuter tous les arguments mis en avant par ceux qui soutiennent une théorie que nous nous efforçons de combattre et qu'explique sans doute l'idée qu'on s'était faite longtemps du droit d'auteur, considéré jusqu'à nos jours comme un privilège d'abord, comme une pure concession de la loi ensuite. Si l'auteur n'a pas un véritable droit sur son œuvre, il est évident que la faveur que lui accorde le prince ou que lui octroie la loi, ne saurait dépasser les limites du territoire, et l'auteur serait mal fondé à réclamer protection à l'étranger. Nous nous bornerons à réfuter les deux opinions qui ont eu le plus de retentissement : retentissement qu'elles doivent moins à leur fondement juridique qu'à l'autorité de ceux qui les ont soutenues et à l'aspect séduisant des arguments, plus spécieux que solides, qu'ils ont apportés à les défendre.

Nous empruntons à de Martens (1) la plus sérieuse des considérations qu'ait fait valoir l'américain Carey : « Dans chaque ouvrage,

_____

(1) T. II, p. 207.

« dit-il, il faut distinguer deux parts : la forme et le fond ; ce der-
« nier se compose des idées et des faits qui y sont exposés. Quant
« à la forme, elle est prise à la langue dans laquelle le livre est écrit.
« Aucune de ces deux parts ne peut être considérée comme la pro-
« priété de l'auteur ; il ne crée ni les faits, ni les idées : il les
« emprunte à d'autres auteurs qui l'ont précédé, ou il les trouve
« dans le milieu qui l'entoure, dans l'histoire ou dans la nature. Il
« les puise dans le bien commun de l'humanité. On peut encore
« moins parler du droit de propriété de l'auteur sur la langue et
« le style de son ouvrage. Plus un livre contient d'idées répandues
« dans le public, plus le langage employé est accessible à tous, plus
« aussi ce livre devient populaire et plus son succès est éclatant. Il
« est évident qu'avant sa publication, les pensées exprimées et la
« langue employée étaient déjà la propriété des lecteurs. » (1).

Si ingénieux que puisse être un sophisme, sous quelque forme
brillante qu'il soit présenté, il ne dépouille pas sa nature ; il n'est
jamais qu'une apparence de vérité, une erreur au fond. Sans doute
l'auteur emprunte à la langue les formes dont il revêt sa pensée ;
sans doute il puise dans le milieu qui l'entoure les idées qu'il
exprime comme les faits qu'il rapporte. Mais ce que Carey oublie
et ce qu'il aurait bien fait d'ajouter, s'il n'avait pas craint par là de
détruire la portée de son argument, c'est que pour rendre sa pensée dans une forme originale, pour donner à ses idées, par le lien

_____

(1) CAREY, *Briefe ueber schrifstellerisches Eigenthum*, traduction allemande
de DUHRING (Berlin, 1866, p. 7 et s.). — Comp. dans le même sens : WALTER,
Système du Droit privé allemand (Rev. crit., 1860, t. XVI, p. 263). D'après cet
auteur, « la liberté naturelle des professions industrielles milite en faveur du
droit de contrefaçon ». — Il est facile de répondre que la liberté n'est pas la
licence, mais que la liberté devient la licence quand son exercice blesse des
droits légitimes.

GROS, *Lehrbuch des Naturrechts* (§ 167, cité par Bélime, t. II, p. 285), reconnaît à tout acheteur d'un livre le droit de le reproduire par l'impression, sous
ce seul prétexte qu'il peut prêter le livre acheté à mille ou dix mille lecteurs,
et qu'il n'existe pas de différence entre l'une et l'autre hypothèse. — Cette
assimilation est aussi fausse que dangereuse : le prêt et la réimpression diffèrent par leur nature et par leurs conséquences ; le prêt est gratuit, la vente ne
l'est pas. En prêtant un livre, j'use d'un droit ; en le réimprimant, j'empiète
sur le droit de mon voisin ; j'usurpe, je dépouille. — (Comp. BOUTAREL, *Le
Ménestrel*, 1885, p. 292).

et l'enchaînement, cet attrait qu'elles n'ont pas et qu'elles ne sauraient avoir quand nous les retrouvons pêle-mêle dans le domaine
public ; pour coordonner les faits qu'il emprunte à la légende ou à
l'histoire ; pour en déduire les rapports de cause à effet ; pour établir les conséquences économiques, religieuses ou philosophiques
qu'il en tire ; ce que Carey oublie, dis-je, c'est que pour tout cela
il faut de la part de l'auteur un travail intellectuel, que ce travail
peut et doit être la source d'un droit sur les fruits qu'il produit (1).
D'ailleurs, remarquons-le bien, ce que l'auteur emprunte au domaine public n'en sort nullement ; chacun peut l'y retrouver et s'en
servir à son gré. Combien d'historiens nous ont conté les mêmes
faits, retracé les mêmes évènements ! Où les ont-ils puisés, sinon
dans ce fond commun qui prête à tous sans jamais s'appauvrir lui-
même ? Ces emprunts, loin d'appauvrir le fond auquel ils sont faits,
sont pour lui une cause d'enrichissement. Au surplus, Carey exa-
gère l'intervention sociale. Que n'a-t-il insisté sur le travail personnel de l'auteur, comme il l'a fait pour celui du temps et du milieu ?
Il eût alors, comme nous, constaté dans toute œuvre intellectuelle
un travail de choix et de coordination : et sa générosité l'eût poussé
à conclure qu'il n'y a pas de motif pour refuser une rémunération
à ce travail.

Allezard l'a dit avec beaucoup de finesse (*France judiciaire,*
1880-81, p. 335) : « Les auteurs sont de simples mortels, alors
même qu'ils seraient immortels. » — Comme les autres hommes,
ils sont soumis aux besoins matériels. Comment pourront-ils les
contenter si vous leur refusez toute rémunération ? Ils dirigeront
leur voile vers un bord plus hospitalier, ils chercheront des carriè-
res plus lucratives : vous amènerez la ruine de la littérature.

---

(1) « Le jour où il me sera démontré qu'une maison doit appartenir à tous
parce que celui qui l'a construite aurait extrait les pierres qui y sont entrées
d'une carrière qui était dans le domaine public, parce qu'il aurait délayé son
mortier avec de l'eau pluviale qu'il aurait recueillie, etc..... Ce jour-là, mais ce
jour-là seulement, je reconnaîtrai qu'une œuvre intellectuelle doit tomber dans
le domaine public, parce qu'alors il sera bien entendu que le travail a perdu
ses droits et que la propriété n'existe plus. » (ALLEZARD, *France judiciaire,*
1880-81, p. 539). — La conséquence tirée par ce jurisconsulte est sans doute
exagérée, puisqu'il en arrive à adopter l'idée d'une propriété littéraire ; mais
il prouve d'une manière éclatante que les auteurs doivent avoir des droits et
que ces droits doivent reposer sur l'œuvre elle-même.

Cette seule considération, sans doute, ne suffit pas à donner un fondement juridique aux droits intellectuels : mais une observation si pleine de logique et de vérité ne pouvait manquer de toucher ces purs et vertueux théoriciens que l'amour désintéressé du Beau pousse à refuser aux auteurs tout droit pécuniaire sur leurs œuvres, et qui pensent que l'admiration suffit à stimuler le zèle des artistes et des auteurs. Aussi consentent-ils à leur accorder « une subvention » pour leur permettre de satisfaire aux exigences de la vie matérielle. Mais (et en cela Proudhon s'est fait l'écho retentissant de la nombreuse pléiade de ceux qui soutiennent cette théorie), cette « légère subvention » est la seule prérogative qu'il y ait lieu de reconnaître aux auteurs comme aux artistes (1). Si notre droit n'était qu'une simple faveur, inspirée au législateur par une pensée humanitaire, il est bien évident qu'il ne saurait être question de protection internationale, car la faveur finit forcément où s'arrêtent le pouvoir et l'autorité de celui qui la confère. *Clauditur territorio.*

Nous ne suivrons pas Proudhon dans ses rêves et ses utopies. Contentons-nous d'indiquer sa théorie en deux mots. Il admet la légitimité d'une subvention pour contester celle d'une rémunération. Dans ses *Majorats littéraires,* distinguant parmi les produits de l'activité humaine, ceux destinés à la consommation, formant la catégorie de l'utile, de ceux destinés à notre perfectionnement intellectuel ou moral, formant la catégorie du Juste et du Beau, il soutient que toute idée de trafic est antipathique à ces derniers. Les ouvrages littéraires ou artistiques rentrent dans la catégorie du Beau : ils ne sauraient être vénaux. Si ces œuvres n'ont point, en elles-mêmes, de valeur, l'auteur ne saurait avoir de droit pécuniaire sur elles. Il faut se féliciter de cet heureux résultat. L'art qui se fait vénal, de même que la femme qui trafique de ses charmes, ne tarde pas à se dépraver : il conduit au mercantilisme littéraire qui tue l'inspiration (2).

---

(1) Dans *Les Majorats littéraires,* Proudhon admet la légitimité de la subvention (p. 69), mais conteste celle de la rémunération (p. 57 et s.).

(2) Comp. dans *Le Ménestrel* (1885, p. 373), une théorie analogue soutenue par M. A. BOUTAREL : « Les artistes accomplissent parmi leurs citoyens une sorte d'apostolat. Ils ont mission de nous arracher aux réalités qui nous

Nous félicitons Proudhon d'arracher ainsi l'homme à la nature qu'il revêt, de le pousser vers un inaccessible idéal. Sa théorie est généreuse, mais ce n'est qu'une théorie. Elle repose sur des idées nobles, sublimes, mais incompatibles avec les réalités de la vie pratique. Cette opinion a des attraits séduisants ; mais la raison, elle aussi, a ses attraits que Proudhon ne connaît pas. Toutes les déductions de l'ingénieux utopiste participent fatalement de la nature des prémisses qu'il pose et qu'il oublie de justifier. Sans doute un auteur ne saurait prétendre à un droit pécuniaire sur une œuvre qui n'a pas de valeur. Mais il faudrait démontrer que cette œuvre n'a pas et ne peut pas avoir de valeur. Le point de départ est inadmissible, ou mieux, il nous paraît être la consécration implicite mais formelle du principe que nous soutenons. Proudhon, en effet, admet la légitimité d'une subvention, mais il conteste celle d'une rémunération. Or, de deux choses l'une : ou l'auteur a un certain droit, ou il n'en a aucun. S'il n'en a aucun, comment pourrait-il prétendre à une « légère subvention ». S'il en a un, pourquoi vouloir le restreindre dans des limites aussi arbitraires ? Qu'il en ait un ! Nos adversaires eux-mêmes sont forcés de l'admettre, au moins dans les limites d'une subvention. Mais alors sur quel fondement juridique ce droit va-t-il s'étayer ? Quelle en sera la base ? Sans pousser plus loin la réfutation des théories que nous avons esquissées, nous n'hésitons pas à répondre que le droit pécuniaire a son fondement juridique dans la rémunération due à tout travail libre, de même que le droit moral a sa base dans le respect dû à la personnalité.

Ce sont là les deux idées essentielles qu'il convient de retenir de cette discussion : idées qui vont nous permettre de découvrir facilement la nature du droit des auteurs et des artistes sur leurs œuvres.

---

tiennent courbés vers la terre... Comment donc parviendraient-ils à nous captiver si leur sincérité n'était à l'abri du soupçon, si leur impartialité pouvait être douteuse ? L'inspiration qui veut se répandre n'attend pas les offres du spéculateur ; elle ne se vend pas, car alors elle ne serait plus libre. Elle peint, elle traduit, elle chante, sans savoir pour qui, ni quelle sera sa récompense. Elle est inappréciable : l'or ne saurait la payer. »

Section ii. — *NATURE DU DROIT D'AUTEUR*

Quelle est la nature du droit reconnu aux auteurs et aux artistes sur leurs œuvres ? Est-ce une simple faveur du Prince, une pure concession de la loi, ou un droit ayant sa source propre et existant en dehors de la loi ? Le fondement que nous avons assigné au droit d'auteur laisse facilement entrevoir la solution du problème que nous agitons. Ce droit est étranger à toute idée de faveur ou de concession. Il n'a sa source ni dans le privilège, ni dans la loi elle-même. Qui dit droit, exclut l'idée de simple prérogative ; qui dit droit fondé sur le respect dû à la personnalité et sur la rémunération due à tout travail libre, dit droit naturel, et par suite, droit préexistant à la loi qui le consacre, droit indépendant de toute reconnaissance légale, droit auquel peuvent prétendre les étrangers, comme les nationaux eux-mêmes (1).

Un pareil droit ne tire pas sa force de la nationalité de celui à qui il compète ou du lieu qui l'a vu naître. Cette force, il l'a par lui-même, et son respect s'impose partout et à tous. Nous sommes heureux de relever dans le *Journal de Droit international privé* (1890, p. 148), un jugement de la Cour d'appel d'Alexandrie, du 18 août 1888, faisant une saine et logique application des principes que vous venons de poser. Il démontre que la propriété littéraire et artistique doit être garantie, en l'absence même de toute disposition législative, par les principes du droit naturel et de l'équité. Nous pouvons résumer ainsi les motifs invoqués par la Cour pour condamner l'appelant contrefacteur au profit de l'auteur étranger lésé : « Le défaut d'une loi spéciale en vigueur en Egypte et ayant « pour objet de déterminer les conditions de protection et de « garantie de la propriété littéraire et artistique, ne saurait avoir « pour conséquence de détruire le droit dans son principe, mais « uniquement de le placer sous la sauvegarde des règles du droit « naturel et de l'équité. En conséquence, toute atteinte portée à la « propriété littéraire et artistique, donne lieu, contre celui qui en

(1) Comp. DARRAS, *Du Droit des Auteurs et des Artistes dans les rapports internationaux* (n° 10). — *Traité des Marques de fabrique* (n° 14).

« est l'auteur, à une action en réparation du préjudice qui peut en
« être résulté. »

Ainsi, la Cour d'Alexandrie affirme hautement que le droit d'auteur est un droit préexistant à la loi qui le consacre et subsistant par lui-même, indépendamment de toute reconnaissance légale.

Si solidement assise que paraisse cette théorie, elle devait néanmoins trouver des contradicteurs, dont le nom et l'autorité semblent donner un sérieux appui à l'opinion que nous allons combattre. Qu'il nous suffise de citer : Aubry et Rau (Code civil, éd. 1869, t. ii, p. 172, note 8) ; Villey (*France judiciaire*, 1882-83, 1re partie, p. 213) ; Mourlon (*Revue pratique*, t. xvii, p. 407) ; Serrigny (t. ii, p. 433) ; Pataille et Huguet (Code international de la propriété industrielle, artistique et littéraire). Notre droit, d'après ces auteurs, serait un pur octroi légal. « On peut se demander, disent MM. Rau
« et Aubry (loc. cit.), si le droit d'auteur existe indépendamment
« et en dehors de toute loi positive, et, si par suite, il y a pour le
« législateur un devoir impérieux de le sanctionner, ou si, au
« contraire, il est simplement équitable et utile qu'il le fasse. Cette
« dernière solution est à notre avis la plus juridique, puisqu'il
« s'agit d'un droit tout particulier, qui ne saurait se comprendre
« que dans un état social donné, et qui de sa nature même se
« trouve, pour son établissement et sa conservation, soumis à la
« réglementation de la loi. C'est en partant de ces idées que les
« diverses législations qui ont reconnu ce droit privatif en ont
« limité la durée à un certain terme. De là aussi la nécessité de
« conventions internationales pour la garantie réciproque de la
« propriété littéraire, artistique et industrielle. » (1).

Nous ne voyons dans ce raisonnement qu'un cercle vicieux, une pure pétition de principe. De ce que la loi consacre ce droit, il n'en résulte pas qu'elle le crée ; de ce qu'elle en reconnaît l'existence à une époque donnée, il n'en résulte pas qu'il ne puisse pas exister sans elle. De ce qu'elle impose des formalités pour son

---

(1) V. en ce sens MERLIN : « Le droit des gens assure bien, dit-il, à son
« auteur la propriété de son ouvrage à l'effet d'en vendre ou d'en donner le
« manuscrit à qui il juge à propos ; mais le droit exclusif de le faire imprimer,
« mais le droit d'empêcher que d'autres ne l'impriment après qu'il l'a livré au
« commerce par l'édition qu'il en a faite, l'auteur ne peut le tenir que des lois
« civiles. »

établissement et sa conservation, il n'en résulte pas qu'elle puisse attacher à ces formalités un effet créateur. Ces formalités doivent être simplement déclaratives d'un droit préexistant et non constitutives d'un droit nouveau. De ce qu'un droit est naturel, il en résulte bien que sa conservation ne saurait être soumise à l'accomplissement de formalités requises à peine d'inexistence. Mais de ce que le législateur attache cet effet aux formalités imposées, il ne faut pas en conclure, à priori, qu'un droit ainsi réglementé n'est pas et ne peut pas être un droit naturel. La nature d'un droit n'a jamais dépendu de la réglementation dont ce droit a pu être l'objet. Il faut d'abord rechercher cette nature pour savoir si elle n'a pas été méconnue, et si la loi n'attache pas à l'accomplissement de certaines formalités un effet qu'elles ne comportent nullement. Si ces auteurs avaient analysé notre droit d'une façon moins superficielle, au lieu de conclure, des formalités imposées, que ce droit n'est pas un droit naturel, ils en seraient arrivés à dire avec nous que ce droit étant naturel, toute formalité considérée par la loi comme constitutive et non comme déclarative du droit, est une *inelegantia juris,* disons plus, une iniquité.

La réglementation, ajoute-t-on, est nécessaire pour que le droit d'auteur soit sauvegardé. C'est vrai, mais elle n'est pas nécessaire pour que ce droit puisse prendre naissance, et pour qu'on puisse, en vertu des principes généraux, demander réparation du préjudice causé. Cette réglementation doit être plus intime, plus directe que lorsqu'il s'agit d'un véritable droit naturel, c'est donc un droit civil. A cette apparente objection il est facile de répondre que si l'on ne devait compter parmi les droits naturels que ceux qui ne sont pas, par leur nature, soumis à la réglementation de la loi, on en arriverait à se convaincre facilement que tous les droits sont civils. Se marier est bien un droit naturel. Les conditions particulières du mariage varient néanmoins avec les législations, et il est peu de matière dans lesquelles l'intervention de la loi soit plus profonde, plus marquée. Notre Code civil n'a pas consacré moins de quatre-vingt-cinq articles à la réglementation des formalités et conditions du mariage. Le raisonnement de MM. Aubry, Rau, Villey, etc., conduirait ainsi à ranger le droit de prendre femme parmi les droits civils purs, et à distinguer, par suite, entre les étrangers et les nationaux : erreur trop grossière pour que nous osions la prêter à nos adversaires.

2

Nous pouvons donc conclure avec la Cour de Paris, dans l'affaire Barba, que « la création d'une œuvre artistique ou littéraire constitue une propriété dont le fondement se trouve dans le droit naturel, dans le droit des gens, et dont l'exploitation est réglementée par le Code civil. » (1).

En reproduisant ce passage de l'arrêt de la Cour de Paris, nous avons voulu tout simplement en tirer cette conclusion : que le droit d'auteur est un droit naturel, mais nullement nous prononcer en faveur de l'opinion qui voit dans ce droit naturel un droit de propriété ordinaire, ou même un droit de propriété *sui generis*.

En dehors, en effet, de cette première classification des droits, en civils et naturels, il en existe une autre que nous avons empruntée aux Romains, et qui les divise en droits réels, droits personnels et droits d'obligation. Les droits d'auteur peuvent-ils rentrer dans l'une de ces trois classes, ou doivent-ils faire l'objet d'une catégorie distincte des précédentes ? Nous ne voulons pas nous appesantir sur une question qui a été traitée avec tous les développements qu'elle exige, exposée pour la première fois par M. Piccard, avec cette profondeur de vue qui le caractérise (2) et qui vient d'être reprise par M. Darras (3).

« Les droits intellectuels ne peuvent rentrer dans aucune des classifications couramment admises : droits personnels, droits réels, droits d'obligation. Mais l'influence romaine, en ce qui concerne la division primordiale des droits, a été considérable. Sur la foi de ce que nos devanciers ont appelé la raison écrite, on n'a jamais osé supposer depuis qu'il pût y avoir d'autres catégories de droits possibles. Le caractère immuable de cette division tripartite avait tellement pénétré dans les idées, que lorsque, dans les temps modernes, on vit apparaître certains droits à peu près inconnus anciennement, on ne crut pas pouvoir créer une catégorie nouvelle. » (4).

Chacun s'ingénie à faire rentrer le nouveau droit d'auteur dans l'ancien cadre romain. On tâtonne, on hésite, car sa nature spé-

(1) POUILLET, *Traité de la Propriété littéraire et artistique* (p. 22).

(2) *J. D. I. P.* (1883, p. 565).

(3) *Droit des Auteurs et des Artistes* (nos 22 et s.).

(4) PICCARD, *loc. cit.*

ciale, qui le rapproche quelque peu des catégories déjà existantes, ne permet néanmoins de le confondre avec aucune. Enfin, et malgré la résistance de la logique, on imagine la propriété littéraire, la propriété artistique, la propriété industrielle. Le mot a été accepté et depuis il a fait fortune. On en est arrivé à établir une identité complète entre le droit de l'auteur sur son œuvre et le droit du propriétaire sur les biens mobiliers ou immobiliers qui composent son patrimoine. « L'auteur est propriétaire de son œuvre ou alors personne dans la société n'est maître de son bien. » (1).

S'occupant du projet français de 1841, Alphonse Karr nous dit, dans ses *Guêpes* (t. II, p. 232) : « Il ne s'est pas trouvé à la Chambre un homme pour dire : Messieurs, il n'y a pas plusieurs sortes de propriétés ; la question qui nous est soumise n'existe pas. La propriété littéraire est garantie par les lois déjà au moins assez nombreuses sur la propriété. Nous n'avons rien à faire. Si nous faisons une loi sur la propriété littéraire, il n'y a pas de raison pour que nous ne fassions pas une loi spéciale sur toutes les formes de la propriété ; et je propose une loi sur chacune des formes que voici : sur la propriété des chapeaux ; sur la propriété des melons cantaloups, etc... » Le Rabelais anglais, Sterne, exprime la même idée sous une forme plus imagée et non moins burlesque : « Les sueurs qui sortent du front d'un homme sont aussi bien sa propriété que la culotte qu'il porte. » (Tristran Shandy, ch. CXII, édit. Charpentier, t. I, p. 271) (2).

Voici le principal argument sur lequel s'appuie cette doctrine de

---

(1) DIDEROT, *Lettre sur le commerce et l'industrie*.

(2) Comp. dans le même sens : ACOLLAS, *La Propriété littéraire et artistique* (p. 5, 6 et 12). — ALLEZARD, *France judiciaire* (1880-81, 1re partie, p. 304). — BILLARD, *Du droit de perpétuité de la Propriété littéraire* (rev. prat., t. LIII, p. 385 ; t. LIV, p. 43). — MARESCHAL, *Mémoire sur la perpétuité de la Propriété intellectuelle*. — BATBIE, *Traité de dr. publ. et adm.* (éd. 1861, t. I, p. 463). — FRANCK (p. 334) : la propriété littéraire est « non pas sans doute absolument semblable à une autre, mais présente les mêmes titres, repose sur les mêmes principes et doit apporter avec elle, dans l'ordre civil, les mêmes conséquences, c'est-à-dire l'hérédité et la transmission sans limite ».— Le prince L. Napoléon, dans une lettre à Jobard (1844) : « l'œuvre intellectuelle est une propriété comme une terre, comme une maison ». — Au Congrès de Bruxelles de 1858, cette doctrine comptait des partisans considérables, J. Simon, Breulier, Guiffrey, Cappellemans, etc.

l'identité du droit de propriété et du droit d'auteur : la propriété ordinaire est considérée comme légitime ; or, elle a sa base dans le travail, dans le respect de la personnalité humaine ; l'œuvre littéraire et artistique est, elle aussi, le produit d'un travail ; elle doit donc être la propriété de celui qui l'a mise au jour. Puis, cette œuvre, produit d'une veille sans relâche, n'est-elle pas la manifestation extérieure de moi-même, n'est-elle pas l'expression de moi-même ? Mais alors, ne doit-elle pas participer à la protection à laquelle j'ai droit comme homme ? N'est-ce pas blesser ma personnalité dans ce qu'elle a de plus sacré, que de violer ce qu'elle renferme de plus pur ? Pour éviter cet outrage, cette profanation, il n'existe qu'un moyen : proclamer que le droit des auteurs et des artistes est un véritable droit de propriété. « Dites que la propriété littéraire est une propriété, puis taisez-vous, laissez faire le droit commun. » (Alph. Karr) (1).

Néanmoins, les jurisconsultes, chez qui l'analyse des idées juridiques atteint un degré de raffinement plus élevé, ne peuvent consentir à voir là un droit de propriété ordinaire. Mais croient-ils avoir trouvé un terrain de transaction et résolu toutes les difficultés, quand ils ont défini le droit d'auteur « un droit de propriété *sui generis* ? » Ce n'est là, à notre avis, qu'un mot derrière lequel s'abrite notre ignorance. La nature d'un droit est-elle d'une détertermination difficile ? On qualifie ce droit de *sui generis,* et la définition échappe ainsi à la critique. Mais cette qualification, qui semble résoudre les difficultés, les laisse en réalité toutes subsister, ou plutôt elle les multiplie, car elle semble, par une commune appellation, établir entre deux droits une certaine analogie. Or, trop souvent cette apparente analogie fait défaut : on la cherche néanmoins, et pour la trouver, on en arrive à fausser la notion même du droit.

Cette interprétation, que l'on taxera peut-être d'audacieuse, ne trouve-t-elle pas son application dans la matière qui nous concerne ? Qu'est-ce que ce nouveau droit reconnu aux auteurs ? Un droit de propriété *sui generis,* nous répond-on (2).

---

(1) Comp. PAILLOTTET, *J. des Econ.* (t. LXXI, p. 436). — HETZEL, *J. des Débats* (29 mars 1862).

(2) V. PAILLET (t. II, p. 605) : « Je dirai seulement que si la propriété littéraire existe, elle est exceptionnelle, elle est *sui generis…* »

C'est là une distinction plus subtile que concluante. Qu'est-ce, en effet, qu'un droit de propriété *sui generis,* sinon un droit de propriété avec un caractère spécial, mais un droit de propriété quand même ? Or, ce caractère est si spécial qu'il différencie complètement notre droit de celui dont on veut en faire une simple variété, et, qu'en allant au fond des choses, on a peine à voir les points qui les rapprochent. C'est là, sans doute, une dénomination commode pour aplanir, ou mieux, pour tourner les difficultés. Les droits *sui generis !* cela engage si peu, cela permet si bien de pêcher en eau trouble ! Mais cela dispense-t-il de généraliser, d'harmoniser, de réfléchir ? (1).

Pour nous, deux motifs s'opposent à cette assimilation du droit d'auteur et du droit de propriété. D'une part, l'inappropriabilité de l'œuvre, nous empêche de faire reposer sur elle un droit privatif de propriété (2). D'autre part, il n'existe aucun rapport entre les prérogatives reconnues aux propriétaires et celles reconnues aux auteurs et aux artistes.

En effet, à raison même du caractère de l'œuvre, son auteur ne peut s'en dire propriétaire. Le propriétaire jouit seul, à l'exclusion de tous autres, des avantages qu'il peut retirer de l'objet de son

---

(1) Ce n'est pas seulement en notre matière que l'idée de propriété a été exagérée. Nous trouvons, à ce sujet, dans les *Annales parlementaires* (1851-52, p. 660), un passage qu'il nous paraît intéressant de citer : « Qui peut compter les aberrations, les crimes même qu'a amenés l'extension immodérée de l'idée de propriété ? Comme le dit M. Tielemans, on tenait jadis que la femme était une propriété de son mari, les enfants une propriété de leur père, les esclaves une propriété de leur maître, les peuples une propriété de leur souverain. On tenait que la science et même la religion étaient la propriété de certaines castes ; que les arts et métiers, les fonctions et offices publics étaient la propriété de certaines familles ou corporations ; que l'eau des rivières, le vent qui souffle sur les ailes d'un moulin, la voie qui mène à l'église étaient la propriété du Seigneur. On tenait même que le travail, cette lutte incessante de l'homme contre les forces et les mystères de la nature, étaient la propriété du prince, et les princes l'ont vendu longtemps à leurs sujets. »

(2) Tous les adversaires du droit de propriété intellectuelle insistent, à juste titre, sur la nature inappropriable de l'œuvre littéraire et artistique. V. notamment : AHRENS (t. II, p. 165). — BLOK, *Dictionnaire de la politique,* vᵒ propriété littéraire. — DEMOLOMBE, *Distinction des biens* (t. I, p. 456). — VILLEY, *France judiciaire* (1882-83, p. 213). — RENOUARD, *J. des Économ.* (t. LVII, p. 136) ou *Rev. de législ.* (t. V, p. 251 et 254).

droit. Son droit est absolu ; il peut l'exercer sans être contraint d'y faire ou d'y laisser participer autrui. Le droit d'auteur, au contraire, n'a d'utilité qu'autant que l'œuvre est publiée, qu'autant qu'elle est communiquée à tous. C'est un non-sens que de dire : le droit d'auteur est un droit de propriété. Le droit de propriété suppose une jouissance privative ; le droit d'auteur suppose une jouissance commune. La pensée, une fois émise, pénètre dans tous les esprits et nulle puissance ne peut faire que ce qui est rendu public continue d'être privé. L'œuvre intellectuelle n'acquiert de valeur que du jour où tous participent à sa jouissance ; le droit de propriété n'existe plus, au contraire, si tous sont appelés à en bénéficier. Les partisans de l'idée de propriété ont cherché, à l'aide d'une ingénieuse distinction, à détruire la force de cette objection : ils ont séparé la jouissance intellectuelle de ce qu'ils appellent la jouissance matérielle. Ils ne peuvent nier que la première appartient à tous, du jour où l'auteur, cédant à son désir naturel d'expansion, a communiqué l'œuvre à tous. Mais ils prétendent que l'auteur ne s'est pas dépouillé entièrement et qu'il s'est réservé la jouissance matérielle, c'est-à-dire le droit de percevoir tous les avantages pécuniaires que comporte l'exploitation même (Pouillet, p. 22-23). — Répondons simplement avec M. de Borchgrave qu'une telle justification ne saurait être admise, que « lorsqu'on confond l'objet avec le bénéfice du droit des auteurs, lequel, comme le bénéfice de tout droit, ne saurait évidemment appartenir qu'à son titulaire ». (Benoist et Deschamps, p. 62).

Peut-être est-ce dans cette vieille confusion qu'il faut aller chercher la cause première de la défectuosité des législations sur le point qui nous concerne. Il nous paraît incontestable que le droit d'auteur a une nature à part, un caractère propre, et que l'assimilation qu'on veut établir à tout prix entre ce droit et le droit de propriété devait fatalement mettre le législateur dans une difficile et fâcheuse alternative. Sont-ce les déductions rigoureuses des principes du droit de propriété qui doivent fléchir devant les prérogatives de l'auteur ; sont-ce, au contraire, ces prérogatives qu'il faut sacrifier à la rigueur des principes ?

Pourquoi ne pas admettre avec M. Picard (1) que les droits

(1) *J. D. I. P.* (1883, p. 579).

qu'on qualifie improprement, propriété industrielle, littéraire, artistique, forment une classe à part, et que, à côté des trois catégories déjà existantes et léguées par le droit romain, il faut en créer une quatrième? Cette rupture avec une tradition déjà ancienne, aurait-elle de bien graves inconvénients? Elle permettrait de ne plus asservir ces droits à l'application de principes régissant des matières qui leur sont étrangères.

Nous nous bornons à soulever la question sans pousser plus loin une discussion qui trouverait mieux sa place dans un ouvrage plus étendu et écrit à un point de vue moins spécial que celui auquel nous nous plaçons. Nous devions néanmoins l'effleurer pour faciliter la tâche qu'il nous reste à remplir ; car c'est souvent dans l'étude de la véritable nature juridique d'un droit qu'il faut aller chercher un remède aux imperfections de la loi. Renouard l'a dit avec raison (1) : « C'est parce qu'on se laisse aller à éluder la discussion des principes fondamentaux, que les questions restent confuses, que les lois, rédigées comme au hasard et sans une pensée d'ensemble, se prêtent à toutes les argumentations. »

De l'étude que nous avons poursuivie jusqu'ici, nous tirons les importantes conséquences qui suivent :

D'une part, le droit d'auteur se décompose en deux droits distincts : un droit moral et un droit pécuniaire ; le premier ayant son fondement dans le respect dû à la personnalité, le second dans la rémunération due à tout travail libre. D'autre part, le droit d'auteur est un droit naturel, bien que la protection en soit organisée par la loi. Enfin, ce droit, quant à la réglementation, ne doit pas nécessairement être asservi aux règles qui régissent le droit de propriété. Distinct de ce dernier par sa nature, comme par son objet, il doit différer également de lui par ses conséquences et ses effets (2).

Ces principes élémentaires, s'ils avaient été mieux connus, mieux approfondis, auraient fait éclore beaucoup plus tôt l'idée de protection internationale; auraient prouvé aux législateurs de tous les pays qu'ils doivent protéger un droit qui a un fondement aussi

(1) *Traité des Droits des Auteurs* (t. I, p. 140).

(2) Comp. DARRAS, *op. cit.* (p. 34, nᵒˢ 22 et s.).

sacré, quelle que soit la nationalité de l'auteur, quelle que soit la nationalité de l'œuvre. La raison, la justice et l'équité leur eussent dicté cette solution. Tandis qu'en méconnaissant le véritable fondement, le véritable caractère, la véritable nature de ce droit, ils ont aussi méconnu les véritables principes internationaux qui doivent régir cette protection. Il a fallu une longue expérience, et encore, jusqu'à ce jour, n'a-t-elle pas été décisive chez tous les peuples, pour leur prouver qu'ils avaient plus à se repentir qu'à se féliciter de cette parcimonie, de cette étroitesse de vue, de cette rigueur excessive et injuste qui les poussaient à refuser aux étrangers des droits reconnus aux nationaux, à confiner, dans les limites d'un territoire donné, l'application d'une loi dont les effets auraient dû s'étendre par de là la frontière; à justifier une fois de plus cette contradiction que Pascal relevait dans toutes les œuvres humaines : « Vérité en deça des Pyrénées, erreur au delà. »

Le principe de la reconnaissance internationale du droit d'auteur s'impose au législateur, puisqu'il s'agit d'un droit naturel, d'un droit dont la protection peut partout et toujours être réclamée, en l'absence même de toute disposition législative, car, par définition, le droit des gens est celui qui est applicable aux étrangers comme aux nationaux. Refuser cette protection, cette garantie, ou la restreindre dans les limites étroites d'une réciprocité diplomatique ou légale, c'est méconnaître la nature du droit protégé.

Le législateur n'a pas à poser le principe de la protection; il s'impose à lui. Sa seule mission est d'organiser cette protection, de la réglementer, d'en déterminer l'étendue, soit quant à la durée, soit quant aux œuvres protégées; d'imposer, au besoin, des formalités préalables, de prévenir la contrefaçon ou d'en assurer la répression.

Et encore, sur toutes ces questions, l'application rigoureuse des principes dérivant de la nature reconnue aux droits d'auteur, conduirait à des solutions souvent bien différentes de celles que nous verrons consacrées en jetant un rapide coup d'œil sur les législations internes et les conventions internationales. Mais on pardonne plus facilement les divergences sur les questions de réglementation que sur le principe lui-même de la reconnaissance internationale de la protection.

La grande majorité des jurisconsultes et des économistes se prononce aujourd'hui, sans hésitation, en faveur des auteurs et des artistes étrangers, et ne juge pas convenable de subordonner la garantie à la réciprocité (1).

Mais, en cette matière, comme en toute autre, la logique a ses contradicteurs. Les uns ne veulent reconnaître aucun droit aux étrangers, et étayent leur théorie sur de prétendus arguments, dont la valeur juridique cache difficilement les intéressés froissés (2) ; les autres, sans aller jusqu'à légitimer en toute hypothèse la spoliation des étrangers, sans aller non plus jusqu'à proclamer leurs droits en toute occasion, professent une opinion intermédiaire, suivant laquelle un auteur, en dehors du lieu d'origine, ne doit pouvoir réclamer la protection de son œuvre que si, dans son pays, on garantit les droits des étrangers.

---

(1) Citons : BARDOUX, *J. Off.* (29 mars 1881). — BARTHELEMY-SAINT-HILAIRE, *le Moniteur* (1851, p. 1852). — DE BORCHGRAVE (§ 134). — Pasquale FIORE (t. Ier, no 707; t. II, no 903 de son *Traité international de Droit public*).— LAMARTINE, *Œuvres complètes* (édit. Furne, t. IV, p. 380). — LAURENT (t. II, p. 27 et p. 64). — DE MARTENS, *Traité de Droit international* (t. II, p. 202). — PATAILLE (p. 58). — IRENŒUS PRIM, *The right of Copyright* (Putnam's Monthly Magazine, mai 1868, nos 8 et 11). — VIVIEN, *Moniteur* (1944, p. 2344).

(2) Ces écrivains appartiennent pour la plupart à des pays où la contrefaçon est une branche de l'industrie nationale : l'Autriche fut jadis pour l'Allemagne ce que la Belgique a été pour nous dans la première moitié de ce siècle ; les éditeurs allemands cherchèrent par tous moyens à faire disparaître la concurrence malhonnête de leurs rivaux de même langue. Ils adressèrent, à cet effet, un pressant mémoire au Congrès de Vienne de 1815. Les Autrichiens tentèrent de justifier ainsi leurs usurpations (Lieber, p. 26) : « L'éditeur achète de l'auteur, pour le prix convenu, uniquement la copie du manuscrit et non le droit de publication. Ce droit lui est octroyé par son gouvernement pour son propre territoire; pour les Etats étrangers, ce même gouvernement ne peut lui octroyer ledit droit. Le sujet d'un Etat étranger achète une copie de l'édition imprimée, pour un certain prix, afin de l'imiter si son gouvernement le permet... » On le voit, l'argumentation des intéressés se peut résumer en deux mots : le droit d'imprimer est un droit royal ; il est concédé par le souverain ; mais les lois sont territoriales : la permission de publier ne peut avoir de force en dehors des frontières. Par suite, un auteur peut être protégé dans son pays, sans l'être pour cela à l'étranger. — Comp. *Meeting des éditeurs de Philadelphie* (27 janvier 1872) : « Le bien de tout le peuple et le salut des institutions républicaines seraient blessés, si l'on plaçait entre les mains des auteurs étrangers le pouvoir de faire des livres à des prix élevés. » Comp. Lettre de William BLACKBURN, *International copyright meeting of auters and publishers* (avril 9, 1868, p. 12). — *J. D. I. P.* (1884, p. 443-444).

Les premiers, pour justifier la contrefaçon des œuvres étrangères, invoquent le désir d'encourager l'industrie nationale et la nécessité de travailler au développement intellectuel de la nation. A cela, il est facile de répondre que, pour légitimer ses prétentions, il ne suffit pas d'établir que son intérêt est en jeu. Le Juste est au-dessus de l'Utile, et l'intérêt n'a jamais été la mesure de l'équité. D'ailleurs, une longue expérience a démontré surabondamment que « cette honteuse piraterie ne profite guère à ceux qui la pratiquent ». (1).

Les seconds prétendent, à l'appui de leur théorie, que s'en tenir au principe de la réciprocité, c'est le meilleur moyen à employer pour encourager les gouvernements à consacrer les droits des étrangers. Le pays qui, sans réciprocité, renoncerait bénévolement à contrefaire les productions étrangères, se dépouillerait sans compensation, et ne pourrait espérer que les autres Etats, désormais sans intérêts dans la question, suivissent son exemple de générosité irréfléchie (2).

Ici encore, les faits sont venus démentir ces appréhensions pessimistes. Avant 1852, la France, à la suite de longues et laborieuses négociations, n'avait pu conclure que quatre traités avec les puissances étrangères. Dans les cinq années qui suivirent le décret de 1852, le gouvernement français négociait vingt traités avec les nations étrangères.

D'ailleurs, nous avons déjà protesté contre cette dangereuse habitude qu'ont certains jurisconsultes de ne résoudre les questions de droit que par des considérations d'intérêt. Ces paroles de M. Lherbette suffisent à ruiner de fond en comble toutes les doctrines utilitaires : « La contrefaçon est un vol. Pour punir, chez nous, le vol commis au préjudice des auteurs étrangers, est-il nécessaire que les gouvernements étrangers en agissent de même avec nos auteurs ? La morale ne serait plus un devoir, mais un mar-

---

(1) RENAULT, *De la Propriété littéraire et artistique au point de vue international. — J. D. I. P.* (p. 117 et s.).

(2) CHARPENTIER (p. 19). — CALMELS (n° 414). — BOUTAREL, *Le Ménestrel* (1885, p. 350). — TREILHARD, *Exposé des motifs* (n° 9). — LAURENT (t. II, n° 13, p. 31 et s.). — BÉLIME (t. II, p. 287). — VIVIEN, *Moniteur* (24 juillet, p. 2343, observations de M. Guizot présentant des considérations utilitaires à l'encontre des idées de justice et d'équité).

ché. » Déjà, lors de la discussion du principe posé par l'art. 11 de notre Code civil, Boissy-d'Anglas l'avait dit en termes éloquents : « La condition de réciprocité n'a pas de sens : elle aboutit à dire que nous devons attendre, pour faire ce qui est juste et utile, que les peuples étrangers fassent, de leur côté, ce qui est utile et juste. »

N'insistons pas plus longuement sur la réfutation de systèmes qui ne trouvent d'appui ni dans la morale, qui les condamne ; ni dans le but qu'ils semblent poursuivre, sans l'atteindre ; ni dans la justice et l'équité, dont ils font trop bon marché. Nous aurons d'ailleurs l'occasion de les rencontrer au cours des explications dans lesquelles nous avons à entrer. Car, si le premier système, celui de la libre contrefaçon, ne compte plus guère d'adhérents dans la doctrine, il est pratiqué aujourd'hui par quelques nations, et l'était hier encore par d'autres. Quant au deuxième système, celui de la réciprocité diplomatique ou légale, il semble conserver les préférences de la plupart des gouvernements. Bien rares, en effet, sont les législations qui, rompant ouvertement avec les théories anciennes, ont banni le principe de la réciprocité pour mettre d'accord le droit et la raison.

.Une étude approfondie de la nature juridique du droit à protéger permettrait peut-être, en notre matière, de ramener la législation à ces quelques mots : l'auteur d'une œuvre littéraire ou artistique, quelle que soit sa nationalité, quel que soit le lieu où cette œuvre a pris naissance, a seul le droit de la reproduire ou d'en autoriser la reproduction, de quelque manière et sous quelque forme que ce soit. Les autres dispositions ne devraient être que l'application rigoureuse et logique de ce principe fondamental aux diverses productions de l'esprit.

L'étude que nous abordons, après cet exposé dogmatique, nous montrera combien nous sommes loin de cet idéal ; combien sont distantes la pratique et la théorie, soit dans les législations internes, soit dans les conventions internationales.

CHAPITRE II

Histoire du Droit dans le passé

Nous sortons quelque peu ici du cadre que nous nous sommes tracé, du but que nous nous sommes proposé de poursuivre, l'étude de la convention de Berne. Mais un rapide coup d'œil sur le passé nous paraît nécessaire, soit pour mieux mesurer l'étendue du chemin parcouru et mieux constater les résultats acquis, soit aussi pour caractériser notre droit aux diverses périodes de son histoire. A cet effet, il nous suffira de borner nos recherches à la condition faite en France aux auteurs étrangers ; car, sauf quelques nuances de détails, la situation des autres pays, au point de vue de la protection internationale des droits d'auteur, fut à peu près ce qu'elle a été chez nous jusqu'au milieu du XIXᵉ siècle : « La contrefaçon était partout, sinon honnête, du moins licite. » (1).

La protection internationale des droits intellectuels existait-elle avant 1789 ? Les principes de l'époque révolutionnaire ont-ils trouvé un écho dans la matière qui nous concerne, ou cette conception ne serait-elle pas en réalité plus récente ? S'il est possible de faire remonter assez loin dans le passé l'idée elle-même de protection, nous croyons fermement que l'idée de *protection internationale* n'a fait son apparition qu'avec le XIXᵉ siècle. Nous laissons nos devanciers à leurs savantes incursions dans le droit antérieur à 1789 pour essayer d'y trouver les premières traces d'une reconnaissance internationale des droits des auteurs et des artistes. Pour nous, le caractère jusqu'alors reconnu aux droits intellectuels, paraît incompatible avec l'idée d'une protection internationale au sens propre du mot. Le droit d'auteur était alors considéré comme un simple privilège, comme une pure faveur de l'autorité supérieure. Les

(1) RENAULT, *J. D. I. P.* (1878, p. 122).

effets d'une pareille protection devaient évidemment s'arrêter où expirait la souveraineté de celui qui l'accordait. Et si d'aventure, un Grotius ou un Albert Dürer, l'un auteur, l'autre artiste, voient leurs œuvres protégées temporairement contre la reproduction, dans un pays qui n'est pas le leur, le premier en France, le second sur les terres de l'empereur Maximilien, il faut voir là une concession bienveillante dictée par la sympathie qu'inspirent les protégés, bien plus que la consécration pratique d'un principe de droit international. D'ailleurs, dans les limites même de chaque État, cette prérogative qu'était-elle, sinon la négation formelle du droit d'auteur, puisqu'elle avait pour conséquence d'assurer aux éditeurs des bénéfices auxquels pouvaient seuls légitimement prétendre les auteurs et les artistes?

Nous ne suivrons pas M. Darras (1) dans son essai de justification de l'existence en France d'une protection des étrangers avant 1789. D'après M. Darras, deux arrêts du 30 août 1777 auraient eu pour conséquence d'assimiler complètement les étrangers aux nationaux, et de permettre par suite aux premiers d'obtenir en France des privilèges pour leurs œuvres parues à l'étranger (2). L'auteur fait remarquer que ces arrêts, pour reconnaître le droit de l'écrivain, invoquent l'idée de travail, de droit naturel, sans faire aucune distinction de nationalité.

Cette opinion nous paraît difficile à soutenir, et nous ne pouvons admettre qu'une réforme, une innovation aussi importante, ait été faite d'une façon aussi indirecte, aussi obscure; qu'à une époque où l'on méconnaissait ouvertement aux étrangers les droits les plus sacrés, les mieux établis, on reconnût à ces mêmes étrangers des droits dont la notion n'apparaissait encore que d'une façon confuse, dont la nature véritable échappait au jurisconsulte comme au législateur, qu'on considérait comme un simple privilège et que les arrêts de 1777 eux-mêmes qualifient de ce nom.

L'histoire de la protection internationale avant 1789 est entourée d'une profonde obscurité difficile à dissiper. Les prérogatives sont

(1) *Droits des Auteurs et des Artistes* (nos 128 et s.).

(2) Voir le compte-rendu de ces deux arrêts, fait au Parlement par l'avocat général Séguier, et rapporté dans la *Propriété littéraire* au XVIIIe siècle, de MM. Laboulaye et Guiffrey.

considérées moins comme les manifestations d'un droit véritable
que comme celles d'une simple faveur. Les privilèges n'ont jamais
été que l'exception. Et la seule règle que nous puissions déduire
avec certitude, au point de vue international, est la suivante : par
application de la théorie du *jus soli,* sur laquelle reposaient alors
les principes de la nationalité, on assimilait aux œuvres françaises
celles que les étrangers faisaient paraître chez nous.

Cet état de choses changea en 1789 : Les privilèges sont supprimés en raison même de leur nom; et la Révolution, dans son
ivresse de l'égalité, appelle tous les hommes sans distinction à la
jouissance des mêmes droits.

On a dit avec raison que les assemblées de cette époque, supprimant toutes frontières, étaient passées de la nationalité à l'humanité.
Lorsqu'on en vint à proclamer les droits des auteurs, reconnût-on
celui des étrangers? La question, depuis le décret de 1852, n'a plus
qu'un intérêt historique. Nous nous contentons de donner succinc-
tement les motifs qui nous rallient à l'opinion de la faible minorité
qui a cru devoir jusqu'à ce jour se prononcer en faveur de la théorie de la protection absolue. Trois textes ont été promulgués sous
la période révolutionnaire, qui, avec les art. 425, 26, 27, 28, 29 du
Code pénal, avec les décrets du 5 février 1810, du 28 mars 1852 et
la loi du 14 août 1866, forment encore aujourd'hui le fond même
de notre législation sur la matière. Ces trois textes, dont les deux
premiers réglementent particulièrement les productions dramatiques et musicales, portent les dates des 13, 19 janvier 1791; 19
juillet, 6 août 1791; 19, 24 juillet 1793.

Quelle est leur portée au point de vue international? Contrairement aux opinions généralement admises, nous croyons que ces
dispositions législatives posent le principe de la protection la plus
large, la plus absolue. Rien dans les textes ne permet d'établir une
distinction entre l'étranger et le national. L'argumentation qu'on a
voulu fonder sur le mot « citoyen » de l'art. 6 de la loi de 1793,
pour restreindre la portée de ce texte et y trouver une distinction
relative à la nationalité de l'auteur, est sans valeur à une époque
où le mot citoyen embrasse, dans la généralité de sa signification,
tous les hommes, à quelque nation qu'ils appartiennent, quel que
soit le lieu qui les ait vu naître.

L'esprit de la loi permet-il une distinction à laquelle son texte se
refuse? Pas davantage. Les lois reflètent le caractère et les ten-

dances dominantes du droit au temps où il est en vigueur. Or, il nous parait absolument impossible, absolument inadmissible d'interpréter les textes d'une époque aussi libérale que celle de la Révolution avec cet esprit d'exclusivisme qui caractérisait notre ancien droit. Pour rester persuadé que l'esprit de nos lois ne saurait restreindre la portée large de leur texte, il suffit de se rappeler sous l'empire de quels principes égalitaires et cosmopolites ont été promulguées toutes les lois de la Révolution : toutes ont eu pour but de propager les doctrines nouvelles de l'évolution sociale et de pousser les peuples voisins vers l'émancipation. Toutes tendaient à supprimer les frontières en assurant à l'homme, quelle que soit son origine, la même protection ; en conviant les peuples à la jouissance des mêmes droits. Il serait assez étrange qu'oubliant tout à coup la date de leur promulgation, il fallût, pour les lois dont nous cherchons à déterminer la portée internationale, se départir des idées de tolérance et de libéralisme si souvent accusées par le législateur d'alors.

Toutes les garanties résultant des lois relatives à la propriété littéraire et artistique sont donc comprises dans cette vaste catégorie des droits de l'humanité, à la jouissance desquels notre Révolution invitait sans distinction étrangers et nationaux.

Cette situation a-t-elle été modifiée par la promulgation du Code civil? Nous n'hésitons pas à répondre négativement. De deux choses l'une, en effet : ou le Code civil n'embrasse pas notre matière dans la vaste généralité des droits qu'il organise et réglemente, dans ce cas les lois de l'époque intermédiaire conservent toute leur force, toute leur étendue d'application ; ou le droit d'auteur doit obéir aux règles du Code civil, et alors encore les étrangers pourront réclamer protection sans aucune condition de réciprocité (argument tiré de l'art. 11 du Code civil). La justification de cette dernière solution nous obligerait à pénétrer dans une des plus célèbres controverses qu'a soulevé notre Code, ce qui nous entraînerait bien au delà des limites de cette étude.

Rappelons seulement le système que nous semble avoir consacré ce fameux article 11 : il distingue, croyons-nous, entre les droits civils purs et les droits naturels, accordant aux étrangers la jouissance de ces derniers sans aucune condition spéciale ; ne lui reconnaissant au contraire les premiers que dans des hypothèses déterminées et sous des conditions particulières. Or le droit d'auteur, nous nous sommes efforcé de le démontrer, rentre dans la catégorie de ces droits naturels dont l'étranger peut, en France, réclamer protection sans aucune condition de réciprocité diplomatique ou légale, et en l'absence de toute admission à fixer son domicile ou sa résidence sur notre territoire.

À cette interprétation large des textes de 1791 et 1793, on a fait une grave objection, fondée sur l'art. 426 du Code pénal. Cet article ne punit, comme contrefaçon, que l'introduction sur le territoire français d'ouvrages qui, *après avoir été publiés en France* (c'est l'application du principe de la territorialité), ont été contrefaits à l'étranger. Nous répondrons qu'il nous paraît antijuridique d'expliquer un texte par une loi qui lui est postérieure de dix ans. Le Code pénal n'a pas eu pour but et ne peut avoir pour effet de modifier les principes du droit civil. S'il ne les sanctionne pas dans toute leur étendue, il y a défaut d'harmonie et rien de plus. Quoi qu'il en soit d'ailleurs, il reste à l'étranger le droit de se prévaloir de l'art. 1382 du Code civil qui pose dans les termes les plus larges un principe du droit des gens (1).

Si fondée que nous paraisse cette opinion, à peine a-t-elle été timidement aventurée par la doctrine (Blanc, Darras, Bastide) et la jurisprudence ne l'a jamais admise, refusant jusqu'au décret-loi du 23 mars 1852 toute protection en France aux œuvres parues à l'étranger.

Ne nous en étonnons pas : les progrès sont l'œuvre lente du temps et non le résultat spontané d'une idée métaphysique conçue à la hâte. Les réformes, si légitimes qu'elles soient, ne sont jamais facilement acceptées quand elles sont trop rapides et trop profondes; quand elles dénouent trop brusquement la chaîne des traditions. Et sur ce point, comme sur tant d'autres, les principes émis par la Révolution, si tant il est vrai qu'ils aient eu un moment leur application, ne devaient pas survivre longtemps aux idées qui les avaient inspirés. Les textes subsistent, faute d'une abrogation expresse ou tacite, mais ils ne subsistent plus qu'à l'état de lettre morte, ou plutôt on argue de la lettre pour en méconnaître l'esprit. Les tribunaux continuent à refuser aux étrangers cette large protection inscrite dans nos lois. Il nous faut donc, après avoir dit ce qu'elle

(1) Comp. l'arrêt de la Cour d'appel d'Alexandrie du 18 août 1888, rapporté dans *J. D. I. P.* (1890, p. 148), et analysé par nous (chap. 1er, p. 15).

aurait dû être, donner un rapide aperçu de ce qu'a été réellement la protection internationale de 1789 à 1852.

« Dans la doctrine qui a prévalu, et que consacrait une jurisprudence constante, la protection assurée par nos lois aux auteurs avait un caractère exclusivement territorial, tant au point de vue négatif qu'au point de vue positif, en ce sens que de même qu'on protégeait toutes les œuvres publiées en France, on ne protégeait que celles-là ; la loi tenait compte du lieu de la publication, non de la qualité de l'auteur. » (1).

En résumé, toute œuvre parue en France, quel qu'en fût l'auteur, français ou étranger, était protégée chez nous contre la reproduction ; tandis que l'œuvre parue à l'étranger, l'auteur fût-il français, pouvait être impunément contrefaite (2).

On établissait ainsi une sorte d'indivisibilité entre la protection et la publication. La publication en France était une condition suffisante, mais nécessaire, pour avoir droit à la protection. La loi, ou plutôt la jurisprudence, soutenue par la doctrine, tenait compte de la nationalité de l'œuvre, mais nullement de celle de l'auteur. C'était l'application pure et simple, mais exclusive, du *jus soli* aux œuvres intellectuelles. Seules ont droit à la protection les œuvres nationales, et seules sont nationales les œuvres qui ont vu le jour dans les limites de l'Etat protecteur.

Cette situation, sauf quelques nuances de détail, fut celle de presque tous les pays du monde. Cette longue période, de plus d'un demi-siècle, fut, on peut le dire sans exagération, l'époque de grandeur de la contrefaçon. Elle apparaît sous toutes ses formes et s'exerce avec un succès toujours croissant. Chose remarquable, cette spoliation est pratiquée par des peuples qui se montrent pleins de respect et d'égards pour la propriété ordinaire. « Ecoutez : un

---

(1) RENAULT, *De la Propriété littéraire et artistique au point de vue international.* — *J. D. I. P.* (1878, p. 122).

(2) Dans cet esprit restrictif, on était allé jusqu'à se demander si l'auteur qui, après avoir publié son œuvre en France, la publiait ensuite à l'étranger, n'était pas par ce fait déchu de la protection de la loi française. On argumentait de la loi du 7 janvier 1791 (art. 16, al. 5), qui édictait cette déchéance contre l'individu qui, breveté en France, se faisait délivrer un brevet d'invention à l'étranger ; mais il n'y avait pas analogie. — V. RENOUARD, *op. cit.* (t. II, n° 74).

marchand envoie-t-il une balle de coton du Havre à Saint-Pétersbourg, si quelque mendiant monté sur une barque y touche, ce
mendiant est pendu. Pour obtenir un libre passage en tout pays à
ce ballot, à ce sucre, à ce papier blanc, à ce vin, l'Europe entière
a créé un droit commun. Si quelque vaisseau marchand est pris,
l'alarme est grande, on court sus au pirate ; bientôt il est pris, il est
pendu.... Mais un livre paraît-il, oh ! le livre est traité comme on
traite le pirate : on court sus au livre ; il est avidement recherché,
il est saisi dans ses langes, dans ses épreuves.... Ainsi pour le difficile produit de l'intelligence, le droit commun est suspendu en
Europe. » (1).

Nous ne pouvons pas retracer l'historique complet de la contrefaçon internationale. Mais on aura une idée suffisante de ce qu'elle
fut, quand nous aurons dit sur quelle échelle elle fut pratiquée par
les deux pays qui en furent les foyers les plus actifs, les plus inten-
ses : la Belgique et les Etats-Unis.

De ces déprédations commises par tous les peuples, la France
eut particulièrement à souffrir ; mais la Belgique surtout se montrait pleine de sollicitudes pour la propagation des idées françaises.
Elle spéculait sur tous les noms français qui retentissaient en
Europe ; sur l'autorité de nos jurisconsultes, de nos médecins, de
nos savants ; sur l'heureux élan de notre école historique, sur les
fréquentes révolutions de nos goûts littéraires. Cette marque d'attention chez les étrangers, à l'égard des auteurs français, remontait
loin dans le passé. Elle fut un bien, peut-être, tant que dura le
régime de la monarchie absolue, car elle permit de mettre au jour
des écrits que la censure royale eût impitoyablement supprimés en
France. La Hollande, notamment, rendait ainsi service à l'intelligence proscrite, en lui offrant l'élément qu'il lui faut pour vivre :
la publicité à l'ombre de la liberté (2). Mais cette intervention des

---

(1) *Œuvres complètes* de H. DE BALZAC (t. xxii, p. 211 et suiv.). — 15 novembre 1834 : lettres aux écrivains français du XIXᵉ siècle.

(2) « L'opposition, le pamphlet, tout ce que le souverain ne privilégiait pas,
était obligé de s'imprimer dans un pays libre. La liberté de la presse, contre
laquelle aucun pouvoir ne prévaudra, engendra la Hollande. Là, parurent le
dictionnaire de Bayle, les œuvres de Rousseau, la moitié des œuvres de Mira-
beau, les mémoires secrets, les œuvres mystiques des Jansénistes, les gazet-
tes libres. » (H. DE BALZAC, *Note sur la Propriété littéraire*).

imprimeurs étrangers n'était pas toujours légitimée par l'acquiescement de l'auteur (1).

D'ailleurs, dès 1830, les Français jouirent de la liberté de penser et d'écrire. Nos voisins virent donc alors leur échapper ce prétexte qu'ils pouvaient jadis invoquer. Renoncèrent-ils pour autant à leur coupable industrie ? Il eût été trop dur d'abandonner une situation acquise (2). En 1834, la Belgique fut prise de la fureur des agiotages. De 1834 à 1838, on souscrivit pour des valeurs de Sociétés industrielles, le capital nominal de 570,071,474 francs. Sur cette somme, les Sociétés fondées en vue de la contrefaçon absorbèrent 14 millions (3). Jusque-là cette branche de l'industrie avait été exploitée surtout par des étrangers établis en Belgique. La création de ces Sociétés, ouvertes aux fonds de tout souscripteur, eut pour résultat de faire entrer les Belges directement et par eux-mêmes dans cette voie fâcheuse. Les appuis moraux ne manquaient pas à la contrefaçon plus que les appuis financiers. La Société Haumann et Cie avait pour président M. le chevalier de Sauvage, ancien ministre de l'Intérieur et président de la Cour de cassation ; le Comité comptait un sénateur, des magistrats, un inspecteur de l'Instruction publique ; son secrétaire était M. Vinchent, secrétaire général du ministre de la Justice. Les autres Sociétés avaient leur Conseil d'administration composé dans des conditions analogues. La libre contrefaçon trouvait donc des défenseurs jusque dans les Chambres, dans le gouvernement, dans la magistrature. En présence d'une

---

(1) Citons, à titre de curiosité, le passage suivant, tiré de la préface d'*Atrée et Thyeste*, de Crébillon : « Il y a près de trois ans que je refusais constamment mon *Atrée*, et je ne l'aurais effectivement jamais donné, si on ne me l'eût fait voir imprimé en Hollande avec tant de fautes, que mes entrailles de père s'émurent. Je ne pus sans pitié le voir ainsi mutilé : les fautes d'un imprimeur avec celles d'un auteur, c'en est trop de moitié ; c'est ce qui me détermina en même temps à donner *Electre* pour qui je craignais un sort semblable. »

(2) Aussi Bignon, dans une brochure adressée à Didot, écrivait-il : « Si les Belges différaient quelque temps encore de prendre l'initiative, la France devrait poursuivre l'effet de sa demande avec une vigueur de volonté qui ne comportât pas de résistance. Ce serait, dira-t-on, user de contrainte ; nous n'en disconvenons pas ; trop souvent c'est par la contrainte qu'il a fallu imposer à certains peuples l'accomplissement des obligations les plus morales. »

(3) Voy. *Essai sur la Statistique de la Belgique,* par Heuschling et Vandermœlen (2e édit., Bruxelles, 1841).

situation aussi intolérable, la France devait prendre des mesures répressives. Elle tenta de fermer aux contrefaçons belges le marché français et ceux des pays unis à la France par des traités. C'était déjà beaucoup, mais point encore suffisant. Le mieux était d'attaquer la contrefaçon à sa source même (1). La convention du 22 août 1852 réalisa ce progrès nécessaire. Le traité de commerce proposé par la France était favorable à la Belgique ; pour en jouir, celle-ci se soumit à la convention littéraire. Depuis d'ailleurs, la Belgique a fait amende honorable au passé en consacrant, par sa loi de 1886, le principe de la protection absolue des œuvres de l'esprit.

Jusqu'à notre époque, le gouvernement des Etats-Unis a religieusement observé de ne traiter avec aucune nation pour la sauvegarde des droits intellectuels. La situation géographique de la grande République américaine explique sa coupable abstention. Elle peut toujours parler en maîtresse au moment de la conclusion des traités de commerce ; les Etats étrangers ne peuvent mettre, comme condition à leur acquiescement, la protection des œuvres littéraires et artistiques. Les éditeurs américains sont d'ailleurs impartiaux ; c'est à l'égard de toutes les nations qu'ils commettent leurs vols et l'état particulier de l'Amérique leur vient en aide en facilitant leurs tendances spoliatrices. Ils n'ont même pas besoin de faire la dépense d'une traduction ; des quantités innombrables d'émigrants y arrivent annuellement de tous les coins du monde : ces émigrants lisent dans leur langue maternelle les ouvrages contrefaits de leurs compatriotes.

Le même fait que nous aurions pu signaler en Belgique, s'est retrouvé aussi en Amérique. La contrefaçon y eut, dès l'abord, de véritables lois. Entre les maisons de librairie régnait une sorte de convention : on reconnaissait une espèce de privilège à celle qui, la première, publiait dans le pays une contrefaçon d'auteurs étrangers. En présence de cet état des relations entre les maisons américaines, les Anglais, naturellement destinés, par la communauté de la langue, à souffrir de ces déprédations, imaginèrent un système ingénieux pour obtenir aux Etats-Unis quelques avantages pécuniaires. Ils procuraient à une maison américaine le moyen de

---

(1) Comp. compte-rendu du rapport d'Ancelot envoyé par l'Académie française dans toute l'Europe : *J. des Econ.* (t. XXVII, p. 198, 15 septembre 1850).

publier, la première, une contrefaçon de leurs œuvres, et ils se faisaient payer par elle ce service rendu.

Mais il en fut aux Etats-Unis comme en Belgique, cette entente ne dura guère : les diverses librairies du pays rivalisèrent entre elles et ne tinrent plus aucun compte de la règle sage qu'elles s'étaient jadis imposée. Nous aurons à dire ailleurs ce qu'est, aujourd'hui encore, aux Etats-Unis, la protection internationale, et nous nous demanderons alors si l'intérêt bien entendu ne leur conseillerait pas de suivre une toute autre ligne de conduite.

Si dans ce court aperçu historique, nous avons particulièrement insisté sur la Belgique et les Etats-Unis, c'est que dans ces deux pays, la contrefaçon élevée à la hauteur d'un principe y avait ses lois, son organisation. Mais on aurait tort de croire que cette façon cavalière d'agir avec les auteurs fût inconnue des autres puissances. La contrefaçon a longtemps compté de nombreux représentants en France, en Espagne, en Italie, en Suisse, en Allemagne, en Autriche, en Russie. Elle était partout « licite, sinon honnête ». Et cette piraterie d'un nouveau genre, jusque vers le milieu de notre siècle, alla se développant, au fur et à mesure que s'abaissaient les barrières intellectuelles entre les divers pays, jusqu'au jour où la France, invitant les autres puissances à imiter sa générosité, ouvrit réellement l'ère nouvelle de la protection internationale des œuvres littéraires et artistiques.

Mais bien avant 1852, le besoin d'une protection plus large s'était fait sentir : les œuvres de l'esprit ne peuvent être immobilisées et les lois intérieures qui protégent l'auteur dans son pays d'origine le laissent sans défense au delà des frontières. Les conventions internationales devaient donc être reconnues comme indispensables pour mettre un terme à un état de choses profondément immoral, puisque du moment où l'œuvre littéraire ou artistique constitue un droit, tolérer qu'on s'approprie cette œuvre, c'est reconnaître une sorte de droit au vol. Le défaut de protection internationale devait avoir des effets particulièrement regrettables pour certains pays, et c'est dans ceux qui étaient le plus intéressés à chercher un remède au mal, que la pratique des traités internationaux devait nécessairement prendre naissance pour suppléer aux imperfections de la loi.

C'est donc chez les peuples unis par un lien fédératif qu'il faut aller chercher l'origine des conventions qu'une communauté de langue, de littérature, de race, et l'exiguité du territoire rendaient plus nécessaires. Les différentes provinces unies par un lien fédératif sont en général de peu d'étendue. Et c'est dans cette situation que l'on aperçoit le mieux combien est dérisoire une protection purement nationale. Que signifieraient, par exemple, en Suisse, vingt-cinq lois diverses pour une population d'environ trois millions d'âmes ! de ces lois, les unes consacrant peut-être généreusement l'idée d'une large protection, les autres tolérant la libre contrefaçon. Une population de cinquante mille âmes n'offre certainement pas un débouché suffisant pour permettre à un éditeur de rentrer dans ses fonds. Que servirait à un éditeur de Genève d'être protégé contre la contrefaçon par une loi cantonale si, à quelques pas de là, sur le territoire de Vaud, la protection faisait défaut ?

Le décret français du 19 juin 1811 fut comme le prélude de cette longue série de traités internationaux, dont le besoin se faisait si vivement sentir. Ce décret disposait, dans son art. 2 : « Les auteurs français et italiens, ainsi que les héritiers des uns et des autres jouiront réciproquement, comme s'ils étaient nationaux, dans toute l'étendue de notre empire et du royaume d'Italie, des droits d'auteur assurés par l'art. 39 de notre décret du 5 février 1810. » Ce décret, nous croyons devoir le faire remarquer, s'explique bien plus par l'état de dépendance dans lequel se trouvait l'Italie vis-à-vis de la France en 1811, que par les considérations que nous faisions valoir plus haut.

La Prusse inaugura la pratique des conventions en signant, dans le courant des années 1827, 1828, 1829, des accords avec la plupart des pays composant la Fédération germanique, notamment avec la Bavière, le Hanovre, la Saxe, le duché de Bade. L'existence de ces traités fut de bien courte durée, il est vrai, mais l'impulsion avait été donnée et l'exemple fut suivi. Les Etats d'Italie ne tardèrent pas à proclamer l'internationalité de la protection littéraire, et le 22 mars 1840, l'Autriche et la Sardaigne s'unirent par une déclaration de réciprocité qui formait, du reste, le fond de tous ces traités. La France entra aussi dans cette voie ; le 25 juillet 1840 était signé avec les Pays-Bas un traité de commerce et de navigation, dont l'art. 14 disposait : « La propriété littéraire sera réciproquement garantie sous les conditions d'application et d'exécution à déterminer ultérieurement d'un commun accord. » C'est la stipulation la plus ancienne que nous trouvions dans les rapports internationaux de la France, car le décret du 19 juin 1811, étant donné les circonstances dans lesquelles il est intervenu, n'a pas réellement le caractère international; il est moins le résultat d'un accord que l'œuvre du conquérant imposant sa volonté au pays tombé sous sa domination.

Mais ce traité de 1840 est resté longtemps sans effet pratique, car la convention qu'il annonçait ne fut conclue que le 9 juin 1855.

Dans l'intervalle, et avant le décret de 1852, quatre conventions furent signées par nous : le 28 août 1843 avec la Sardaigne, le 12 avril 1851 avec le Portugal, le 20 octobre 1851 avec le Hanovre, le 3 novembre 1851 avec l'Angleterre. Cette dernière a été maintenue jusqu'à la mise en vigueur de l'union de Berne. Quant aux trois premières, des traités postérieurs les ont remplacées (1).

La situation faite aux auteurs se trouvait-elle notablement améliorée par les conventions ? Les réclamations soulevées par les intéressés jusqu'au jour où le décret de 1852 vint exaucer leurs vœux, démontrent surabondamment l'insuffisance d'une protection assise sur les bases étroites d'une réciprocité diplomatique. Ajoutons à cela l'instabilité des traités qui donne au droit international des auteurs un caractère par trop précaire, les difficultés que soulevaient les négociations de ce genre, puisqu'en 1851 nous n'avions pu conclure encore que quatre conventions, et nous pourrons affirmer que la véritable protection internationale ne pouvait exister que du jour où, procédant plus hardiment, le législateur proclamerait d'une manière absolue qu'il n'est pas permis de contrefaire les ouvrages étrangers.

C'est à la France que devait appartenir l'honneur de rompre définitivement avec les idées anciennes, avec une tradition qui avait trop longtemps assuré le succès de la libre contrefaçon. C'est le décret du 28 mars 1852 qui ouvre l'ère nouvelle de la véritable protection internationale.

---

(1) Pour l'indication des premières conventions signées par les Etats étrangers, V. RENAULT, *J. D. I. P.* (1878, p. 455).

CHAPITRE III

Le Droit d'Auteur dans le présent

Le traité de Berne contient deux ordres de dispositions : les unes reposent uniquement sur le principe de l'assimilation des œuvres étrangères aux œuvres nationales ; les autres réalisent un minimum d'unification. L'effet des premières clauses varie selon que l'on envisage la question à l'égard de tel ou tel des Etats adhérents ; leur étude ne peut être complète que si l'on passe successivement en revue la législation de chacun des Etats intéressés. Nous tenons néanmoins à bien délimiter ici le champ de nos investigations. Dans cette course rapide à travers les législations internes et les dispositions conventionnelles, notre prétention n'est pas de coordonner en un tout compact des matériaux disséminés en mille endroits, de créer un Code de la propriété littéraire ou mieux des droits d'auteur au point de vue international. Nous ne saurions évidemment exposer, avec leur commentaire, l'ensemble des dispositions qui régissent les rapports internationaux, étudier dans ses détails la législation intérieure de chaque pays pour en dégager les parties relatives au droit international, et les combiner avec les dispositions des nombreux traités qui, depuis un demi-siècle, sont venus consacrer tant bien que mal le principe de la protection des droits intellectuels. Ce que nous voulons tenter, c'est une étude théorique et critique des divers systèmes aujourd'hui en vigueur ; en vue de conduire à une plus facile et plus complète intelligence de la convention de Berne.

Multiples sont les aspects sous lesquels la question pourrait être envisagée : protection des personnes, protection des œuvres, durée de la protection, sanction de la protection, etc. Dans ce rapide aperçu, nous ne voulons l'envisager que dans son principe fondamental : étendue de la protection au point de vue des personnes.

Bien que l'idée de protection large et ouverte à tous s'impose à la raison ; bien que cette idée, née d'hier, ait fait, au cours de ces dernières années, d'immenses progrès, elle est loin d'avoir entraîné tous les peuples ou même déterminé tous les jurisconsultes. Certains économistes, donnant à l'intérêt le pas sur l'équité, et opposant à la logique qui les condamne, les exigences de la littérature ou de l'industrie nationale, font bon marché de la question de principe. Pour eux, contrefaire ce n'est pas voler, c'est mettre ses forces intellectuelles ou physiques à contribution dans l'intérêt économique de la nation spoliatrice. Permettre à un éditeur de reproduire librement les œuvres de la littérature ou des arts parues à l'étranger, c'est assurer d'abord la modicité du prix des livres ; c'est ensuite favoriser le développement intellectuel des nationaux. Plus nombreux sont les auteurs qui, répudiant par un scrupule apparent de dignité nationale l'étroitesse d'un pareil système, n'osent pas néanmoins admettre le principe de la protection absolue. Pour ces défenseurs des doctrines utilitaires, autoriser en tous cas la contrefaçon, c'est outrager trop ouvertement la morale ; la prohiber sans réserve, c'est manquer de diplomatie, c'est oublier que l'intérêt est la mesure des actes d'un gouvernement. Leurs intentions sont pures et ils reconnaissent volontiers la supériorité théorique du principe de la protection absolue. Mais une crainte agite leurs esprits et paralyse leur bon vouloir : leur exemple sera-t-il suivi? Ne serait-ce pas gêner le commerce sans rien acquérir en échange ? Une politique bien entendue ne conseille-t-elle pas plutôt de conserver le principe de la réciprocité diplomatique ou légale comme une arme pour obtenir des concessions des Etats étrangers? La libéralité désintéressée faite par un peuple à un autre n'a pas de raison d'être ; tant qu'on peut menacer les étrangers de contrefaire leurs œuvres, on conserve le moyen de les forcer de renoncer à leur coupable industrie. Mais si, par la proclamation pure et simple des droits des étrangers, on a abandonné ce qui aurait pu payer leur abstention, on s'expose à être la dupe de son imprudence.

Nous n'avons pas à prendre parti entre deux théories également contraires à la logique et éloquemment démenties par les faits, dérivant toutes deux d'une même idée, l'intérêt mal entendu, et toutes deux conduisant par des voies différentes à des résultats identiques : la violation d'un droit naturel.

Nous n'hésitons donc pas à nous prononcer en faveur de la théorie large et juste de la protection la plus absolue, sans aucune distinction tirée de la nationalité de l'auteur ou du lieu d'origine de l'œuvre. Les développements que nous avons donnés dans notre premier chapitre indiquent suffisamment les motifs de la solution que nous proclamons seule admissible. Toutes les nations doivent proclamer le droit des étrangers. Cette mesure est nécessaire parce qu'elle est juste. Et si les considérations de justice, aux yeux de certains économistes, ne pèsent pas dans la balance d'un poids assez lourd pour la faire pencher en notre faveur, nous pouvons ajouter qu'en notre matière le juste et utile marchent dans un constant accord. On espère acquérir, en spoliant les étrangers, des reproductions littéraires et artistiques à un très bas prix. Contre cette prétention, qu'il nous suffise de rappeler une observation d'un auteur américain, M. Black-Burn : « Malgré la longue durée de garantie accordée en France aux œuvres intellectuelles, la littérature française est la moins chère du monde. » La librairie des pays contrefacteurs ne profite guère de ses déprédations. En 1851, M. Muquardt, un libraire belge, a démontré cette thèse avec beaucoup d'originalité et de sens commun (1). En Belgique, on voulut voir, dans le traité de 1851-1854 avec la France, une cause de mort pour la librairie et l'imprimerie du pays (2). Le tableau comparatif des statistiques dressées antérieurement et postérieurement à cette date, prouve manifestement combien ces appréhensions étaient chimériques (3).

Du moins, cette liberté de la contrefaçon ne contribue-t-elle pas puissamment à l'éducation et au développement intellectuel de la nation ? Nous aurons l'occasion, en parlant des Etats-Unis, de prouver qu'ici encore, en servant les intérêts du juste, on sert aussi ceux de l'utile ; que cette façon cavalière d'agir avec les auteurs étrangers paralyse fatalement le développement de la littérature et des arts, en obligeant des écoles naissantes à lutter, dans des conditions d'infériorité indiscutable, avec l'élite des écoles

(1) Comp. *J. des Econ.* (t. xxxv, p. 302).

(2) V. les phases de la campagne menée contre la conclusion de ce traité : *La Réimpression*, par Ch. HEN, et *De la Réimpression*, par A. HAUMANN. En sens contraire l'ouvrage de MUQUART paru en 1851.

(3) V. DARRAS, *Droit des Auteurs et des Artistes* (n⁰ 108, p. 158).

étrangères. D'après les déclarations faites au Congrès littéraire de Paris, par un de ses romanciers, mort dernièrement en France, J. Tourgueneff, la Russie ne possède encore que quelques écrivains. Ce pays se nourrit de littérature étrangère. Il y est permis de reproduire librement les œuvres étrangères, pourvu d'ailleurs qu'on les traduise. Cette nation a des traducteurs et peu d'auteurs.

Nous avions donc raison de poser en principe que l'intérêt bien entendu des peuples milite avec autant de force que l'équité en faveur de la protection absolue. Seules néanmoins, la France et la Belgique, jusqu'à ce jour, ont su avoir le courage de leurs convictions. Seules, elles ont osé, quoique à deux époques bien distantes l'une de l'autre, étendre aux étrangers, sans aucune limitation, la protection organisée en faveur de leurs auteurs. Peut-être convient-il de rendre le même hommage au Vénézuela et au Chili, dont les législations posent des principes analogues à ceux que proclame le décret de 1852. La plupart des autres nations s'en tiennent au principe de la réciprocité, combiné le plus souvent avec celui de la territorialité ou de l'indigénat, ou même avec les deux à la fois.

En France, nous avons vu plus haut qu'il est peut-être théoriquement possible de faire remonter à l'époque révolutionnaire le principe de la protection absolue. Nous n'irons pas néanmoins avec les auteurs dont nous avons partagé l'opinion, jusqu'à nous étonner de l'accueil bienveillant fait à la générosité qui inspira au prince-président le décret du 28 mars 1852, décret salué comme une œuvre de progrès, comme un acte d'humanité. Nous ne refusons pas de nous unir à ce concert unanime d'approbations, sous le prétexte platonique que ce décret n'innove rien. Nous ne doutons pas que les étrangers, en vertu des lois de 1791-1793, eussent des droits acquis en France à la protection de leurs œuvres ; mais nous doutons bien moins encore que cette protection leur a toujours été refusée ; et si le décret de 1852 n'est pas introductif de droit nouveau, il a du moins consacré des droits jusqu'alors méconnus, ce qui pratiquement revient au même. Nous l'approuvons donc comme répondant à une haute pensée de justice et de moralité ; comme l'aurore d'une ère nouvelle : celle d'une large et véritable protection internationale des droits intellectuels.

Les adeptes de l'utilitarisme ont pu voir là une innovation regrettable et malheureuse, dire que le législateur avait oublié que l'intérêt est la mesure des actes d'un gouvernement, comme il est la mesure des transactions entre particuliers ; que nous donnions sans recevoir. La critique n'est pas fondée ; si l'intérêt est la mesure des actes, l'équité est la mesure du devoir, et, comme on l'a fort bien dit en 1845, pour combattre ces mêmes doctrines utilitaires, dont Guizot se faisait alors le puissant écho dans nos Chambres : « Le vol est immoral, quelle que soit la nationalité du volé. »

Notre décret n'énumère pas expressément les personnes protégées. Il déclare seulement dans son article premier que « la contrefaçon, sur le territoire français, d'ouvrages publiés à l'étranger et mentionnés en l'art. 425 du Code pénal, constitue un délit » puni conformément aux art. 427 et 429 du même Code. Si laconique que soit ce décret, aucun doute ne peut planer sur son esprit. Il résulte des textes combinés de ce document législatif, de la loi de 1866 et de celle des 19-24 juillet 1793, que la protection organisée par nos lois en cette matière s'étend, pendant la durée que l'on sait et sous la seule condition de remplir certaines formalités, dont la nature et les effets seront déterminés plus loin, à toute œuvre française ou étrangère, née sur notre sol ou au delà de nos frontières, aux personnes morales reconnues comme aux personnes physiques, à l'héritier ou au cessionnaire de ses droits comme à l'auteur lui-même.

En Belgique, la réforme est plus récente, elle date de la loi du 26 mars 1886. Jusqu'en 1852, la Belgique avait été le foyer le plus actif de la contrefaçon des œuvres étrangères, contrefaçon dont la France eut particulièrement à souffrir pendant la première moitié de ce siècle. Dès 1852, nos voisins revinrent à de meilleurs sentiments, consentirent à entrer dans la voie des négociations diplomatiques et à fermer leurs portes au brigandage littéraire.

C'est de Bruxelles que date le premier Congrès littéraire et artistique. Il eut lieu en 1858, et les principes proclamés alors ont depuis servi de base à la plupart des législations modernes. La Belgique n'en a pas moins mis un quart de siècle à s'associer au mouvement qu'elle avait été la première à provoquer, et il est exact d'ajouter que ce sont en quelque sorte les législations étrangères qui l'ont entraînée de force dans la voie du progrès. La nécessité d'une loi, comme l'a fort bien démontré M. Borchgrave, dans son rapport, est née en Belgique, de la situation anormale faite aux auteurs belges par les conventions diplomatiques les plus récentes. Ces conventions sont ou étaient conclues dans le sens le plus large et le plus progressif. Il en résultait que les étrangers avaient, en Belgique, des droits incontestables et nettement définis ; que les Belges avaient les mêmes droits à l'étranger, mais que, seuls chez eux, les Belges demeuraient en fait sans protection efficace. Car, tandis que tout étranger dont les droits étaient méconnus, pouvait invoquer des conventions qui définissent et protègent ses droits par des dispositions claires et précises, le Belge qui voulait faire respecter les siens ne pouvait se prévaloir que des éléments équivoques d'une législation incomplète et diffuse, et se trouvait ainsi livré à la merci des incertitudes et des variations de la jurisprudence.

La loi du 26 mars 1886 est venue mettre un terme à une situation aussi injuste et aussi choquante. Rompant ouvertement avec les théories anciennes du privilège légal ou de la propriété, le législateur belge a su tirer toutes les conséquences juridiques de cet axiome, que l'auteur seul a le droit d'exploiter son œuvre et d'en recueillir tous les avantages qu'elle comporte. Ce monument législatif peut, à bon droit, être considéré comme un modèle. Nous lui ferons seulement un reproche : celui d'avoir maintenu la caution *judicatum solvi* contre les étrangers. C'est là une de ces institutions vieillies que la logique ne s'explique plus guère, et qui, notamment en notre matière, n'aurait pas dû survivre si longtemps aux motifs qui jadis l'avaient fait édicter.

Nous n'insistons pas sur l'étendue de la protection au point de vue des personnes protégées : il suffit de se reporter à ce que nous disons de la condition des auteurs étrangers en France, car, comme nos lois, celle de 1886 pose le principe de la protection absolue. En deux mots : les droits des étrangers en Belgique sont ceux des Belges eux-mêmes.

Seules, avons-nous dit, la France et la Belgique consacrent le principe de la protection absolue. La plupart des autres nations s'en tiennent au principe étroit de la réciprocité combiné souvent avec celui de la territorialité et de l'indigénat.

L'Espagne et le Mexique ont soumis le droit de protection au triple principe dont nous venons de parler. Il résulte de la combinaison de ces principes, indigénat, territorialité, réciprocité légale ou diplomatique, qu'on peut ramener à trois propositions la solution de la question que nous nous sommes posée : quels sont les auteurs protégés en vertu de la loi espagnole ?

1° De l'application du principe de la territorialité, il résulte que la protection des lois espagnoles s'étend à toute œuvre publiée en Espagne, quel qu'en soit l'auteur ;

2° L'application du principe de la nationalité (ou indigénat), permet à tout auteur espagnol, quel que soit d'ailleurs le lieu de publication de ses œuvres, d'exiger sur son sol natal le respect de ses droits d'auteur ou d'artiste ;

3° De l'application du principe de la réciprocité soit diplomatique, soit légale, nous tirons cette conséquence, que toute œuvre publiée sur le territoire d'un pays garantissant protection aux œuvres espagnoles, sera également protégée au delà des Pyrénées.

Seront donc seuls privés de cette protection les auteurs étrangers qui ne publient leurs œuvres ni en Espagne, ni dans un pays ayant stipulé ou garantissant protection aux auteurs espagnols.

La Suisse (loi du 23 avril 1883), l'Italie (loi du 18 mai 1882, complétée par un décret du 19 septembre 1882), le Portugal (art. 576 et 577 combinés du Code civil 1876), et l'Autriche (loi de 1846), n'appliquent que le principe de la réciprocité combiné avec celui de la territorialité. Ces législations ne tiennent donc aucun compte de la nationalité de l'auteur. Au point de vue des personnes protégées, elles ne se distinguent des deux précédentes que par un seul point : le national qui publie ses œuvres à l'étranger n'a pas, en principe, droit à la protection des lois de son pays. Il ne peut y prétendre qu'autant que la publication est faite dans un pays qui peut se prévaloir du principe de la réciprocité diplomatique ou légale. Cette protection indirecte dont l'œuvre publiée à l'étranger par un national peut être l'objet dérive donc uniquement, dans cette hypothèse, de l'application du principe de réciprocité et ne tient nullement à la nationalité de l'auteur qui, quand il publie des œuvres en dehors de sa patrie, est de tout point assimilé à un étranger.

Si pour suivre un ordre méthodique et jeter un peu de lumière dans l'exposé aride de cette matière, nous rapprochons ces législations de la précédente, au point de vue des auteurs qu'elles laissent sans protection, nous voyons qu'il faut ajouter une nouvelle catégorie à celle que nous indiquions plus haut en parlant de la loi espagnole. Tandis qu'en Espagne la protection n'est refusée qu'aux *étrangers* qui ont publié leurs œuvres dans un pays ne garantissant aucune protection aux auteurs espagnols, les lois suisse, italienne, portugaise, autrichienne (1), laissent également sans défense *le national et l'étranger* qui, publiant en dehors du royaume, ne peuvent invoquer un droit de réciprocité fondé sur la loi ou les conventions internationales. La qualité de national, pour ces pays, n'est donc pas, en toute occurence, une condition suffisante pour donner droit à la protection.

L'Allemagne et la Hongrie restreignent la protection dans des limites encore plus étroites ; elles offrent de nombreux points de ressemblance entre elles, et se séparent à peu près dans la même mesure des législations dont nous venons de parler. Toutes deux repoussent le principe de la réciprocité pour s'en tenir à celui de l'indigénat et de la territorialité. Mais, tandis que le principe de l'indigénat est appliqué par elles dans toute son étendue, celui de la territorialité ne l'est que sous certaines conditions qui restreignent dans une assez large mesure son champ d'application. Ainsi, tout Hongrois ou tout Allemand, en quelque lieu qu'il publie son œuvre, a droit, chez lui, à la protection des lois de son pays. L'étranger, au contraire, qui fait paraître ses ouvrages en Allemagne ou en Hongrie, n'a pas droit à cette faveur dans une mesure aussi large. La loi allemande ne protège les œuvres étrangères qu'autant qu'elles ont paru chez un éditeur allemand, ou même de nationalité étrangère, mais ayant établi son commerce en Allemagne (2). La loi hongroise (3) exige d'un auteur étranger récla-

---

(1) La loi autrichienne du 19 octobre 1846 est menacée d'une abrogation imminente. V. le projet de la loi nouvelle dans CLUNET (1893, p. 717). — V. art. 38 (territorialité), art. 39 (réciprocité). — Cf. art. 16 et 33 du C. c. autrichien et STOERK, *De la condition légale des étrangers en Autriche : J. D. I. P.* (1880, p. 329).

(2) V. loi de 1870 (art. 61). — Tribunal de l'Empire (12 juin 1880, *J. D. I. P.* 1882, p. 352). — D'après la loi du 9 janvier 1876 (art. 20), relative aux arts figuratifs, il faut de plus que cet éditeur appartienne lui-même à la nationalité allemande, la simple condition de l'établissement d'un commerce en Allemagne n'étant plus ici suffisante. Enfin, d'après la loi du 10 janvier 1876 (art. 9), protectrice des œuvres photographiques, l'apparition de l'œuvre en Allemagne est toujours indifférente ; la protection n'est jamais assurée qu'aux photographes de nationalité allemande. V. DE BAR (§ 348). — WACHTER, *Urheberrecht* (p. 121). — DARRAS (no 273). — *J. D. I. P.* (1893, p. 711).

(3) V. loi de 1884 (art. 79).

mant protection, qu'il publie son œuvre chez un éditeur national ou qu'il réside lui-même en Hongrie depuis deux ans et y paie une contribution quelconque.

Les lois anglaise et hollandaise posent des règles encore plus restrictives du droit des auteurs et des artistes. Elles n'admettent que le principe de la territorialité : c'est l'application du *jus soli* aux œuvres littéraires et artistiques. Du caractère exclusivement territorial de cette protection intéressée et boîteuse, il résulte que seules sont à l'abri de la contrefaçon les œuvres qui ont vu le jour sur le sol britannique ou néerlandais, et que, par contre, les productions parues à l'étranger, quel qu'en soit l'auteur, peuvent être impunément contrefaites sous l'œil vigilant de la justice. M. Rolt (1), convaincu de la supériorité des lois de son pays, fait un éloge pompeux, mais peut-être inconscient, de la législation anglaise, étendant sa protection aux œuvres littéraires de tout sujet appartenant à un autre Etat, qui manifeste son intention de profiter de cette garantie en donnant la première édition de son œuvre dans le Royaume-Uni. Quand il vante cette apparente libéralité, le juge anglais oublie de faire remarquer ce que renferme d'exigences une pareille condition mise à la protection des œuvres étrangères. Depuis 1887, il faut tenir compte, il est vrai, en ce qui concerne la Grande-Bretagne et ses colonies, de l'effet résultant de l'Union de Berne et des modifications en conséquence qui ont dû être apportées à la législation anglaise. Mais il n'en est pas moins regrettable qu'un pays qui, le premier en 1709, proclamait le droit exclusif de l'auteur sur son œuvre, doive aujourd'hui figurer au nombre de ceux qui protègent le moins efficacement les étrangers.

La Russie échappe à toute classification. Ses lois, semblent contenir le germe d'une protection internationale ; elles paraissent en poser vaguement le principe, mais la jurisprudence en a toujours méconnu et la lettre et l'esprit pour autoriser la contrefaçon la plus large et la plus éhontée des œuvres parues en dehors des limites de l'Empire. La Russie paraît, jusqu'à ce jour, avoir voulu se fermer obstinément à toute idée de progrès ; elle s'est toujours refusée à conclure des conventions internationales. Si, d'aventure, les circonstances ont été plus fortes que sa volonté, ce n'est que sur des bases étroites qu'elle a consenti à traiter avec les puissances étran-

(1) *J. D. I. P.* (1888, p. 447).

gères, et n'a jamais hésité, au jour où sa liberté lui était rendue, à secouer le joug qui lui avait été imposé. C'est ainsi que la convention autrefois conclue avec nous vient d'être dénoncée, et les négociations entamées par la France, en 1891, avec son alliée d'aujourd'hui, ne paraissent pas devoir être couronnées de succès dans un avenir prochain.

Les Etats-Unis sont allés plus loin encore dans cette voie. Ils ont élevé la contrefaçon à la hauteur d'un principe. La législation américaine, au cours de ce siècle, peut se résumer en quelques mots : tout sujet des Etats-Unis peut impunément reproduire, contrefaire, et prendre pour sienne l'œuvre littéraire ou artistique produite par un étranger. Pour excuser une pareille législation, les Etats-Unis peuvent-ils soutenir au moins que les produits intellectuels ne sauraient donner naissance à un droit exclusif ? Non, puisqu'ils reconnaissent le principe et organisent une protection en faveur de leurs nationaux. La contrefaçon a pris, dans ce pays, des proportions qu'elle n'a jamais connues même en Hollande ou en Belgique avant 1852. Elle s'y installe au grand jour sous le protectorat de la justice et des lois. L'honnête industriel contrefacteur n'a rien à se reprocher : il n'a rien fait de contraire aux lois américaines ; il s'est contenté de voler un étranger. Empruntons un exemple à l'histoire de la contrefaçon, pour montrer avec quelle accommodante facilité l'Américain se joue des principes de justice et d'équité. Il y a quelques années, un des plus grands éditeurs anglais achetait, pour 10,000 livres sterlings, le manuscrit de lord Beasconfield : c'était un joli prix, mais l'éditeur comptait sur une vente importante, non seulement en Angleterre, mais en Amérique; car les œuvres du premier ministre anglais excitaient un vif intérêt dans les deux pays. Un éditeur américain qui avait eu vent de l'affaire, raconte comment il arriva à s'assurer la vente sur le marché américain. Il réussit à soudoyer, chez l'éditeur anglais, un ouvrier qui lui procura les bonnes feuilles du livre. Un steamer attendait en rade avec une équipe de compositeurs. Les épreuves leur furent remises et, pendant la traversée, les formes furent composées, de façon qu'à l'arrivée il n'y eut plus qu'à faire rouler les machines. L'industriel américain publia en même temps que l'acquéreur du manuscrit et à un prix bien inférieur le roman d'*Israeli*, ce qui lui rapporta un gros denier. Quant à l'éditeur anglais, il eut pour seule, mais bien platonique consolation, d'admirer une loi

4

permettant qu'en plein XIXᵉ siècle, le vol pût se pratiquer au grand jour, et dans de pareilles proportions.

Les Etats-Unis ont-ils intérêt à maintenir un tel état de chose ? Personne n'est bon juge dans sa propre cause ; mais on trouve toujours des arguments, bons ou mauvais, quand on plaide *pro domo*. Comme tous les pays qui ont rejeté le principe de la protection internationale, les Etats-Unis cherchent à justifier leur législation en se fondant sur ce que, n'ayant eux, rien à protéger, ils ont tout intérêt à pouvoir s'approprier impunément les productions étrangères. Ce raisonnement est évidemment immoral, mais l'immoralité, une fois admise, il peut paraître juste. Mais les Etats-Unis ont leurs peintres et leurs artistes : or, protectionnistes à outrance quand il s'agit de commerce dans leurs rapports avec les puissances étrangères, ils deviennent libre-échangistes effrénés quand il s'agit de droit d'auteur. Ils arrêtent ainsi l'extension que pourrait prendre chez eux le commerce des produits de l'intelligence, en enlevant à leurs auteurs la possibilité d'obtenir une rémunération suffisante de leur travail. Les directeurs de théâtre, par exemple, n'iront pas offrir à de jeunes compositeurs américains des prix souvent fort élevés pour pouvoir représenter leurs pièces, alors que la loi les autorise à mettre gratuitement à contribution les œuvres de Dumas, de Sardou, d'Augier... La logique et l'intérêt, bien entendu, inviteraient donc les Etats-Unis à adhérer les premiers à toute convention protectrice des droits d'auteur. Ils aideraient ainsi à la formation d'artistes et d'écrivains, tandis qu'ils obligent, nous l'avons dit, leurs écoles naissantes à lutter dans des conditions d'infériorité trop évidente avec l'élite des écoles étrangères. Une autre preuve du peu de logique de la grande République américaine, c'est le droit de 25 %, dont elle frappe l'importation des gravures étrangères. Ou elle veut n'apporter aucune entrave à la diffusion des œuvres d'art, afin de former le goût de ses nationaux, mais alors pourquoi frapper d'un impôt de 25 % les gravures importées ; ou ce droit a pour but de protéger les gravures indigènes, mais alors pourquoi permettre la contrefaçon avec laquelle on leur fait concurrence ?

C'est là un état de chose regrettable. Non seulement le marché américain est perdu pour l'Europe, mais il est encore une source de contrefaçons qui vont inonder le monde entier. La seule raison qui puisse expliquer la conduite de ce pays, c'est que sa législation date d'une époque déjà lointaine où, n'ayant encore aucune école, il n'avait aucun intérêt personnel à protéger les artistes étrangers. La situation est aujourd'hui considérablement modifiée ; mais comme la question n'est pas de celles qui passionnent le gros public, la législation viellie survit à l'état de chose qui, à la rigueur, pouvait sinon l'excuser, du moins l'expliquer à l'origine. D'ailleurs un mouvement de réaction — nous le retrouverons en parlant de l'Union de Berne, — commence à se faire sentir, qui s'est déjà traduit en partie dans un monument législatif de 1891.

Les trois principes, réciprocité, indigénat, territorialité, sur lesquels nous nous sommes appuyé pour peser le degré de libéralité des lois internes, au point de vue de la protection accordée aux auteurs et artistes étrangers, peuvent encore, dans une certaine mesure, servir de base à la classification des conventions qui unissent notre pays aux autres puissances.

En dehors du principe de réciprocité, qui est de la nature même de la convention, puisqu'il en est le fondement, le but et l'effet, les traités internationaux peuvent être basés soit sur le principe de l'indigénat, soit sur celui de la territorialité, soit sur l'un et l'autre combinés.

Supposons une convention entre la France et la Belgique, réglant les droits respectifs des auteurs de l'un des Etats sur le territoire de l'autre. Les effets de cette convention seront plus ou moins étendus suivant le fondement qu'on lui donnera. Est-elle basée uniquement sur le principe de l'indigénat ? Il en résultera que tout Français pourra, quel que soit le lieu de publication de l'œuvre dont il réclame protection, se prévaloir en Belgique des dispositions de ladite convention, et que, dans les mêmes conditions, l'auteur belge pourra les invoquer en France. S'appuie-t-elle uniquement sur le principe de la territorialité ? Toute œuvre parue en France, mais celle-là seulement, sera placée en Belgique sous la protection de la convention et, réciproquement, tout auteur dont les ouvrages auront vu le jour sur le sol belge jouira des mêmes prérogatives chez nous. Ce n'est donc plus la nationalité de l'auteur, mais celle de l'œuvre qui donne naissance au droit. A-t-on enfin combiné le principe de la territorialité avec celui de l'indigénat ? C'est alors et la nationalité de l'auteur et celle de l'œuvre qu'il faut prendre en considération. L'une ou l'autre sera pour l'auteur un titre suffisant à la revendication de la protection organisée par la convention franco-belge. Par suite, l'auteur français, même à l'étranger, et l'auteur étranger, mais ayant publié ses œuvres en France, auront droit, en Belgique, à la même protection conventionnelle.

Il est facile de voir maintenant qu'au point de vue des personnes, la réciprocité diplomatique peut fonder une protection plus ou moins large, suivant qu'elle s'appuie sur la nationalité de l'auteur, sur celle de l'œuvre ou sur les deux à la fois.

A cette dernière catégorie nous semblent appartenir les conventions conclues par nous avec l'Allemagne (1883, art. 12), et avec l'Italie (1884, art. 1er). L'une et l'autre contiennent une disposition à peu près identique, aux termes de laquelle les stipulations du traité « s'appliqueront également aux éditeurs d'œuvres publiées dans l'un des deux pays, dont l'auteur appartiendrait à une tierce nation ». Ces deux conventions assurent à nos auteurs une protection beaucoup plus large que celles qu'organisent les lois italiennes et allemandes en faveur des étrangers. Il suffit, pour s'en convaincre, de se reporter au rapide aperçu de ces législations que nous avons donné plus haut. Ne s'appliquent qu'aux œuvres publiées dans un des deux pays contractants, parce qu'elles ne posent que le principe de la territorialité, les conventions conclues par la France avec les Pays-Bas (29 mars 1855, art. 1er, remise en vigueur par la déclaration du 19 avril 1884), avec le Luxembourg (16 décembre 1865, art. 1er), avec l'Autriche-Hongrie (11 décembre 1866, art. 1er et 4), avec la Belgique (1881) et la Suisse (1882). Ces deux dernières ont été dénoncées le 1er avril 1891 et, par suite, ont cessé de produire leurs effets l'année suivante à pareille époque. Les conventions conclues avec le Salvador (2 juin 1880), avec la Suède et la Norwège (15 février 1884, art. additionnel au traité de commerce du 30 décembre 1881 et conv. du 31 janvier 1892), ont pour base l'indigénat et, par suite, ne s'appliquent qu'aux sujets de l'un ou l'autre Etat.

Certaines de nos conventions, notamment la convention franco-espagnole du 16 juin 1880 (art. 1er), ne précisent pas nettement les personnes protégées, mais déclarent, en termes généraux, étendre leur protection « aux auteurs qui justifient leur droit de propriété ou de cession... » Faut-il conclure de là que seuls les nationaux sont visés par ces expressions vagues ? Ce serait restreindre arbitrairement le sens des mots. Irons-nous décider alors que tous les auteurs, étrangers ou nationaux sans distinction, qui pourraient, en France, se prévaloir du bénéfice de nos lois, pourront, en Espagne, invoquer la convention de 1880? Il paraîtrait étrange, qu'un Russe publiant son œuvre en Sibérie, pût venir réclamer une pareille protection à Madrid, sous ce prétexte qu'il a droit en France de protester contre la contrefaçon de ses œuvres. Nous tendons à croire qu'on a beaucoup exagéré les difficultés d'une question dont la solution nous semble donnée par le caractère contractuel de tout traité. Une convention ne peut être invoquée que par les parties contractantes. Mais qui pourra se prévaloir de cette qualité? Les nationaux des deux pays, sans doute, mais aux nationaux nous croyons pouvoir ajouter les auteurs étrangers qui, en l'absence de toute convention, pourraient faire valoir séparément leurs droits dans chacun des deux pays contractants ; car alors ils sont de tous points assimilés aux nationaux. Ainsi, d'après nous, l'auteur étranger qui publie son œuvre au nord ou au sud des Pyrénées doit être mis sur la même ligne que les nationaux, parce que les deux législations en présence, espagnole et française, consacrent la même assimilation. L'auteur russe, dont nous avons parlé, au contraire, a des droits en France qui ne lui sont pas reconnus en Espagne et, par suite, ne peut pas invoquer la convention de 1880.

DEUXIÈME PARTIE

Étude de la Convention de Berne

DU 9 SEPTEMBRE 1886

INTRODUCTION

Le droit d'auteur a un caractère cosmopolite comme la pensée elle-même. Le génie, sous quelque forme qu'il se manifeste, est indépendant des circonscriptions territoriales ; et l'admiration que provoque un chef-d'œuvre ne s'arrête pas où finit un empire. Nous vivons dans un siècle où les œuvres du génie littéraire et artistique, de quelque pays qu'elles proviennent, ne tardent pas à se répandre par toute la terre, empruntant toutes les langues civilisées, faisant appel à toutes les formes de la reproduction. N'est-il pas juste que l'auteur, quel que soit son pays d'origine, conserve un droit sur son œuvre partout où on juge à propos de l'utiliser ? Et peut-on admettre que la nature de ce droit varie dans son essence suivant le lieu où l'œuvre se trouve reproduite ?

Les législations internes ont, depuis un demi-siècle, réalisé de sérieux progrès dans le sens où nous voudrions voir s'évoluer la théorie de la protection. D'autre part, le développement considérable qu'ont pris dans ces dernières années les conventions internationales répond, dans une certaine mesure, aux vœux des théoriciens et aux revendications plus que séculaires des auteurs et des artistes. Il n'en reste pas moins vrai que la diversité des législations, l'arbitraire des règles posées par elles, la multiplicité des traités rendent souvent illusoires en fait les avantages qu'on a voulu accorder aux auteurs, soit que cette diversité des conventions les astreigne à des formalités trop compliquées et trop coûteuses, soit qu'elle exige d'eux qu'ils se conforment à un trop grand nombre de lois divergentes, soit enfin qu'elle soumette l'étendue et la durée de la protection à tous les caprices des législations internes. Toutefois, nous avons pu déjà nous en convaincre et nous aurons l'occasion de le constater encore, les discordances qui existent dans les lois *actuelles tiennent bien moins à des considérations de principe qu'à des appréciations purement subjectives.*

A la diversité des règles arbitraires, il semble possible, il est dans tous les cas désirable de substituer une règle uniforme fondée sur la nature intime du droit et consacrée par l'assentiment du plus grand nombre. C'est vers ce but désiré que depuis longtemps déjà a été attirée l'attention du monde littéraire et artistique. De nombreux Congrès se sont réunis qui ont émis des vœux dans le même sens ; mais il a fallu venir jusqu'en 1886, jusqu'à l'Union de Berne pour sortir du cercle des théories pures et voir ces vœux au moins partiellement réalisés.

Aujourd'hui, nous sommes déjà familiarisés avec l'idée d'une entente commune sur certaines matières d'intérêt privé, par les rapprochements que nous avons vu s'établir entre les Etats à propos du mètre, des monnaies, des postes et des télégraphes et, pour la première fois en une matière juridique, au sujet de la propriété industrielle. Cette tendance à un rapprochement entre les divers Etats s'accentue chaque jour et nous paraît être une des caractéristiques de notre époque, que ce rapprochement ait pour but de servir des intérêts collectifs, par exemple en matière de chemins de fer ; ou de conjurer un péril commun, comme les menées anarchistes ; de concilier des prétentions rivales, surtout en matière de colonisation ; ou d'éviter enfin des conflits redoutables de conséquences, témoin les nombreux arbitrages qui, au cours de ces dernières années, ont écarté bien des orages, tranché bien des difficultés qui tenaient en éveil l'Europe et l'Amérique ; témoin encore ces Congrès internationaux de la paix poursuivant leur œuvre de pacification et invitant les nations à un désarmement au moins partiel.

En notre matière, cette tendance n'est pas nouvelle. Cependant, à l'époque où les grands écrivains de la France fondaient du même coup sa littérature et sa gloire, l'idée d'un droit privatif de l'auteur sur son œuvre n'était pas née. Quant à la conception d'une entente commune, même restreinte à l'intérieur d'un pays et aux lois et coutumes qui s'y partageaient les provinces, elle apparaissait comme une chimère. C'est cette chimère que, sur une plus grande échelle, réalise aujourd'hui la convention d'Union internationale pour la protection des œuvres littéraires et artistiques, fondée par l'instrument diplomatique signé à Berne entre dix Etats, le 9 septembre 1886. Ces dix Etats sont : l'Allemagne, l'Angleterre, la Belgique, l'Espagne, la France, l'Italie, la République d'Haïti, celle de Libéria, la Suisse et la Tunisie. Deux adhésions sont postérieures : celle du Luxembourg (20 juin 1888) et celle de la principauté de Monaco (accession du 30 mai 1889).

C'est de Bruxelles, cet ancien repaire des contrefaçons en tous genres, que date le premier Congrès littéraire. Il eut lieu en 1858. Le droit d'auteur y fut étudié sous tous ses aspects : juridiques, diplomatiques, politiques, économiques, et le résultat fut la proclamation de principes qui, depuis, ont servi de base à toutes les législations modernes, et qu'avec quelques nuances de détail nous retrouverions dans tous les Congrès qui l'ont suivi : Anvers (1859 et 1877), Paris (1878), Rome (1882), Berne (1883-84-86).

En outre, diverses Associations se sont fondées en vue de préparer et de provoquer l'unification complète des règles qui régissent le droit d'auteur et d'assurer dans un avenir plus ou moins lointain la réalisation des vœux formulés par les différents Congrès. Au premier rang des promoteurs de cette cause, figure la vaillante « Association littéraire internationale », *fondée en 1878 sous la présidence d'honneur de Victor Hugo. C'est à sa courageuse initiative et à son intelligente persévérance que revient en grande partie le mérite de la création, aujourd'hui accomplie, de l'Union internationale pour la protection des œuvres littéraires et artistiques.*

Les origines de cette Union, les difficultés qu'il a fallu vaincre pour la constituer, les susceptibilités qu'il a fallu ménager pour atteindre le but poursuivi, les efforts nécessités pour en déterminer la base juridique, ont été racontés par des hommes qui ont pris une part éminente à sa fondation. Il ne serait guère possible d'ajouter à ce qu'ils ont dit. D'autres sont venus après eux, qui en ont parlé avec une abondance de détails qui nous permet de passer ses origines sous silence (1).

Nous emparant des résultats acquis, nous nous bornons à en faire

---

(1) Voir notamment : les articles de M. DROZ, président de la conférence, dans le *Journal de Droit international privé* (t. XI, p. 441 et s.; t. XIII, p. 481 et s.). — L'article de M. Louis ULBACH, dans la *Nouvelle Rome* de novembre et décembre 1884. — L'étude de M. René LAVOLLÉE, dans le *Journal des Economistes* du 15 mars 1887. — L'étude de M. D'ORELLI, dans la *Revue du Droit international* (t. XVI, p. 533 et s.; t. XVIII, p. 35 et s.). — CLUNET, dans sa brochure : *Etude sur la convention d'Union internationale.*

l'analyse pour en dégager les principes et les apprécier à leur juste valeur, soit en les considérant eux-mêmes, au point de vue du droit pur, soit que nous les rapprochions des solutions consacrées par les lois particulières des Etats de l'Union. Nous savons déjà, en effet, que l'étude de notre convention ne saurait être complète sans de fréquents appels à la législation de chacun des Etats intéressés.

CARACTÈRE GÉNÉRAL DE LA CONVENTION

Il aurait été désirable que la convention pût faire une véritable codification internationale du droit matériel applicable aux auteurs et aux artistes. Les avantages appelés naturellement à découler d'une pareille convention sont trop évidents pour qu'il soit nécessaire ou même utile de les énumérer ici. La conférence de 1884, au début de ses travaux, n'a pas hésité à le reconnaître, mais elle a dû laisser à l'avenir le soin de réaliser ses vœux, et se convaincre bien vite, vu la diversité des législations en présence, qu'un tel projet risquait d'ajourner indéfiniment la conclusion d'une entente générale dont le besoin était si vivement senti.

La délégation allemande avait posé au Congrès de Berne la question suivante : « Au lieu de conclure une convention basée « sur le principe du traitement national, ne serait-il pas préférable « de viser dès à présent une codification réglant d'une manière « uniforme, pour toute l'Union, et dans le cadre d'une convention, « la totalité des dispositions relatives à la protection des droits « d'auteurs? » La délégation française avait les mêmes aspirations. Mais l'heure ne semblait pas venue encore. Cette résolution ne fut pas adoptée parce qu'elle paraissait prématurée. « Il ne faut pas violenter le temps », disait M. Louis Ulbach. Une telle résolution ne pouvait aboutir qu'à une œuvre, désirable sans doute, mais éphémère et fragile, contre laquelle auraient lutté victorieusement les intérêts particuliers froissés, les susceptibilités nationales blessées sans ménagements. Aussi, au premier abord, la question préalable posée par les représentants de l'Allemagne effraya bon nombre de délégués. On dut l'abandonner et indiquer seulement cette codification comme un but à poursuivre. Alors la conférence tomba aisément d'accord sur une proposition formulée en ces termes par la délégation suisse : « Il y a lieu de jeter les bases d'une conven- « tion internationale qui puisse rencontrer l'adhésion immédiate

« du plus grand nombre d'Etats. Il y a lieu également de formuler
« des vœux relativement aux principes dont l'introduction uniforme
« dans les lois et conventions est recommandée aux Etats. »

En raison de ces circonstances, il est facile d'entrevoir quel
devait être et quel est en réalité le caractère fondamental de cette
convention. L'Union de Berne n'est qu'une transaction entre les
différents systèmes consacrés par les peuples. L'idéal aurait été la
constitution d'un droit unique pour les ressortissants, mais cet
idéal paraissait impossible à atteindre dans un domaine où les
différences sont si nombreuses et si profondes. Ce que stipule la
convention, c'est un minimum de droits que les parties contractantes sont tenues de garantir aux auteurs dans leurs rapports
internationaux. Ce minimum consiste avant tout dans l'assimilation
de l'étranger au national, c'est-à-dire dans l'assurance que l'auteur
étranger sera traité sur le même pied d'égalité que le national.
Mais à certains égards, nous le verrons plus loin, c'est aussi un
minimum fixé par la convention elle-même. A ce dernier point de
vue, elle constitue un véritable commencement de codification du
droit matériel applicable aux auteurs.

Un minimum de protection, voilà donc ce qu'accorde la convention en elle-même, et voilà le principe fondamental à la lumière
duquel il convient d'examiner chacune de ses dispositions. Liberté
absolue pour les législations intérieures ou les arrangements particuliers entre Etats, de conférer aux auteurs ou à leurs ayants-
cause, des droits plus étendus que ceux accordés par l'Union, ou
de maintenir les avantages existants ; — interdiction non moins
absolue de rester au-dessous du minimum garanti par elle : telle
est, en deux mots, l'économie de la convention.

A ce premier caractère s'en vint ajouter un autre, qu'elle partage
d'ailleurs avec tous les traités de cette nature : notre convention ne
vise que les rapports internationaux et laisse à chaque Etat contractant la pleine liberté de légiférer à sa guise en ce qui concerne ses
nationaux. Ce serait donc une erreur de croire qu'elle est venue
bouleverser les législations internes des peuples qui l'ont signée.
Elle les laisse subsister presque dans leur intégralité. Sur quelques
points seulement elle a un caractère novateur et pose des règles
précises, au lieu de renvoyer, comme elle le fait d'ordinaire, aux
lois particulières.

Tel est le caractère général d'une convention dont le but se laisse facilement deviner. Il nous est révélé d'une façon très nette par le préambule : « C'est de protéger d'une manière aussi efficace et « aussi uniforme que possible les droits des auteurs sur leurs « œuvres littéraires et artistiques. » Et pour assurer la réalisation de ce but, l'article premier déclare que « les pays contractants sont constitués à l'état d'Union ». Nous n'avons point à dire encore dans quelle mesure a été atteint le but poursuivi. Mais on peut pressentir déjà qu'une convention, dont les dispositions sont en majeure partie basées sur le principe de l'assimilation des œuvres étrangères aux nationales, et qui par suite, sauf sur quelques points, maintient l'application des lois qui se partagent l'Europe au point de vue de la protection, ne peut pas conduire à une bien grande uniformité en la matière. Il y a donc loin du but visé au résultat atteint. Cette sévère appréciation n'est pas néanmoins un jugement de condamnation contre l'œuvre des conférenciers de Berne. Sans doute cette œuvre n'est pas parfaite mais elle n'en réalise pas moins de sérieux progrès que nous aurons bientôt à signaler.

Rappelant le but qu'elle se propose, l'Union elle-même s'intitule : *Union générale pour la protection des œuvres littéraires et artistiques.* Cette appellation est manifestement inexacte : ce n'est pas l'œuvre elle-même qui a droit à la protection, mais bien l'auteur ou son ayant-cause, ou encore l'éditeur dans certains cas que nous aurons à déterminer sous l'art. 3. Si les délégués se sont résignés à employer un terme quelque peu impropre, c'est que même sur une simple question de mot, la divergence d'opinions n'a pas manqué de se faire sentir. Dans les divers pays, les droits intellectuels sont désignés par un mot d'une exactitude plus ou moins contestable, et pour donner satisfaction à tout le monde, le projet de 1884 crut devoir employer l'expression « droit d'auteur ». Le terme français « propriété littéraire » implique une affirmation quant à la nature juridique du droit et l'on sait combien cette affirmation est controversée. Des écrits de quelques auteurs du XVIIIe siècle, cette expression, en harmonie avec notre respect pour les traditions romaines et avec le goût de notre langue moderne pour les mots ambitieux et abstraits, a pénétré dans le style officiel, a fait fortune, et les lois ont prononcé le mot. Les mots en France ont leur influence, et ceux de « propriété littéraire et artistique », qui n'ont servi depuis quelques années qu'à obscurcir la notion du droit d'auteur, n'en ont pas moins été passionnément défendus au sein de la conférence par la délégation française. La proposition de nos délégués est venue se heurter à un *non possumus* absolu de la part des représentants allemands, qui la déclarèrent incompatible avec les notions juridiques reçues dans leur pays. Il fallut donc chercher un terrain de conciliation et la conférence dut en arriver à accepter un titre impropre, par lequel d'ailleurs elle n'entend marquer aucune préférence pour l'une ou l'autre des théories en cours sur la nature du droit en question. Les expressions dont elle se sert, dans la pensée de la conférence elle-même, peuvent être traduites, suivant les tendances de chaque pays, par les mots : « *Propriété littéraire, droits d'auteur, copyright, Urheberrecht, diritti degli autori, etc.* ».

Ainsi, au seuil même de cette étude, nous avons déjà un exemple de cette nécessité où se trouvera trop souvent la conférence de tenir compte de mille susceptibilités; nécessité qui nuira à son œuvre en en rompant l'unité à tel point que les solutions consacrées sont parfois contradictoires et qu'on ne distingue pas toujours nettement la pensée qui les inspira, le principe qui les fit prévaloir. Nous verrons combien fréquentes, et quelquefois larges, sont les concessions faites aux intéressés sur les diverses questions qu'avaient à résoudre les délégués et que nous examinerons à notre tour dans l'ordre suivant :

CHAPITRE Ier. — *Etendue de la protection quant aux personnes.*

— II. — *Durée de la protection.*

— III. — *Etendue de la protection quant aux œuvres.*

— IV. — *Des atteintes au droit d'auteur.*

— V. — *Des formalités.*

— VI. — *Dispositions particulières (art. 12 à 21).*

— VII.— *Conflits de lois.*

Conclusion.

CHAPITRE PREMIER

PERSONNES PROTÉGÉES

—◦◦◦—

Quel est le principe posé par la convention au point de vue de l'étendue de la protection quant aux personnes ? Le droit d'auteur est étranger à toute idée de faveur ou de concession. Il n'a sa source, avons-nous dit, ni dans le privilège, ni dans la loi elle-même ; il préexiste à la loi qui le consacre et demeure indépendant de toute reconnaissance légale. C'est un droit naturel dont le respect s'impose partout et à tous, dont la nature ne saurait varier, dans son essence, suivant le lieu où l'œuvre se trouve reproduite. Il est juste que l'auteur, quel qu'il soit, conserve un droit sur le produit de sa pensée, partout où on juge à propos de l'utiliser.

Il semble qu'appuyé sur ces grandes idées, le résultat des délibérations des conférenciers de Berne aurait dû être la proclamation effective du principe de la protection absolue. Le gouvernement fédéral, qui ne se faisait pas illusion sur les difficultés que présentait une réglementation uniforme des questions de détail, disait : « Ce serait déjà un grand gain que d'aboutir, dès maintenant, à une « entente générale par laquelle se trouverait proclamé le principe « supérieur et de droit naturel, que l'auteur d'une œuvre littéraire « ou artistique, quels que soient sa nationalité et le lieu de repro- « duction, doit être protégé partout à l'égal des ressortissants de « chaque nation. »

Faut-il conclure de là que le principe posé par la convention est celui de la protection absolue ? On pourrait être tenté de le croire. Nous ne doutons pas que ce principe ait inspiré les délibérations de nos conférenciers, mais nous regrettons de constater que leur préférence ait été donnée à des idées plus étroites.

Aux termes de l'art. 2, « *les auteurs ressortissant à l'un des pays de l'Union, ou leurs ayants-causes, jouissent dans les autres pays,*

pour les œuvres soit publiées dans un de ces pays, soit non publiées,
des droits que les lois respectives accordent actuellement ou accor-
deront par la suite aux nationaux. » Ce texte prévoit deux hypothèses. S'agit-il d'œuvres inédites ? la nationalité de l'auteur suffit
à lui assurer protection dans tous les pays de l'Union. S'agit-il
d'œuvres publiées ? l'art. 2, § 1ᵉʳ, pour les protéger, tient compte
d'un double élément. La nationalité de l'auteur n'est plus un titre
suffisant à la protection organisée par l'acte diplomatique de 1887 ;
il faut encore que l'œuvre ait été publiée dans les limites des Etats
constituant l'Union. Le projet élaboré en 1883 par l'association
littéraire internationale, s'inspirant d'idées beaucoup plus larges,
posait, comme le décret de 1852, le principe généreux de la protection de tous. Le programme du Conseil fédéral suisse restreignit
un peu la portée du principe : il ne protégeait plus l'auteur étranger à l'Union qu'autant que cet auteur serait domicilié ou aurait
publié son œuvre sur le territoire de l'un des pays de l'Union.
C'était là une première concession faite aux pays libre-échangistes
en matière littéraire et artistique. Même sous le bénéfice des dérogations apportées par le Conseil, le principe ne put pas être admis.
On objecta à ce système, vivement défendu par les délégués français, qu'il diminuerait singulièrement l'intérêt que les pays restés
en dehors de l'Union auraient à y adhérer.

Nous ne partageons pas cette manière de voir, et nous reprochons aux délégués d'avoir consulté bien plus l'intérêt personnel
des Etats qu'ils représentaient, que celui des peuples dont ils pré-
tendaient vouloir ainsi assurer la prochaine adhésion à la convention. Qu'importe, en effet, pour les nations restées à l'écart que
protection leur soit refusée pour les œuvres de leurs nationaux ?
Pour la plupart, elles ne comptent pas de nombreux écrivains et
leurs artistes sont plus rares encore. A quoi en arrive la convention ? A donner l'exemple à ceux dont elle blâme le goût pour la
contrefaçon, puisqu'en se refusant à protéger ceux qui ne lui ont
pas donné leur adhésion, elle laisse elle-même une porte ouverte
à la contrefaçon.

Le système consacré par l'art. 2, § 1ᵉʳ, peut se résumer en deux
mots : pour bénéficier des dispositions consacrées par la convention, il faut appartenir à l'un des pays de l'Union. La contrefaçon
des œuvres étrangères demeure donc « sinon honnête, du moins
licite. » Réserve doit être faite, il est vrai, des dispositions plus

bienveillantes et plus protectrices des législations propres à chaque Etat. Mais le principe de l'Union n'en est pas moins celui que nous venons de poser, et l'on sait d'ailleurs dans quelle mesure inégale et insuffisante les lois particulières étendent leur protection aux auteurs et artistes étrangers.

A notre libéralisme, nous le savons, on oppose la difficulté d'obtenir un nombre suffisant d'adhésions. L'art. 2 a donné lieu à une discussion passionnée, dont le résultat est resté longtemps indécis. Les divergences d'opinions, même sur une question de principe, ne nous étonnent pas. Ce qui nous surprend davantage, c'est que cette lente majorité, si difficile à réunir, ne se soit formée que pour consacrer un principe aussi étroit que celui que pose l'art. 2, § 1er. Toutes les législations internes ne proclament pas encore le principe absolu que nous défendons ; mais parmi les hommes éminents que Berne eut l'honneur de recevoir dans ses murs, les uns étaient munis de pouvoirs qui leur laissaient une pleine liberté d'action ; les autres jouissaient chez eux d'une influence et d'une autorité qui auraient certainement trouvé quelque écho auprès de leur gouvernement. Ce qu'il y a d'étrange, c'est que les doctrines utilitaires, que nous combattions ailleurs, aient été encore la base de leurs raisonnements ; ce qui nous étonne, c'est qu'en sacrifiant les principes pour la défense de ces prétendus intérêts, ils n'aient pas compris qu'il n'arriveraient pas plus sûrement au but poursuivi. Ce qui nous surprend, enfin, c'est qu'en autorisant indirectement la contrefaçon dans l'intérieur de l'Union, ils aient cru arriver à en saper les fondements à l'extérieur, dans un avenir plus ou moins éloigné.

Quels qu'aient été les motifs, vrais ou faux, fondés ou non, qui l'ont inspiré, le principe est trop étroit. Aussi nous hâtons-nous de reconnaître que certains représentants se sont efforcés d'y faire apporter des dérogations qui en rendent l'application moins rigoureuse. La plus intéressante, nous l'avons déjà laissé entrevoir, résulte de la combinaison du principe de la territorialité posé par l'art. 3, avec le principe de l'indigénat renfermé dans l'art. 2, § 1er.

Le projet de l'association littéraire n'avait pas trouvé d'écho dans le sein de l'assemblée de Berne. C'est là, trop souvent, la fortune réservée aux idées de logique et de bon sens, quand elles contrarient les intérêts des parties en présence. La conférence reconnaît volontiers le principe de l'inviolabilité des droits d'auteur. Mais ce principe qu'elle proclame de haute moralité en théorie, n'était pas, d'après elle, d'une application pratique. Son admission pure et simple eût eu l'inconvénient grave d'ajourner longtemps, peut-être indéfiniment, le concours désiré d'un certain nombre d'Etats. Et, pour écarter le prétendu danger, on sacrifie le principe ; pour condamner la contrefaçon au dehors, l'Union lui offre un asile, lui reconnaît droit de cité dans toute l'étendue de son Empire. Elle oublie que la morale est un devoir, que le vol est punissable, quelle que soit la nationalité du volé. Elle ne promet de protection à l'étranger que du jour où la nation de ce dernier aura adhéré à la convention.

Cette règle paraissait néanmoins inadmissible dans sa nudité, son illogisme et ses inconséquences. Il eût été trop contraire au but poursuivi de ne protéger l'auteur qu'en raison de sa nationalité. Il convenait de tempérer la rigueur et l'étroitesse de ce principe par l'admission d'un principe nouveau : la protection de l'œuvre en raison du lieu de publication. C'est ce que fit l'art. 3 ainsi conçu : « *Les stipulations de la présente convention s'appliquent également* « *aux éditeurs d'œuvres littéraires ou artistiques publiées dans un* « *pays de l'Union, et dont l'auteur appartient à l'un des pays qui* « *n'en font pas partie.* » C'est là un tempérament apporté à la disposition trop restrictive de l'art. 2, § 1er. Les auteurs qui se trouvent dans les conditions prévues par l'art. 3 auront donc à l'avenir tout intérêt à faire publier leurs œuvres dans un des pays de l'Union. Cette faveur leur était due, car, outre qu'on ne peut pas les rendre responsables du mauvais vouloir des autorités compétentes qui se refusent obstinément à donner leur adhésion à la convention, n'ont-ils pas, en publiant leurs œuvres dans l'intérieur de l'Union, épousé en quelque sorte la nationalité du pays qu'ils ont choisi pour les y faire paraître ? Sans doute, une raison plus puissante, plus élevée, celle du droit naturel, militait en leur faveur, comme en faveur de beaucoup d'autres. Mais cette idée, nous le savons, n'a pas été prise en considération par les rédacteurs de la convention de 1887.

Cette mise à l'écart des véritables principes devait donner à la protection organisée par notre article un caractère tout particulier. Nous voulons dire par là que l'œuvre de l'auteur étranger, publiée dans l'intérieur de l'Union, a droit à une protection spéciale, indirecte ; que cette protection est accordée à l'éditeur et non à l'auteur.

La convention a adopté, sur ce point, le système qui a prévalu dans la convention franco-allemande du 19 avril 1883 (art. 3). C'est un droit direct accordé à l'éditeur, au lieu du droit dérivé qui lui compète dans la généralité des cas. C'est donc là une dérogation évidente au principe de droit commun, en vertu duquel un ayant-cause ne peut avoir plus de droits que son auteur et ne saurait se prévaloir d'un droit spécial que ce dernier n'a pu lui transmettre. Or, il est incontestable que le droit n'a pu prendre naissance que dans la personne de l'écrivain, et il est pourtant non moins certain, en vertu de l'art. 3, que la protection n'est assurée que dans la personne de l'éditeur. Nous aurions préféré que l'on fît reposer ce droit sur la tête de l'auteur lui-même plutôt que sur celle de l'éditeur. Sans doute, pratiquement, le résultat sera souvent le même, mais au point de vue doctrinal, cette rédaction n'en demeure pas moins très défectueuse.

Elle révèle, semble-t-il, une notion encore bien confuse des droits intellectuels. On ne protège pas l'auteur en raison de son droit, mais en raison seulement du lieu de publication de son œuvre; ce n'est plus l'ayant-droit qui est protégé, mais l'éditeur. La protection ainsi organisée a donc tous les caractères d'une faveur et ne paraît nullement être la consécration d'un droit préexistant. Cette idée ne rappelle-t-elle pas un temps où l'on ne voyait dans le droit d'auteur qu'un simple privilège, qu'un pur octroi légal? Et cette idée fausse n'était-elle pas encore assez loin derrière nous dans le passé, pour ne pas laisser de traces dans la convention de 1887?

Et encore, cette application maladroite de la territorialité, qu'il aurait mieux valu consacrer dans sa généralité (1), a-t-elle trouvé des contradicteurs, comme trop extensive; et, chose bizarre, parmi ceux dont la loi nationale consacre un principe absolument analogue. Au point de vue de la protection organisée par la conférence de Berne, les dix puissances signataires peuvent être considérées comme un seul et vaste Etat fondant la protection sur les principes

---

(1) Comme le faisait l'art. 1er de l'avant-projet voté dans la conférence tenue à Berne le 13 septembre 1883 : « Les auteurs d'œuvres littéraires et artistiques parues, représentées ou exécutées dans l'un des Etats contractants à la seule condition d'accomplir les formalités exigées par la loi de ce pays, jouiront pour la protection de leurs œuvres dans les autres Etats de l'Union, quelle que soit d'ailleurs leur nationalité, des mêmes droits que les nationaux. »

combinés de l'indigénat et de la territorialité. Or, qu'ont fait, l'Allemagne qui demandait le rejet de l'art. 3 et l'Angleterre qui, depuis, en a si vivement critiqué la disposition. Elles ont introduit l'une et l'autre, dans leurs lois, un système à peu près identique.

M. Rolt, juge anglais, a dirigé une critique aussi amère que mal fondée contre la protection indirecte dont peuvent jouir les auteurs étrangers en vertu de l'art. 3 de la convention. (1).

« Avant 1887, dit M. Rolt, un auteur, quelle que fût sa nationalité, pouvait obtenir le bénéfice de la protection anglaise en faisant paraître son œuvre pour la première fois sur le sol britannique. Actuellement, par l'effet de la convention de Berne, un sujet d'un pays resté en dehors de l'Union peut obtenir le bénéfice de la protection anglaise en faisant paraître, pour la première fois, son œuvre dans un des Etats de l'Union. L'opportunité et la justice d'un pareil système sont fort contestables. »

Nous verrons plus loin ce qu'il faut penser de son opportunité. Mais ce qui nous étonne, c'est que M. Rolt critique le caractère équitable d'une pareille disposition, comme trop extensive du droit d'auteur. L'Angleterre, nous venons de le dire, protège l'auteur qui y fait paraître une première publication de son œuvre ; l'Union à son tour, accorde le bénéfice de la protection qu'elle organise aux œuvres des auteurs étrangers qui lui en offrent les prémices. Dans les deux cas, la situation est identique, c'est le même système qui est appliqué. Il est donc impossible, sans manquer de logique, de blâmer dans le second cas ce qu'on loue dans le premier, et de qualifier d'injuste la disposition de l'art. 3.

Si l'auteur anglais s'était montré un peu moins soucieux des intérêts personnels de sa nation ; si ses réflexions n'avaient pas été inspirées par des considérations purement utilitaires ; s'il avait envisagé un peu moins l'Angleterre séparément des autres Etats qui composent l'Union, il eût, avec nous, reconnu l'injustice d'un système qui n'accorde aux auteurs étrangers à cette Union qu'une protection indirecte. S'il faut voir dans cette disposition la consécration d'une injustice, ce n'est pas, comme le dit le juge anglais, en tant qu'elle assure aux étrangers une protection indirecte, mais en tant qu'elle ne leur assure qu'une protection indirecte, alors

(1) Voir *J. D. I. P.* (1888, p. 447 et s.).

que la logique et l'équité eussent conduit à leur assurer une protection absolue, sans aucune restriction. La contrefaçon, on l'a dit
bien souvent, et nous l'avons répété plusieurs fois, est un vol. Il
eût donc été juste et moral de la proscrire de l'Union d'une façon
complète, au lieu de ne l'interdire que dans les circonstances et
sous les conditions prévues par l'art. 3.

Quant à l'opportunité de cette décision que conteste encore
M. Rolt, il est facile de la justifier en répondant aux appréciations
pessimistes qu'il émet (1).

L'avantage accordé aux éditeurs d'œuvres publiées par des
auteurs étrangers à l'Union est loin de porter préjudice à celle-ci.
Les pays qui n'auront pas participé à sa constitution auront, au
contraire, tout intérêt à accéder dans la suite, pour ne pas perdre
une partie de leur commerce de librairie.

Les prévisions de notre adversaire sont plus sombres : « Quelque
« décision, dit-il, que puisse prendre dans l'avenir l'Autriche et
« quelques-uns des Etats restés en dehors de l'Union, on doit
« craindre que ni la Russie, ni les Etats d'Amérique n'entrent dans
« cette Union. Avant le traité de Berne, on n'espérait guère leur
« accession ; maintenant, on peut prédire hardiment qu'ils refuse-
« ront leur adhésion. » Cette seule considération, en la supposant
fondée, suffit-elle à faire rejeter la disposition de l'art. 3 ? Mais
alors, si nous suivons le raisonnement de M. Rolt, voici, à notre
avis, à quelles conséquences regrettables il pourrait conduire : les
Etats-Unis élèvent la contrefaçon à la hauteur d'un principe ; pour
s'assurer leur adhésion, l'Union devrait donc donner une consécration manifeste et légale à la spoliation des auteurs étrangers. Nous
ne songions certes pas à ce retour inattendu à des traditions surannées et en complet désaccord avec nos idées modernes sur les droits
d'auteur. Fort heureusement, ce retour n'est pas à craindre. Ce
n'est pas en autorisant ouvertement la contrefaçon chez elle que
l'Union serait arrivée à arrêter la contrefaçon aux Etats-Unis. La
part qu'elle lui fait, nous l'avons dit, est trop large déjà, pour que
nous cherchions à l'étendre encore.

« Dans la pensée des Américains, il n'y a pas de motifs pour
« accéder à l'Union, alors qu'au contraire il y a un stimulant éner-
« gique pour les pousser à s'en tenir éloignés. » C'est là une erreur

(1) *Loc. cit.*

aujourd'hui pleinement démontrée. Ce dont souffrent la littérature et les arts en Amérique, ce n'est pas de la contrefaçon faite en Europe, mais bien de la piraterie littéraire exercée par les Américains eux-mêmes. Ils sont donc les plus intéressés à proscrire de chez eux la contrefaçon, car c'est cette contrefaçon qui étouffe, aux Etats-Unis, les productions de la pensée. Qu'un jeune Américain aille proposer une pièce à un directeur de théâtre et cherche à obtenir de lui un prix quelque peu rémunérateur ! Vous payer un droit ! lui répondra le directeur, lorsque je puis choisir, sans que cela me coûte rien, entre les pièces des plus célèbres auteurs étrangers !

Le souci de leur littérature et de leur gloire conseille donc aux Etats-Unis d'adhérer à toute convention protectrice des droits d'auteur. Ils faciliteront ainsi chez eux l'éclosion d'écrivains et d'artistes. Il est vrai que, jusqu'à ce jour, cet Etat semble avoir voulu échapper au courant des idées nouvelles. Mais ce n'est qu'une infime minorité qui est responsable de la situation pénible faite aux auteurs et aux artistes. La plupart des grandes maisons ne réclament qu'une chose : une loi prohibitive de la contrefaçon en Amérique. Ce n'est donc pas dans la contrefaçon autorisée au sein de l'Union de Berne qu'il faut aller chercher un remède au mal que nous signalons, mais bien dans la réforme de la législation de ce pays. D'ailleurs, les faits sont bien près de détruire les appréhensions pessimistes de M. Rolt. Et si la nouvelle loi de 1891 soumet à l'accomplissement de formalités trop gênantes la protection qu'elle consent à accorder aujourd'hui aux auteurs étrangers, du moins elle pose un principe jusque-là méconnu : celui de la protection internationale. L'exemple d'une générosité large et désintéressée, bien plus que l'épée de Damoclès que l'austère juge anglais propose de laisser suspendue sur leur tête, finirait par entraîner entièrement les Etats-Unis dans la voie du progrès où marchent depuis un demi-siècle les Etats européens.

Nous sommes donc bien loin de porter un jugement pareil à celui de M. Rolt, sur les dispositions de la convention de Berne relatives à la protection des personnes. Tandis qu'il leur reproche une inopportune et injuste libéralité, nous blâmons l'étroitesse des principes qui leur servent de base et que nous pouvons maintenant formuler d'une façon très simple : Le système préconisé par les rédacteurs de la convention de Berne s'analyse dans une combi-

naison mal comprise des principes de l'indigénat et de la territorialité.

Cette rapide appréciation contient une verte critique. Nous nous
croyons néanmoins autorisé à la maintenir. Dans notre commentaire de l'art. 3, nous avons démontré assez longuement, pour
n'avoir plus à y revenir, combien nous paraissait imparfaite et
défectueuse l'application qu'il fait du principe de la territorialité ;
imparfaite puisqu'elle laisse une porte ouverte à la contrefaçon ;
défectueuse puisque la protection est accordée, non pas au véritable ayant-droit, l'auteur, mais à l'éditeur lui-même. Il nous reste
à prouver que l'art. 2, § 1er, n'applique pas d'une façon aussi complète qu'on pourrait le croire le principe qu'il pose, celui de l'indigénat ou de la nationalité.

Dire que l'auteur est protégé à raison de sa nationalité, c'est
dire, dans notre hypothèse, que tout unioniste, tout sujet de l'un
des Etats signataires, peut, quel que soit le lieu de publication de
ses œuvres, se réclamer dans l'intérieur de l'Union de la protection
organisée par la convention de Berne. Or, l'art. 2 n'a pas une portée
aussi large. Il fait une distinction entre les œuvres publiées et
celles qui ne l'ont pas été encore. S'agit-il d'œuvres inédites, c'est
bien alors l'indigénat de l'auteur, sa nationalité, qui doit être prise
en considération. Ainsi, un Français, allât-il implanter ses pénates
en Russie, aurait droit au bénéfice des stipulations contenues dans
l'art. 2, § 1er, tant que ses œuvres n'auraient pas été livrées par
lui à la publicité. Cette disposition, protectrice des œuvres non
encore publiées, n'a pas, à notre avis, une portée bien considérable, sauf peut-être en ce qui concerne les manifestations orales de
la pensée sous leurs différentes formes : discours, leçons, exposés
dogmatiques, représentations musicales ou dramatiques d'après un
manuscrit. Mais pour toutes les autres productions de l'esprit, qu'on
mûrit dans le silence d'un cabinet, la contrefaçon à l'étranger ne
nous paraît pas un danger bien sérieux. Du moins, la réserve dis-
crète de l'auteur suffira souvent à le protéger jusqu'au jour où il
voudra donner une première communication au public.

Mais alors c'est dans un des douze Etats signataires qu'il devra
publier son ouvrage s'il veut se mettre à l'abri de la contrefaçon
dans l'intérieur de l'Union. C'est bien ce qui résulte clairement des
dispositions de l'art. 2, § 1er : « Les auteurs ressortissant à l'un des
pays de l'Union jouissent, dans les autres pays, *pour les œuvres*

publiées dans un de ces pays... » Les rédacteurs ont-ils bien vu
tout ce que renferme d'exigence une pareille condition mise à la
protection organisée par eux ? Ont-ils bien compris qu'il n'y a là,
en dernière analyse, qu'une application partielle du principe de la
territorialité, voilé sous les dehors de l'indigénat, puisque la convention ne déclare protégées que les œuvres qui ont vu le jour sur
le territoire de l'Union. Ainsi, l'auteur français qui aurait publié
ses œuvres en Russie, n'aurait pas droit, en vertu de la convention,
de protester contre la reproduction dont ses œuvres pourraient être l'objet en Belgique. Il pourrait, sans doute, puiser ce
droit ailleurs, car, — et c'est là une réflexion applicable à chacune
des solutions que nous donnons, mais que nous croyons inutile de
répéter à chaque pas, — l'acte diplomatique que nous analysons,
n'établit qu'un minimum de protection qui laisse subsister les
dispositions plus bienveillantes résultant des lois internes ou des
traités réglant les rapports de deux Etats donnés (1).

Comme la plupart des conventions existantes, celle de Berne
pose le principe de l'assimilation de l'étranger au national. Mais,
d'autre part, elle place au-dessus du principe de l'assimilation certaines règles constituant un minimum d'unification et s'imposant,
par suite, dans les rapports internationaux. Or, la protection accordée par l'art. 3, à raison de son caractère particulier, doit nécessairement, croyons-nous, être rangée dans la catégorie des règles
constituant ce minimum d'unification. Par suite, l'effet des lois
internes se trouve supprimé en ce qui concerne leurs dispositions
plus restrictives. Faisons une application de cette idée. Les lois
allemandes de 1870-1876 ne protègent les auteurs étrangers qu'autant que leurs œuvres ont paru chez un éditeur allemand, tandis
que notre art. 3, plus libéral, ne se préoccupe pas de la nationalité
de l'éditeur. Supposons un graveur russe faisant paraître son travail
chez un éditeur non allemand, établi à Berlin. Quelle sera la situation de ce graveur? Il ne sera pas protégé par la loi allemande
dans l'empire allemand (2), nous répond-on, et, par suite, il ne
saurait l'être davantage sur le territoire des autres Etats de l'Union.

(1) Voir dans notre précédent chapitre la situation faite aux auteurs étrangers dans les principaux Etats signataires.

(2) Loi du 9 janvier 1876 (art. 20).

Car on ne peut invoquer protection que pour un droit né dans l'intérieur de l'Union ; or, le droit de ce graveur n'a pas pu naître en Allemagne.

Cette solution est inadmissible, et il nous semble qu'on a accumulé autour de cette question plus de difficultés qu'elle n'en soulève. Qu'on se rappelle le caractère général de notre convention et l'on verra que l'application de l'art. 3, qui a pour effet de modifier la loi allemande dans les rapports internationaux sur ce point, nous permet de dire que notre artiste russe a droit de poursuivre les contrefaçons de son œuvre dans un autre Etat de l'Union, puisque cette dernière n'exige aucune condition de nationalité chez l'éditeur. Ce raisonnement n'autorise pas ledit artiste à réclamer protection contre les reproductions faites en Allemagne même, car, il ne faut jamais le perdre de vue, l'Union ne produit aucun effet dans les limites d'un Etat : elle ne réglemente que les rapports internationaux des Etats signataires. Le graveur, dans notre hypothèse, reste donc soumis à la loi allemande qui le dépouille de son droit. Mais on a tort de conclure que le droit qui n'est pas né en Allemagne, ne puisse pas naître dans l'Union. Il n'est pas né sur la terre allemande considérée isolément, mais il est né dans l'Union par cela seul que l'Allemagne en fait partie. En d'autres termes, au point de vue national allemand, le graveur reste sans protection ; au point de vue international, son droit a pris naissance et doit être protégé dans les rapports internationaux des puissances signataires. Nous ne connaissons pas de précédent sur la question et le seul auteur qui ait soulevé la difficulté, M. Charles Soldan, juge au tribunal de Lausanne (1), la tranche dans un sens différent. Nous reconnaissons volontiers que son raisonnement est moins subtil que le nôtre, mais nous ne croyons pas qu'en cette matière la vérité soit le corollaire nécessaire de la simplicité. Le droit de notre graveur russe, dit M. Soldan, n'a pas pu naître en Allemagne, comment pourrait-il être protégé dans l'intérieur de l'Union? Nous reconnaissons la vérité des prémisses ; nous rejetons la déduction qu'il en tire. Le droit n'est pas né en Allemagne : pourquoi ? parce que la Russie ne figure pas au nombre des Etats signataires, et que la convention ne modifie pas sur les terres de l'Empire allemand l'ap-

(1) V. SOLDAN, *l'Union intern. pour la protection des œuvres litt. et art.* (Paris, 1888).

plication des lois de ce pays. Mais ce même droit doit être protégé dans tout le reste de l'Union. Pourquoi ? parce que l'œuvre a été éditée dans un des pays ressortissants et que c'est là la seule condition que l'art. 3 pose à la protection qu'il organise.

En résumé, au point de vue de la protection des personnes, la convention de Berne distingue trois hypothèses :

1º S'agit-il d'œuvres inédites ? l'auteur est protégé en quelque lieu qu'il se trouve, pourvu qu'il soit sujet de l'une quelconque des puissances signataires ;

2º S'agit-il d'œuvres publiées ? l'auteur faisant partie de l'Union n'a droit à la protection qu'elle garantit, qu'autant que ses œuvres ont vu le jour dans l'un des Etats adhérents ;

3º S'agit-il, enfin, d'auteurs étrangers ? l'éditeur qui publie leurs ouvrages est protégé contre la contrefaçon sous les conditions prévues par l'art. 3.

A l'auteur, il faut assimiler son ayant-cause. Mais s'il est nécessaire, en principe, que l'auteur, pour bénéficier des stipulations de notre convention, ressortisse à l'un des pays de l'Union, en revanche, la nationalité de son ayant-cause est absolument indifférente. Cette solution découle de l'application des principes généraux du droit. Une fois qu'il a pris naissance, le droit à la protection fait partie du patrimoine de l'auteur et ne saurait s'éteindre par le seul effet d'une cession ou par l'ouverture d'une succession.

Plusieurs conventions récentes assimilent aux ayants-cause les mandataires légaux (1). La conférence de Berne, après l'avoir adoptée à l'origine (2), a fort heureusement abandonné une rédaction

---

(1) Voir notamment la convention franco-espagnole du 16 juin 1880, promulguée au *Journal Officiel* du 22 juillet 1880. — *J. D. I. P.* (1880, p. 621). Le troisième alinéa de l'art. 1er est ainsi conçu : « *Les mandataires légaux* ou ayants-cause des auteurs, traducteurs, compositeurs et artistes jouiront réciproquement et à tous égards, des mêmes droits que ceux que la présente convention accorde aux auteurs, traducteurs, compositeurs et artistes eux-mêmes. »

(2) L'art. 4 de l'avant-projet voté dans la conférence tenue à Berne, le 13 septembre 1883, par l'Association littéraire et artistique internationale, sous les auspices du gouvernement fédéral suisse, s'exprimait en ces termes : « *Les mandataires légaux* ou ayants-cause des auteurs jouiront à tous égards des mêmes droits que ceux accordés par la présente convention aux auteurs eux-mêmes. »

qui dénote une ignorance ou tout au moins un oubli quelque peu grossier des principes juridiques les plus élémentaires. Les mandataires, en cette qualité, n'ont pas de droits personnels. Ils peuvent seulement faire valoir ceux des auteurs qu'ils représentent, mais il est puéril de dire que si l'auteur a un mandataire légal, celui-ci est fondé à réclamer, au nom du premier, la protection qui lui est accordée par la convention.

Si maintenant, de l'analyse des détails, nous nous élevons à l'étude du caractère général des dispositions des art. 2 et 3, notre critique sera moins sévère. Si nous rapprochons cette étude de l'étude parallèle que nous faisions des lois internes, dans notre précédent chapitre, nous ne considérerons plus les efforts et le généreux élan des conférenciers de Berne comme absolument stériles. Nous avons, il est vrai, au cours de nos explications, rencontré des législations, celles de la France et de la Belgique notamment, plus largement, plus libéralement protectrices des droits d'auteur et nous manifestions, il y a quelques minutes seulement, notre regret de ne pas voir la convention proclamer le principe de la protection absolue des auteurs étrangers. Mais la réalisation de l'idéal d'un théoricien n'est jamais l'œuvre d'un moment, et, en présence des difficultés auxquelles elle vient se heurter, cette réalisation semble, pendant de longues années encore, devoir appartenir au domaine des utopies. La convention de Berne nous paraît néanmoins un acheminement vers le but à atteindre.

Nous devons savoir gré à l'Union, en proclamant dans ses art. 2 et 3, l'assimilation aux nationaux des étrangers ressortissant à l'un des Etats contractants, d'avoir solennellement rayé du droit public la théorie de la réciprocité consacrée par tant de conventions anciennes et constituant encore la base d'un grand nombre de lois internes. Ce système, qui avait au fond pour but de provoquer les gouvernements à reconnaître aux étrangers les mêmes droits qu'aux nationaux, offrait de nombreux inconvénients, comme tous les systèmes d'ailleurs qui reposent sur les préjugés, sur la défiance, sur un faux esprit de dignité nationale ou de souveraineté territoriale mal entendue. Et, par exemple, ce n'était pas le moindre de ses inconvénients que de contraindre les magistrats à juger d'après les lois étrangères, c'est-à-dire à rechercher et à établir si, d'après celles-ci, il y avait ou non réciprocité, et quand il y avait réciprocité dans quelle mesure elle existait. Le droit international est non seulement l'expression de la conscience du pays envers l'Etat qui l'observe, mais il est encore en lui-même l'expression de cette même conscience envers les peuples qui se croient autorisés à régler leur conduite suivant leurs intérêts. Sans la protection internationale le pays est inondé d'œuvres étrangères tant bonnes que mauvaises, plus souvent mauvaises que bonnes, et ainsi sont violés les droits les plus sacrés des auteurs voisins ou lointains, ainsi sont arrêtées ou taries les sources de la production indigène. Ce n'est donc pas seulement une question de justice, mais aussi une question de politique et d'intérêt national. Or, le droit fondé sur la réciprocité est théoriquement d'une imperfection, d'une insuffisance auxquelles viennent ajouter encore les difficultés d'application pratique et les jugements oscillants des magistrats.

Le principe de l'assimilation de l'étranger au national garantit mieux la protection des droits intellectuels, en simplifiant singulièrement le rôle du juge. Ce dernier n'aura plus à se perdre dans l'étude, souvent difficile pour lui, plus souvent infructueuse, d'une loi étrangère pour y chercher un principe de réciprocité. Il n'aura qu'à appliquer aux auteurs étrangers, qui auront justifié de leurs droits, une loi dont les dispositions lui sont familières, sa loi nationale.

Nous verrons néanmoins dans notre dernier chapitre que les conférenciers de Berne, en apportant dans le § 2 de notre article, une dérogation à la règle posée par le paragraphe précédent, ont diminué dans une notable mesure la simplification que devait entraîner le principe d'assimilation de l'étranger au national.

CHAPITRE II

DURÉE DE LA PROTECTION

Cette question, à notre avis, ne touche que par un côté au droit international : par les conflits que peut soulever la diversité des solutions consacrées par les législations particulières. L'examen de cette question trouvera sa place ailleurs, et nous aurons à nous demander alors, si ce n'est pas, contrairement aux opinions régnantes, dans l'application du principe de la personnalité des lois que ces conflits doivent trouver leur solution.

Un vœu que nous émettons après tous ceux qui nous ont précédé, et dont la réalisation diminuerait de beaucoup le nombre des conflits en la matière, serait de voir les Etats consacrer sur ce point une solution uniforme, tant au point de vue de la durée elle-même qu'en ce qui concerne le point de départ de cette durée de protection.

Dans quel sens devrait s'opérer l'unification ? Dans le sens de la perpétuité ou dans le sens de la temporanéité des droits ? La nature que nous avons assignée aux droits d'auteurs ne préjuge en rien la solution du problème actuel. Et nous hésitons à prendre parti dans une question à laquelle il est difficile de donner une solution qui échappe absolument à la critique.

Le principe de la perpétuité est à peu près unanimement rejeté tant par le législateur que par la doctrine; une seule nation, le Mexique, l'a osé consacrer, et quelques rares auteurs essaient timidement de la soutenir. La majorité des suffrages est acquise au système qui préconise la temporanéité des droits. Nous avouons pourtant ne pas voir très clairement sur quel fondement juridique on peut l'asseoir. Suivant nous, on a peut-être trop cherché à justifier par des considérations de droit et d'équité un système qui, en réalité, ne trouve d'explication que dans les difficultés d'application du principe de la perpétuité.

Quoi qu'il en soit, aucune des considérations mises en avant, et que nous croyons pouvoir ramener à trois principales, ne nous satisfait pleinement.

La plus fréquemment apportée à la défense du principe de la temporanéité, sinon la plus décisive, revient à dire que l'auteur, l'artiste ne crée rien par lui-même. Il emprunte au domaine public, et par suite, la société qui a pris part à l'élaboration de son œuvre doit avoir sur cette dernière certains droits. Le moyen le plus rationnel et le plus facile de liquider les droits indivis des collaborateurs est de commencer par reconnaître, au profit de l'auteur, un privilège exclusif, un monopole d'exploitation, puis de faire tomber l'œuvre, après un certain temps, dans le domaine public (1).

Cet argument est aussi dangereux que mal fondé. Il n'y a pour nous qu'une nuance, qu'une différence de degré, entre ceux qui nient franchement le droit d'auteur et ceux qui cherchent à le restreindre dans des limites arbitraires. Si l'on veut bien se reporter à l'exposé théorique que nous faisions dans notre premier chapitre sur l'existence d'un droit au profit des auteurs et des artistes, on verra que l'argument qui sert aux uns à limiter le droit d'auteur, a conduit les autres à la négation de ce même droit par suite d'une divergence dans l'appréciation du prétendu rôle de collaboration joué par la société. La réfutation que nous donnions alors pourrait être reproduite ici : l'auteur n'a rien à rendre, car s'il a emprunté, il n'a rien enlevé au domaine commun; loin de l'avoir appauvri, il l'a enrichi. Que serait, en effet, une langue sans écrivains? Qui contribue plus que ces derniers à son développement et à son perfectionnement? Comment se formerait l'éducation artistique d'un peuple sans les productions de la peinture, de la sculpture, de l'architecture? Mais alors, si chaque artiste, chaque auteur, en produisant, ne fait qu'apporter sa part contributoire au développement de la littérature et des arts, sur quoi cherchera-t-on à fonder ce prétendu droit de la société, rival du droit du créateur sur son œuvre?

A MM. Borchgrave, Benoît et Deschamps, qui soutiennent qu'en publiant son œuvre l'auteur a voulu donner le plus large essor à la propagation de ses idées, et a entendu au bout d'un certain temps en faire l'abandon à la société, nous demanderons si cet abandon

(1) RENOUARD, *op. cit.* (t. I, p. 466). — DEMOLAMBE, *Droit civil* (t. I, p. 457). — POUILLÉ, *Revue des Deux Mondes* (1884, t. CLVI, p. 767).

est volontaire ou s'il n'est pas plutôt imposé par la loi. Il nous semble que voir là un abandon volontaire, c'est prêter trop de désin-téressement aux auteurs et leur reconnaître à l'égard de la société des intentions bienveillantes que tous ne partagent pas. Si d'ailleurs le droit de la société n'est reconnu que par interprétation d'une volonté présumée des intéressés, ce droit devrait tomber devant la manifestation d'une volonté contraire, ou alors le mot abandon déguise mal une spoliation imposée à l'auteur, à l'artiste par la loi du plus fort.

M. Darras avance une considération qui lui paraît justifier pleinement la temporanéité du droit. « Le droit d'auteur, dit-il, est légitime parce qu'il est la rémunération d'un travail. Ce droit doit disparaître du jour où l'auteur est payé de son travail. Le travail fut limité, la rémunération doit l'être aussi; le droit pécuniaire doit donc être temporaire. » (1).

En partant du même principe, nous n'arrivons pas nécessairement au même résultat. M. Darras oublie de nous dire quand arrivera ce jour qui doit mettre un terme à la jouissance exclusive de l'auteur. Le délai fixé par la loi lui paraît assurer une rémunération suffisante. Mais ce délai est fatalement arbitraire, car trop souvent le mérite d'un auteur et par suite la vogue de ses œuvres ne se révèlent que longtemps après une première publication. Pour nous, la valeur d'un travail ne se mesure pas au temps dépensé, aux efforts déployés; elle se mesure aux résultats moraux ou pécuniaires qu'il donne et tant que ce travail produit des fruits, ces fruits doivent être rapportés à leur auteur. De quel droit la société qui ne pouvait y prétendre pendant cinquante ans, pourrait-elle venir les revendiquer après un demi-siècle ?

Si nous écartons l'idée d'une prétendue collaboration, il ne reste peut-être que la loi du plus fort pour légitimer ou mieux pour expliquer les droits reconnus à la société. Nous l'avons dit en commençant, et c'est par là que nous concluons : Le système de la temporanéité, généralement admis, s'explique par les exigences de la pratique; mais les difficultés d'application du système opposé ne sont pas un motif suffisant pour le faire condamner à priori, au moins en théorie.

Quoi qu'il en soit, le vœu que nous formions pour l'unification

_____
(1) *Du Droit des Auteurs et des Artistes* (p. 69).

6

de la durée de protection ne semble pas près de se réaliser ; la plus grande diversité règne actuellement dans les législations internes où les conventions diplomatiques et les efforts des délégués réunis à Berne en 1886 ont été impuissants à fonder cette unité désirable. Non seulement cette durée varie avec les pays, mais dans un même pays, elle varie encore suivant qu'il s'agit du droit de reproduction, de traduction, de représentation ou d'exécution, suivant qu'elle a trait à une œuvre de la littérature ou des arts. Enfin il y a divergence encore sur le point de départ de cette même durée : ici, le délai court du jour de la première publication ; là, du jour de la mort de l'auteur.

Seul aujourd'hui le Mexique consacre la pérennité des droits intellectuels et en cela il ne fait que tirer une conséquence logique de la théorie qu'il admet sur la nature du droit protégé, qu'il assimile complètement au droit de propriété ordinaire (1). La plupart des autres nations ont adopté le système proposé par la doctrine et donnent à la protection une durée fixe dont le point de départ ne commence qu'à la mort de l'auteur. Cette durée est de quatre-vingts ans en Espagne, de cinquante ans en France, en Belgique, au Danemark, en Hongrie, en Norwège, en Portugal, en Suède et en Russie. Elle est de trente ans en Allemagne, en Autriche et en Suisse ; de cinquante ans en Hollande, le délai courant non plus de la mort de l'auteur, mais du jour du dépôt. En Angleterre, la réglementation du droit d'auteur quant à sa durée, obéit à un système bizarre qu'explique le rôle considérable joué par la tradition dans ce pays. Les héritiers ne peuvent, en principe, jouir des prérogatives de l'auteur que pendant sept ans après le décès de ce dernier ; toutefois, s'il s'est écoulé moins de quarante-deux ans depuis la première publication, leurs droits subsistent jusqu'à l'expiration de ce délai. Le système qui a prévalu en Italie a trouvé quelque sympathie auprès d'un certain nombre de jurisconsultes et même dans le sein de la conférence de Berne. La durée de protection est de quatre-vingts ans, mais cette durée se divise en deux périodes de quarante ans chacune ; le monopole d'exploitation a été consacré pour la première, celui du domaine public payant pour la seconde. Pendant cette deuxième période, la protection revêt un caractère particulier : chacun peut, après l'accomplissement de for-

(1) C. c. du 1er mars 1871.

malités déterminées (art. 8 et 9 de la loi de 1882), reproduire librement l'œuvre protégée, à condition de payer une redevance de 5 %.

Un certain nombre des législations que nous venons de passer en revue et dans l'examen approfondi desquelles nous ne pouvons pas descendre, restreignent la durée de protection pour le droit de traduction, de représentation et d'exécution, et pour les droits artistiques, dans des limites bien plus étroites que celles assignées à la garantie des œuvres littéraires. Nous nous contentons de relever ici cette anomalie qui nous prouve une fois de plus que la véritable notion du droit d'auteur n'est pas encore complètement dégagée des théories anciennes du privilège légal. Nous la retrouverons en abordant plus loin l'étude particulière de chacun de ces droits spéciaux.

Les conventions diplomatiques n'assignent pas, en principe, une durée déterminée aux droits dont elles réglementent la protection dans les rapports des Etats signataires. A notre connaissance, trois traités seulement se prononcent sur la durée de la protection et fixent un délai de cinquante ans à partir du décès de l'auteur : ce sont les traités franco-espagnol (1880), franco-salvadorien (1880) et hispano-portugais (1880). Cette durée de garantie résulte de la combinaison des lois respectives de chacun des Etats contractants et, par suite, de l'application simultanée du principe de l'indigénat et de la territorialité. La plupart de ces conventions, en effet, après avoir posé le principe de l'assimilation de l'étranger au national, ce qui permettrait de ne se préoccuper que de la durée fixée par la loi du pays de contrefaçon, ajoutent que « les avantages stipulés au profit des auteurs ne leur sont réciproquement assurés que pendant l'existence de leurs droits dans le pays d'origine ». Cette clause restreint la portée de la première règle et montre qu'au fond on se réfère à celle des deux législations qui accorde la faveur la moins étendue.

C'est à un système de tous points analogue que s'est arrêtée la conférence de Berne de 1886, laissant ainsi subsister dans la durée une diversité regrettable et maintenant à la connaissance des solutions consacrées par les lois internes toute son importance, toute son utilité. Tout en assimilant l'étranger au national, l'art. 2 de notre convention ajoute dans son second paragraphe : « La jouissance de ces droits ne peut excéder, dans les autres pays, la durée de la protection accordée dans le pays d'origine. »

Lors des conférences préparatoires, les délégations helvétique et française avaient essayé de faire triompher l'idée d'une assimilation pure et simple. Rappelons à ce sujet un passage du discours prononcé par M. Louis Ulbach, résumant en termes heureux les inconvénients de la pratique actuelle : « Messieurs, vous avez repoussé la rédaction qui nous paraissait la plus simple, en même temps qu'elle était de la part de la délégation française l'expression d'un sentiment désintéressé, puisque nous offrions aux étrangers plus que nous ne recevions de leur pays. Je tiens à faire consigner au procès-verbal ce mécompte de notre générosité.

« Il nous paraissait tout simple qu'un auteur acceptât les conditions du pays qui lui donne l'hospitalité. C'était une règle facile pour les tribunaux en cas de contestation ; c'était la meilleure manière d'arriver à cette égalité, à cette uniformité dans la durée du droit que vous trouvez juste, que nous trouvons indispensable. Les Etats de l'Union auraient eu plus de hâte de se mettre au niveau de la France..... »

L'application pure et simple du traitement national, répondit-on, pourrait aboutir à des situations fort singulières en ce qui concerne la durée de la protection qui est réglée d'une façon différente par les diverses lois intérieures. Ainsi, l'Allemagne et la Suisse protègent les ayants-cause de l'auteur pendant trente ans après la mort de ce dernier ; la France et la Belgique pendant cinquante ans, l'Espagne pendant quatre-vingts. Avec le traitement national pur et simple, l'œuvre d'un Allemand ou d'un Suisse serait encore protégée pendant vingt ans en France et en Belgique, alors qu'elle serait tombée dans le domaine public au pays d'origine. L'œuvre belge ou française qui après cinquante ans pourrait être librement reproduite en France et en Belgique, vivrait au delà des Pyrénées pendant trente ans encore sous le protectorat des lois espagnoles. Ces conséquences ont paru peu équitables à certains délégués. Et bien que l'on ait objecté avec raison qu'il est de l'essence même du principe de l'assimilation des étrangers aux nationaux que cette assimilation opère tant à leur avantage qu'à leur détriment, la conférence a préféré dire avec la plupart des conventions littéraires « que la protection ne peut excéder dans les autres pays de l'Union la durée de celle accordée dans le pays d'origine de l'œuvre ». Si celle-ci a paru simultanément dans plusieurs pays de l'Union, c'est la protection la plus courte qui fait règle.

La convention n'a pas prévu le cas où une œuvre serait publiée à la fois dans un Etat de l'Union et dans un pays qui n'en fait pas partie. A moins, dit-on, qu'il n'existe des arrangements plus favorables que l'acte diplomatique de 1887, les difficultés que fait naître cette hypothèse sont fort embarrassantes.

Nous avouons que notre perspicacité ne va pas jusqu'à les découvrir ; presque toutes nous échappent, et le problème nous paraît moins subtil qu'on ne le fait. L'esprit et le texte de la convention nous semblent fournir une solution indirecte, mais certaine.

Deux solutions ont été imaginées : refuser toute protection à l'auteur ; ne lui accorder de protection que pendant la durée admise par la moins favorable des deux législations en présence. Nous n'hésitons pas à les rejeter toutes deux pour soutenir que l'auteur a droit à la protection organisée par la convention, comme s'il n'avait publié son œuvre que dans un pays, celui qui fait partie de l'Union. Refuser toute protection à l'auteur, dans l'intérieur de cette Union, sous ce seul prétexte que son œuvre a été en même temps publiée dans un Etat non signataire, c'est méconnaître ouvertement l'esprit de la convention, c'est aller directement contre la stipulation contenue au premier paragraphe de l'art. 2. Car, l'auteur ressortissant à l'un des pays de l'Union, et ayant publié ses œuvres dans un des pays contractants, remplit toutes les conditions voulues pour avoir droit à la protection. Nous ne comprenons pas que cette protection puisse lui être retirée du chef de ce seul fait qu'il a en outre publié son œuvre dans un pays non contractant. Qu'exige l'art. 2, § 1er, pour que l'œuvre soit protégée ? Qu'elle ait été publiée par son auteur dans l'intérieur de l'Union ; or, notre auteur remplit ces conditions.

La seconde opinion a trouvé plus de crédit auprès des jurisconsultes qui se sont occupés de la question. Nous regrettons de ne pouvoir la partager ; car si elle est pour l'auteur incontestablement préférable à celle que nous venons de combattre, elle nous paraît également en opposition avec le texte et l'esprit de la convention.

N'accorder de protection que pendant la durée admise par la moins favorable des deux législations, c'est bien répéter après l'art. 2, § 3, *in fine,* qu'en cas de publication simultanée dans plusieurs pays, il faut se référer à celui des deux dont la législation accorde la durée de protection la plus courte. Mais qu'on veuille bien examiner de près ce § 3, et l'on se convaincra facilement que notre hypothèse ne rentre pas dans le cas qu'il prévoit. Le texte ne se borne pas à dire « en cas de publication *dans plusieurs pays* », mais bien « en cas de publication simultanée *dans plusieurs pays de l'Union* ». Or, nous n'avons dans l'espèce qu'une seule publication dans l'intérieur de l'Union et par suite ce sont les §§ 1er et 2 qu'il faut appliquer et non le § 3.

Nous allons plus loin ; en supprimant, comme le font nos adversaires, les mots « de l'Union », la solution serait encore la même. Qu'est-ce, en effet, qu'une convention, sinon un contrat ? c'est-à-dire un accord libre et éclairé intervenu entre les intéressés. Or, comment nous expliquera-t-on que les effets de ce contrat puissent être modifiés par les lois d'un pays qui n'y a pas été partie. Cela est si vrai que l'auteur lui-même ressortissant à l'un des pays de l'Union qui a publié ses œuvres à l'étranger, ne peut pas se plaindre de la contrefaçon de ses œuvres à l'intérieur de l'Union. Pourquoi ? parce que le pays dans lequel il a publié ses œuvres n'est pas partie contractante à la convention. Or, nous n'apercevons pas de motifs pour appliquer dans un cas et rejeter dans l'autre ce principe que les effets d'un contrat ne peuvent pas être invoqués par ceux qui n'y ont pas figuré.

Faut-il contre ce système faire valoir une dernière considération de fait, qui prouve que l'interprétation proposée peut conduire à des résultats analogues à ceux que l'on voulait éviter en rejetant l'opinion trop radicale exposée au commencement de cette discussion ? Supposons qu'un auteur publie simultanément son œuvre en France et en Russie. La Russie protège bien les œuvres nationales pendant cinquante ans, mais on sait l'accueil bienveillant qu'elle fait aux ouvrages lui venant de l'étranger : elle leur fait l'honneur de les admettre immédiatement dans le domaine public, et la France, à cet égard, n'est pas mieux traitée que les autres puissances, depuis la dénonciation du traité qui l'unissait à son alliée. Qu'en résultera-t-il dans la seconde opinion que nous combattons, comme dans la première que nous avons réfutée ? C'est que, dans l'intérieur de l'Union, un ouvrage paru en France pourra être librement reproduit, puisque au delà de la Vistule il est tombé dans le domaine public.

Enfin la convention de Berne règle uniquement les rapports internationaux des puissances signataires, et nullement les rapports de ces Etats avec ceux qui sont restés étrangers à l'Union. Nous concluons donc que dans le cas où une même œuvre a été publiée simultanément dans un pays de l'Union et dans un Etat étranger à elle, il y a lieu de protéger l'œuvre dans la mesure admise par celui des deux pays qui fait partie de l'Union, en faisant abstraction du fait de la publication dans un Etat qui n'y a pas adhéré.

On pourrait objecter à notre système que son adoption conduira, dans certains cas, à cette conséquence étrange d'une œuvre protégée encore dans l'intérieur de l'Union, alors qu'elle ne le sera plus à l'étranger. Cette conséquence est-elle donc si regrettable dans ses effets, si rare dans son application, qu'elle suffise à faire rejeter *de plano* la solution que nous proposons? Mais une situation absolument identique est créée dans l'intérieur de l'Union par la convention elle-même. Celle-ci, en effet, ne modifie en rien l'application des lois particulières dans les limites de l'Etat qui se les est données. Ainsi un ouvrage publié en France sera protégé pendant cinquante ans contre toute reproduction illicite, alors qu'en Allemagne il tombera après trente ans dans le domaine public. Or, on ne l'a pas assez remarqué, la convention de 1886 est à l'Union ce que les législations internes sont à chacun des Etats qui les a promulguées, à cette seule différence près que l'une régit des rapports d'Etat à Etat, les autres des rapports d'individu à individu; l'une des rapports internationaux, les autres des rapports nationaux. Mais au regard de chacun des Etats non signataires, l'Union peut être très justement considérée comme une unité, comme un vaste Etat ayant sa législation intérieure, la convention du 9 septembre 1886. Qu'y a-t-il d'étrange alors qu'une œuvre, qui dans un Etat étranger est tombée dans le domaine public, puisse avoir encore droit à la protection organisée par la loi intérieure de l'Union? Si des conséquences différentes résultent des divers systèmes que nous avons exposés, celles qu'entraîne le système admis dans la seconde interprétation sont beaucoup plus fâcheuses que celles qui découlent du nôtre.

Pour le prouver, faisons appel à un ordre d'idées quelque peu voisin de celui qui nous occupe : nous voulons parler de la traduction. Certains pays restés étrangers à la convention de Berne, autorisent formellement la traduction des œuvres parues en dehors de chez eux. Nous pouvons citer les Etats-Unis qui, jusqu'en 1891, ont largement usé de cette liberté, et la Russie qui actuellement favorise encore cette pratique.

Un ouvrage publié en France est traduit aux Etats-Unis. La convention de Berne ne prohibant pas en principe, nous le verrons, la contrefaçon des œuvres étrangères ou parues à l'étranger, faudrat-il conclure que la traduction faite aux Etats-Unis pourra être reproduite dans l'intérieur de l'Union avant l'expiration du délai de dix années fixé par l'art. 5, sous ce prétexte que le droit de traduction aux Etats-Unis est tombé dans le domaine public et que chacun peut reproduire l'œuvre au gré de ses désirs ou de ses intérêts ? Nos adversaires n'iraient peut-être pas jusqu'à formuler de pareilles conséquences. Mais alors si ce fait : qu'une œuvre est librement reproduite à l'étranger, ne suffit pas à priver l'auteur de la garantie qui lui est assurée par la convention dans l'intérieur de l'Union, pourquoi serait-il invoqué à l'effet de faire rejeter le système que nous avons proposé en ce qui concerne les œuvres publiées simultanément dans l'Union et dans un pays qui n'en fait pas partie ?

CHAPITRE III

ŒUVRES PROTÉGÉES

A quelles œuvres doit s'étendre la protection organisée par les lois ? Nous avons essayé de légitimer la garantie due aux auteurs ou artistes par l'idée de travail à rémunérer et de respect dû à la personnalité humaine. C'est là encore le double critérium auquel nous nous attachons pour déterminer quelles œuvres méritent protection. Il nous semble permis de voir une œuvre intellectuelle dans toutes celles qui reflètent une personnalité humaine et supposent un travail de l'esprit. Un pareil critérium est nécessairement exclusif de toute distinction fondée sur la nature ou la valeur de l'ouvrage.

Peu importe qu'il s'agisse d'une œuvre de la littérature ou des arts, d'un travail fixé par l'écriture ou d'une manifestation orale de la pensée, d'un morceau d'éloquence ou d'un exposé dogmatique, d'un ouvrage publié sous le nom véritable de son auteur ou circulant sous le couvert du pseudonyme ; peu importe que cette œuvre porte un nom ou qu'elle soit anonyme, qu'elle ait ou non vu le jour du vivant de son auteur ! Du moment où elle implique travail intellectuel, du moment où elle porte l'empreinte, le sceau de la personne, elle doit être au delà comme en deçà de la frontière l'objet d'un droit exclusif, et les lois doivent garantir à son auteur ou à ses ayants-cause le libre exercice de ce droit.

Nous avons mis sur le même pied d'égalité, comme ayant droit aux mêmes faveurs, les productions de la littérature et celles des arts. Cette doctrine, qui n'appelle pas de justification, tant elle est fondée en raison, n'est pourtant pas universellement admise, et l'assimilation que nous établissons entre ces deux produits différents de l'intelligence est rejetée par certains auteurs. Kant, notamment, tout en reconnaissant des prérogatives aux auteurs, les refuse aux artistes (1). Les premiers auraient un droit exclusif de reproduction dont ne jouiraient pas les seconds. « Pour reproduire une œuvre d'art, dit l'auteur, un travail intellectuel est nécessaire qui mérite protection ; pour reproduire une œuvre littéraire, au contraire, un travail mécanique suffit qui doit être prohibé. »

Sans maltraiter trop fortement l'érudition d'Outre-Rhin, nous pouvons faire remarquer que l'attrait de l'originalité et l'amour du paradoxe fécondent parfois trop l'imagination teutonique. Le raisonnement de Kant revient à dire que le vol facile appelle une répression, mais que le voleur qui a dû, pour arriver à son larcin, employer la force, la ruse ou l'adresse, mérite d'être protégé. Sous cette forme, l'argument du philosophe ne comporte pas de discussion. L'œuvre d'art, répondant peut-être mieux encore que l'œuvre littéraire à cette aspiration vers l'idéal qui les caractérise toutes deux, a droit à la même protection. En matière artistique, comme en matière littéraire, il est facile de découvrir le critérium que nous posions plus haut : un travail intellectuel est la marque d'une personnalité. Mais alors, le travail qu'a dû fournir le contrefacteur n'est pas de nature à ôter leur légitimité aux droits des artistes !

Certains jurisconsultes, sans aller aussi loin, divisent les arts en deux grandes classes. Les arts proprement dits, comme la peinture, la sculpture, sont éminemment créateurs et doivent donner naissance sur leurs produits à des droits incontestables. Les arts dits de reproduction, gravure, architecture, lithographie... qui ne font que faciliter une multiplication lucrative d'œuvres appartenant à la première catégorie, ne sauraient être la source d'aucun droit spécial.

Cette théorie, qui a trouvé quelque écho dans certaines législations modernes, ne nous paraît pas plus acceptable que la précédente, bien qu'au premier abord elle ne choque pas aussi ouvertement la raison. L'oubli des principes conduit fatalement à des distinctions aussi arbitraires que subtiles. Les arts dits de reproduction exigent de la part de l'artiste une rare habileté technique, une longue patience, un exercice actif et continu de la faculté esthétique ; même pour copier il faut avoir le sentiment et l'intelligence du beau. Pourquoi, dès lors, là où nous rencontrons notre

(1) Comp. RENOUARD, *op. cit.* (t. I, p. 266).

critérium, ne trouverions-nous pas aussi la protection des lois? (1).

Toute distinction fondée sur la valeur de l'œuvre serait encore plus arbitraire que celle qui reposerait sur sa nature ou son caractère. Cette valeur est chose trop énigmatique pour entrer en ligne de compte, et la difficulté se complique encore quand on l'envisage au point de vue international. Quels seront donc les membres de ce tribunal suprême chargés de tracer la ligne de démarcation entre le domaine de la protection et celui de la libre contrefaçon. Faudra-t-il peser les suffrages ou devra-t-on les compter? Nous craignons que dans bien des cas il n'y ait autant d'avis que de personnes appelées à se prononcer. Il est facile, et non moins vrai, de dire que les produits intellectuels sont loin d'avoir la même valeur ; mais les législateurs doivent écarter cette considération s'ils ne veulent tomber dans l'arbitraire le plus absolu et saper dans son fondement le principe même de la protection. S'il nous était permis de poser une règle à ce point de vue, nous la formulerions ainsi, en termes un peu subtils : toute œuvre ayant une valeur mérite protection ; or, toute œuvre digne des honneurs de la reproduction ou de la contrefaçon a une valeur. Cela reviendrait à condamner en tous cas la contrefaçon, puisque ce vol tenté ou réalisé serait le critérium du droit à la protection.

Si absolu que soit un principe, il comporte des dérogations. L'intérêt social comme l'ordre public, les nécessités de la pratique comme les exigences de l'enseignement, nous forcent à en admettre quelques-unes ici. Nous considérons comme telles, mais dans une mesure et sous des conditions que nous aurons bientôt à déterminer : la reproduction par les journaux des faits divers, des articles de discussion politique, des discours prononcés aux Chambres, des lois, jugements ou arrêts, les emprunts, les citations faits dans un but de critique ou d'enseignement.

Nous ne cherchons pas maintenant à pénétrer les solutions admises par les lois internes et les conventions internationales. Il convient seulement ici de remarquer qu'au point de vue des *œuvres littéraires,* lois et conventions, consacrent en général les idées que nous venons d'émettre, les divergences n'apparaissant qu'en ce qui concerne les dérogations à apporter au principe, les emprunts à autoriser.

(1) Comp. POUILLET, *op. cit.* (n° 75).

En ce qui touche les *œuvres artistiques,* le dissentiment est plus grave, plus profond : c'est le principe lui-même de la protection et non seulement les dérogations qu'il comporte, qui est contesté dans son application ou appliqué dans une mesure bien différente. Nous laissions déjà pressentir cette différence en signalant la théorie subversive de Kant, négative de tous droits artistiques, et la doctrine éclectique de certains auteurs qui, distinguant les arts proprement dits des arts dits de reproduction, accordent aux premiers une protection qu'ils refusent aux seconds.

A quelle solution s'est arrêtée la convention de Berne, tant au point de vue des œuvres littéraires que des œuvres artistiques ? Elle consacre dans sa généralité l'assimilation des unes aux autres. Toutefois, elle ne pose pas un principe général qui puisse servir de guide dans la solution des difficultés que soulève chaque espèce particulière. En d'autres termes, le principe n'est pas traduit en règle, il est seulement mis en application. Comme la plupart des conventions internationales, celle de Berne procède par énumération. Mais cette énumération n'a pas un caractère limitatif : la preuve certaine en est que l'énumération de l'art. 4 se termine par une phrase qui en généralise la portée :

Art. 4. — *L'expression* « *œuvres littéraires et artistiques* » *comprend les livres, brochures ou tous autres écrits, les œuvres dramatiques ou dramatico-musicales, les compositions-musicales avec ou sans paroles ; les œuvres de dessin, de peinture, de sculpture, de gravure ; les lithographies, les illustrations, les cartes géographiques ; les plans, croquis et ouvrages plastiques, relatifs à la géographie, à la topographie, à l'architecture ou aux sciences en général ; enfin, toute production quelconque du domaine littéraire, scientifique ou artistique, qui pourrait être publiée par n'importe quel mode d'impression ou de reproduction.*

Les termes mêmes de cet article n'appellent aucun commentaire, mais il convient de faire remarquer que dans la convention de Berne, et en raison du caractère dominant de cette convention, notre énumération présente une importance toute particulière, dont on saisira la portée surtout en matière artistique. Nous avons dit la diversité des législations en ce qui concerne les arts, et l'on sait le caractère étroit de la protection accordée par la plupart d'entre elles, notamment en matière d'architecture. Certaines ont, en l'espèce, conservé un silence absolu : les tribunaux ont alors à se demander si ces productions rentrent dans les termes larges des textes législatifs, et le jurisconsulte doit se borner à émettre un vœu : celui de voir les magistrats mettre leur pouvoir discrétionnaire au service du droit, en punissant toute contrefaçon d'une œuvre dont le caractère artistique n'est pas douteux (1). Rentrent dans la catégorie des législations muettes sur ce point : la France (loi de 1793), la Belgique (loi de 1886, art. 1er), l'Espagne (loi de 1879, art. 1er), l'Italie (loi de 1882, art. 1er). Les statuts de l'Angleterre et des Etats-Unis ne mentionnent pas expressément les œuvres d'architecture et voici dans quel sens, d'après le rapport de la commission anglaise de 1875-78, §§ 125-127, doit s'interpréter ce silence : l'œuvre d'architecture peut être librement copiée par chacun, mais on violerait la loi sur les œuvres artistiques si l'on utilisait les travaux graphiques exécutés à l'occasion de la première construction. Cette demi-protection est évidemment insuffisante. Ce système a reçu, en Allemagne, une consécration législative ; la loi artistique de 1876 (art. 3), ne protège pas les architectes. L'œuvre matérielle dépasse de beaucoup en importance la conception intellectuelle, tel est le motif qui a poussé les législateurs de cet Etat à donner cette solution. En Suède, l'art. 1er de la loi sur les œuvres littéraires (10 août 1877), place sous sa sauvegarde les cartons d'architecture. En dehors de cette garantie, les architectes sont, dans ce pays, à la merci des contrefacteurs. La Suisse, plus libérale que les précédentes, voit une violation du droit d'auteur dans « la reproduction ou l'exécution de plans et dessins d'édifices ou parties d'édifices déjà construits, quand ces édifices ont un caractère artistique spécial. » (Loi du 23 avril 1883, art. 11, 8°).

La convention de Berne, en protégeant l'architecture et les œuvres d'art en général, au même titre que les productions littéraires, a réalisé un sérieux progrès. Car, par application d'un principe déjà souvent rappelé, l'effet des lois internes dans les rapports internationaux se trouve supprimé en ce qui concerne leurs dispositions plus restrictives. Toutes les productions intellectuelles figurant dans l'énumération de l'art. 4 devront être protégées contre la contrefaçon internationale, sans qu'il y ait lieu de rechercher si cette

(1) Comp. MORILLAT, *Protection des œuvres d'art* (p. 147). — LYON-CAEN, *Rev. crit.* (1885, p. 414).

protection est ou non accordée par les lois des pays mis en cause. Cette énumération, en effet, constitue un minimum d'unification qui se trouve par là même imposé aux nations signataires du traité, dont la législation ne reconnaîtrait pas le caractère d'œuvre artistique ou littéraire à quelques-uns des produits cités dans notre article.

Comment les conférenciers de Berne ont-ils résolu la délicate question des droits des photographes ?

L'application de notre critérium nous conduit naturellement à réclamer protection pour les œuvres photographiques, car nous considérons la photographie comme une œuvre de reproduction nécessitant un travail intellectuel. Il est des photographies dont le caractère artistique est incontestable. Pourquoi donc l'application de l'intelligence dans ce cas spécial ne produirait-elle pas un droit au profit de celui qui l'a mise en œuvre ? Si nous nous plaçons en présence d'une photographie d'un caractère artistique incontestable, ce n'est pas pour limiter à ce cas la protection que nous réclamons en faveur du photographe. Nous avons ailleurs, dans un désir légitime de simplification et pour échapper à tout arbitraire, décidé qu'il ne doit pas être tenu compte du mérite de l'œuvre. Cette appréciation de valeur est aussi délicate, aussi périlleuse dans notre espèce. Pourquoi, dès lors, changer d'avis et chercher à établir ici des distinctions plus subtiles que fondées ?

Malheureusement, cette solution n'est pas consacrée par un grand nombre de législations et il serait facile de relever dans ces dernières des divergences analogues à celles que nous constatons en matière d'architecture (1).

Dans la doctrine, si notre opinion trouve une minorité respecta-

---

(1) Trois systèmes sont employés à l'égard des photographies : le premier consiste à ne point s'en occuper spécialement et à laisser, par suite, aux tribunaux le soin de trancher le différend : c'est la voie adoptée par le législateur français et le législateur italien. La jurisprudence des deux pays, quoique encore un peu flottante, nous semble incliner aujourd'hui dans le sens de la protection, et nous ne saurions trop l'engager à continuer dans cette voie. Et si d'ailleurs le silence des textes expliquait à l'origine les tergiversations de cette jurisprudence, la convention franco-italienne de 1884, comprenant, dans son art. 1er, les photographies parmi les œuvres nominativement indiquées, n'est-elle pas faite pour ôter toute hésitation en révélant clairement la pensée de l'un et l'autre législateur ? Consultez sur l'histoire des variations

ble par la qualité de ses adhérents (1), elle compte de nombreux contradicteurs.

« La photographie, disait Lamartine (2), n'est pas autre chose que la réverbération d'un verre sur du papier ; c'est un coup de soleil pris sur le fait par un manœuvre ; mais où est la conception de l'homme, où est l'âme, où est l'enthousiasme créateur du beau ? » « L'art est ce que l'homme ajoute à la nature », disait Bacon. « Or, continue Cousin, le photographe représente nécessairement les objets ; il ne fait jamais que reproduire son modèle, et il en reproduit nécessairement les détails les plus vulgaires, les imperfections les plus choquantes ». Il serait facile de répondre à ces affirmations, auxquelles il ne manque, pour être justifiées, qu'une base plus solide et un fondement juridique. A notre opinion,

---

de la jurisprudence française : POUILLET, *op. cit.* (nᵒˢ 100 et s.). — PERROT DES CHAUMEUX, *La Propriété industrielle* (nᵒ 15, 3ᵉ partie, p. 46 et s.). — Pour l'Italie, Venise 28 décembre 1882, *Rassegna di diritto comm.* — Turin, cass., 17 juin 1875, *Monitore dei tribunali* (XVI, 1165).

Un autre procédé consiste à assimiler les photographies aux œuvres d'art en les mettant en principe sur le même pied d'égalité. C'est ce qu'ont fait, quoique sous des conditions et pour une durée différentes, les Etats-Unis (section 4952 des statuts révisés), l'Angleterre (25 et 26 Vict., c. 68, s. 1) et la Suisse (1883, art. 9).

Les autres législations considèrent les œuvres photographiques comme des productions artistiques d'un ordre inférieur et, par suite, ne les défendent que contre les reproductions mécaniques (V. notamment la loi allemande du 10 janvier 1876, art. 1ᵉʳ). Un peintre peut donc librement s'inspirer des productions des photographes, d'autant plus que l'art. 2 de cette même loi dispose expressément qu'il n'y a pas contrefaçon à mettre librement à profit une œuvre photographique pour produire une œuvre nouvelle.

(1) V. tous les ouvrages de M. SAUVEL, avocat à la Cour de cassation, notamment : *Les œuvres photographiques devant les Chambres ; Examen du projet de loi sur la propriété artistique,* etc.; *J. av. crim.* (1882, p. 129 et s.); *Des œuvres photographiques et de la protection légale à laquelle elles ont droit ; La propr. indust.* (du 1ᵉʳ juin 1880, p. 157 et s.). — POUILLET, *op. cit.* (nᵒ 105). — LAMARTINE, *Entretien XXXVIIᵉ* (t. VII, p. 48, 1859). — Henri HARDOUIN, *Gaz. trib.* (26 août 1881). — PATAILLE, *Pat.* (62, 33, etc.).

(2) Ce passage que l'on invoque fait partie du premier entretien sur Léopold Robert et date de 1858 (t. VI, p. 140) ; en se reportant à la note précédente, on verra que Lamartine s'est depuis rétracté et qu'il s'est rallié à l'opinion que nous défendons.

on essaie également d'objecter que si l'intelligence est en jeu lors des préparatifs, elle ne se rencontre plus au moment même où l'œuvre se réalise. Cette considération, en la supposant fondée de tous points, en quoi pourrait-elle influer sur la reconnaissance du droit ? Le peintre souvent a composé son tableau avant de toucher son crayon : viendra-t-on dire que la composition n'a lieu que par le moyen d'exécution ? Mais alors on arrive à des résultats étranges : l'auteur qui dicte ses œuvres n'est plus auteur. Ce serait le scribe que la loi devrait protéger. Non. L'œuvre que le législateur a voulu protéger, c'est la pensée humaine.

Quoi qu'il en soit, cette nuance d'opinions devait se retrouver au sein de la conférence de Berne. La délégation française avait vivement insisté, en 1884, pour que les photographies fussent expressément mentionnées dans l'art. 4, au nombre des œuvres à protéger. Cette proposition se heurta à de vives objections et aux énergiques protestations des délégués allemands. On trouvait qu'il n'était pas possible d'entrer dans cette voie, eu égard à la législation de plusieurs pays qui ne protègent pas du tout ces œuvres ou qui leur refusent, dans la généralité des cas, le caractère d'œuvres artistiques. On s'était borné, en conséquence, à inscrire dans le protocole de clôture une réserve indiquant l'intention des gouvernements de régler ce point par une convention ultérieure.

L'expérience avait montré plus d'une fois combien longtemps se faisaient attendre ces remises au lendemain. Le gouvernement français revint à la charge. La conférence a cherché alors et trouvé une solution plus conforme au désir exprimé. On se mit d'accord pour ne pas mentionner les photographies à l'art. 4, mais pour en faire l'objet d'une déclaration insérée au protocole de clôture et ainsi conçue : nº 1, « *Au sujet de l'art. 4, il est convenu que ceux des pays de l'Union où le caractère d'œuvres artistiques n'est pas refusé aux œuvres photographiques s'engagent à les admettre, à partir de la mise en vigueur de la convention conclue en date de ce jour, au bénéfice de ses dispositions. Ils ne sont d'ailleurs tenus de protéger les auteurs des dites œuvres, sauf les arrangements internationaux existants ou à conclure, que dans la mesure où leur législation permet de le faire.*

« *Il est entendu que la photographie autorisée d'une œuvre d'art protégée jouit, dans tous les pays de l'Union, de la protection légale, au sens de ladite convention, aussi longtemps que dure le droit de reproduction principal de cette œuvre même, et dans les limites des conventions privées entre les ayants-droit.* »

Ce texte fait donc une distinction très nette entre la photographie d'une œuvre d'art protégée et les photographies dites originales. Appliquée à une œuvre d'art protégée, la photographie est, en quelque sorte, assimilée à une véritable traduction : est-elle faite sans autorisation? Elle constitue un délit tombant sous le coup des lois répressives. En effet, admit-on même que la photographie ne mérite aucune protection, il n'en résulte pas qu'elle puisse être impunément un mode de traduction, de contrefaçon des œuvres protégées. Est-elle faite, au contraire, avec autorisation? elle jouit à son tour de la protection organisée par la convention, et aussi longtemps que l'œuvre elle-même, c'est-à-dire tant que cette dernière n'est pas elle-même tombée dans le domaine public.

Tout autre est la condition juridique des photographies dites originales, c'est-à-dire reproduisant soit des paysages, soit des ouvrages d'art tombés dans le domaine public. Ici le droit du photographe n'est point un droit dérivé, un droit secondaire, mais bien un droit direct et personnel. Aussi la protection dont il jouit obéit-elle à des principes tout différents. Cette protection varie dans les divers pays de l'Union, suivant que la photographie y est ou non assimilée à une œuvre artistique. Ainsi se trouve fondée une union restreinte entre les pays qui protègent chez eux les photographies originales, notamment la France, l'Italie, la Suisse et l'Angleterre. Dans ces quatre pays, les œuvres photographiques seront protégées à l'égal de celles contenues dans l'énumération de l'art. 4 et bénéficieront ainsi du traitement national. Elles ne seront pas, au contraire, à l'abri de la contrefaçon dans ceux des Etats contractants qui ne les envisagent pas comme des œuvres d'art.

La reconnaissance de ces unions restreintes dans le sein de l'Union générale, permettra de réaliser de nombreux progrès sans qu'il soit nécessaire de toucher aux bases fondamentales de la convention. C'est, du moins, l'espérance dont se berçaient, en 1886, les rédacteurs de l'accord international, espérance que nous conservons à notre tour, sans nous flatter toutefois que l'avenir ne nous réserve pas une déception sur ce point. Car l'expérience du passé, puisque notre convention compte déjà huit ans d'existence, ne permet guère encore d'entrevoir les progrès attendus. Le triomphe des idées que nous professons semble, sinon en doctrine, du

7

moins dans la pratique internationale, ajourné, pour longtemps encore.

Le Congrès, réuni à Berne en 1889, émettait le désir de voir les photographies originales, publiées dans un des pays de l'Union, protégées dans les autres Etats ; ou du moins il formulait le vœu de voir se constituer une union distincte entre les pays dont la législation protège la photographie à un titre quelconque. L'exemple de ces derniers inviterait les autres à s'engager dans la même voie, à marcher d'un commun accord vers une unification de plus en plus complète, en élargissant le domaine de la protection. Sans discuter l'efficacité du moyen, nous applaudissons au but poursuivi. Quant au résultat, il reste le secret de l'avenir.

CHAPITRE IV

DES ATTEINTES AU DROIT D'AUTEUR OU DE LA CONTREFAÇON

—⁓⊗⁓—

PRINCIPES GÉNÉRAUX

Nous n'abordons pas l'historique de la contrefaçon ; nous y avons fait de lointaines et rapides allusions en parlant de la Belgique, des Pays-Bas, de la Russie et des Etats-Unis. Laissant le passé à l'histoire, nous nous bornons à exposer ici quelques notions générales et fondamentales qui nous permettront d'atteindre plus sûrement le but que nous poursuivons : l'appréciation de la convention de Berne, tant au point de vue subjectif qu'au point de vue objectif, c'est-à-dire suivant que nous rapprochons les solutions admises des véritables principes de la matière, ou que nous tenons compte des difficultés qui s'opposaient à la réalisation d'un idéal plus parfait.

Contre quelles atteintes la protection des lois peut-elle être réclamée ? Nous avons reconnu, à l'auteur comme à l'artiste, un double droit sur son œuvre, un droit pécuniaire et un droit moral ; le premier lui permettant de prétendre seul, au moins pendant la durée de protection accordée par la loi, aux bénéfices résultant de l'exploitation de son œuvre ; le second impliquant pouvoir d'empêcher toute modification, addition ou suppression qui, en dénaturant sa conception, lui ferait porter la responsabilité d'une œuvre qui n'est plus la sienne. Il résulte de là qu'il peut réclamer contre toute atteinte portée à l'un ou l'autre droit, quel que soit d'ailleurs le mode de reproduction, quelle que soit l'étendue de la lésion, sans qu'il y ait lieu non plus de distinguer entre les œuvres littéraires ou artistiques, musicales ou dramatiques ; sans qu'il y ait lieu enfin de se préoccuper s'il s'agit d'une atteinte portée au droit exclusif de publication, de représentation ou d'exécution.

On peut violer de différentes manières le droit d'auteur. On peut notamment faire de l'œuvre une contrefaçon. Qu'est-ce que contrefaire ? M. Nion nous répond que « c'est publier comme sienne ou comme tombée dans le domaine public une œuvre encore soumise à la jouissance exclusive de son auteur ». Une reproduction totale n'est pas nécessaire, une reproduction partielle suffit. Mais, par contre, toute citation ne doit pas être considérée comme répréhensible. On peut faire des citations dans un but de discussion ou de critique. Il y a sans doute, en cette espèce, des abus, mais l'abus qu'on peut faire d'un droit ne peut servir à en combattre la légitimité. Pour qu'une citation soit répréhensible, il faut que l'auteur subisse soit un tort pécuniaire, soit un tort moral.

« La contrefaçon a comme proche parent le plagiat. » Il y a entre les deux une si frappante ressemblance qu'il est parfois difficile de saisir la nuance qui les sépare, qui les distingue l'un de l'autre. La longueur des citations n'implique pas nécessairement la contrefaçon ; le peu d'étendue des emprunts ne prouve pas toujours qu'il n'y ait que plagiat. La ligne de démarcation entre les deux domaines est trop flottante pour que nous puissions déterminer l'étendue de chacun d'eux. L'intérêt de la distinction est pourtant considérable à nos yeux : le plagiat n'a d'autre sanction que l'opinion publique ; c'est là un de ces actes que la morale et la conscience réprouvent, mais que le législateur peut difficilement atteindre ; la contrefaçon, au contraire, tombe sous le coup des lois ; elle a une sanction effective. Dans le doute, c'est aux tribunaux qu'il appartient de qualifier l'acte incriminé.

La matière de la contrefaçon proprement dite, c'est-à-dire de la reproduction textuelle, n'offre, en droit international, qu'un intérêt assez secondaire. C'est rarement sous leur forme originale que les produits intellectuels passent la frontière. Aussi réservons-nous la suite de nos développements à l'étude du droit de traduction. Il a été fait allusion, sous l'art. 4, à la contrefaçon des œuvres d'art, et nous traiterons, dans une section particulière, de la protection accordée aux œuvres dramatiques ou musicales.

Section première. — *DU DROIT DE TRADUCTION*

Bien que l'opinion contraire compte de nombreux et autorisés partisans, nous n'hésitons pas à considérer la traduction comme une véritable contrefaçon.

Pour soutenir qu'il n'y a dans cette opération qu'un fait licite, on a présenté des observations de nature différente, dont la valeur juridique est fort contestable. Un travail considérable, dit-on, est nécessaire pour conserver à une œuvre son originalité quand on la transporte d'un idiome dans un autre. Sans la traduction, l'œuvre resterait confinée dans le petit territoire où elle a vu le jour. Le traducteur rend donc à l'auteur le service de la répandre ; il fait recueillir à ce dernier de nouveaux tributs d'honneur qu'il aurait ignorés sans cette heureuse intervention. Au Congrès de Bruxelles de 1858, un libraire hollandais est allé jusqu'à dénoncer à l'indignation publique « l'ingratitude des auteurs à l'égard des traducteurs bénévoles auxquels ils doivent la satisfaction inattendue de se voir débités en langue étrangère sans avoir eu à s'en occuper d'aucune façon ». (1).

Il serait regrettable qu'une pareille doctrine eût été reçue par la pratique. Elle ne conduirait à rien moins qu'à la négation indirecte mais formelle de toute protection internationale. Protéger l'auteur contre la reproduction non autorisée de son œuvre, sans le garantir en même temps contre les traductions illicites qui en pourraient être faites, aboutirait, en dernière analyse, à lui retirer d'une main ce qu'on prétend lui accorder de l'autre. Avec la liberté des traductions, la protection internationale n'est plus qu'un principe théorique dépourvu de toute efficacité. La traduction n'est-elle pas, en effet, le mode normal de reproduction dans les relations de pays ne parlant pas la même langue ? Il est facile de constater, si répandue que soit la connaissance des langues étrangères, que la plupart des productions littéraires ne franchissent guère qu'en traduction les frontières qui séparent deux idiomes (2).

D'ailleurs, aucune des considérations mises en avant pour légitimer cette forme de spoliation ne peut ébranler nos convictions. On invoque le travail exigé pour une bonne traduction. Nous en convenons, l'observation est exacte. Mais, comme le remarque judicieusement M. Darras (3), tout travail ne mérite pas salaire par lui-même. « Pour forcer la serrure de mon appartement, le voleur

---

(1) Comp. *Journ. des Econom.* (t. LVII, p. 100).

(2) RENAULT, *La propriété litt. et art. au point de vue international. J.D.I.P.* (1878, p. 471).

(3) *Op. cit.* (n° 69, p. 101).

doit se livrer parfois à un travail difficile. Avez-vous jamais entendu dire qu'un voleur ait élevé des prétentions à se faire payer de ses peines ? Pourquoi en serait-il autrement dans notre espèce ? Le droit d'auteur n'est-il pas aussi respectable que le droit de propriété ? »

Mais l'intérêt de sa renommée ne conseille-t-il pas à l'auteur de renoncer à l'exercice exclusif et absolu de son droit ? Nous sommes un peu sceptique à cet égard. D'ailleurs, cette constante préoccupation de l'intérêt de l'auteur est trop souvent mise en relief par nos adversaires, pour ne pas cacher le souci de leur intérêt personnel. Pourquoi ne pas laisser à l'auteur lui-même le soin de veiller à sa propre réputation ? Personne ne saurait être meilleur juge. Si d'ailleurs un bon traducteur est chose si rare, pourquoi ne pas laisser à l'intéressé le soin toujours périlleux de le choisir ! « Une des plus pénibles calamités attachées à la gloire d'un auteur, disait lord Biron, est celle d'être traduit dans une langue étrangère. » Si, en effet, la liberté des traductions permet d'en augmenter le nombre et accroît, par suite, la diffusion de l'œuvre, trop souvent elle aura un résultat opposé : une traduction mal faite est souvent pour un livre une cause de discrédit dans un pays.

La traduction doit donc être considérée comme une des formes principales de la contrefaçon, prohibée au même titre et dans la même mesure que cette dernière, bien qu'on ait voulu soutenir, qu'en raison de la transformation qu'elle fait subir à l'œuvre première, du travail spécial qu'elle exige et de la différence du public auquel elle s'adresse, la traduction ne porte nullement préjudice à l'auteur. Le temps a fait justice d'une théorie trop inspirée des doctrines utilitaires (1).

Mais si l'on s'accorde à peu près à condamner comme illicite toute traduction non autorisée, l'assimilation complète que nous faisons de la traduction à la simple reproduction est loin d'être reçue par toutes les législations. Si nous faisons à la France, à la

____

(1) Cependant la traduction illicite des auteurs étrangers a encore aujourd'hui droit d'asile en Russie. En outre, les nations scandinaves (Suède, Norwège, Finlande et Danemark), ont établi entre elles une sorte de communauté au point de vue du droit de traduction : hors des relations des littératures sœurs, il n'existe aucune protection du droit de traduction. — V. *Bull. ass.* (1re série, no 9, p. 55 et s.). — *Ann. Lég. étr.* (IXe année, p. 660).

Belgique et à l'Espagne une place à part et méritée, il est facile de voir dans quelle mesure étroite la plupart des autres législations limitent cette protection, et avec quelle non moins étroite parcimonie les conventions internationales garantissent à l'auteur son droit exclusif de traduction (1). Les législateurs de ces pays et les négociateurs de ces traités semblent avoir oublié qu'entre nations qui parlent une langue différente la traduction est le mode nor-

(1) Hommage doit être rendu à la France. Ses lois, sur ce point comme sur tant d'autres, sont restées muettes, mais ce silence ne saurait s'interpréter dans un sens défavorable aux auteurs étrangers. L'esprit libéral de nos lois supplée au laconisme de leur texte. Analysant judicieusement les principes que nous posions plus haut, notre jurisprudence, en ce qui concerne le droit exclusif de traduction, a su tirer d'une façon complète les conséquences juridiques de cet axiome, que l'auteur seul a le droit d'exploiter son œuvre et d'en recueillir tous les fruits qu'elle comporte. Toute atteinte portée au droit d'auteur doit être réprimée, et la répression doit durer aussi longtemps que le droit lui-même. Cette théorie a été expressément consacrée par la loi belge de 1886, déclarant dans son art. 12 que « le droit d'auteur sur une œuvre littéraire comprend le droit exclusif d'en faire ou d'en autoriser la traduction ». La loi espagnole de 1879 admet aussi cette assimilation, mais subordonne la protection des étrangers à la condition de réciprocité. La plupart des autres législations et à peu près tous les traités internationaux, quand ils ne la nient pas formellement, apportent d'assez graves restrictions à la prérogative du droit de traduction. On peut ramener à trois les différences principales établies entre la reproduction textuelle et la défense de traduction. D'une part, l'auteur pour s'assurer le droit de traduction doit en faire la réserve expresse ; d'autre part, et cette réserve faite, l'auteur doit exercer son droit dans un délai relativement court qui est de six mois, un an, ou trois ans suivant les pays ; enfin, la traduction faite dans les délais voulus n'est protégée que pendant un temps très limité : cinq ou dix ans suivant les lieux. — V. Etats-Unis, section 4952 des statuts révisés ; Angleterre, *Rapport de la commission anglaise de 1875-78 ;* Allemagne, loi du 11 juin 1870, art. 6 et 50, al. 3; Hongrie (1884, §§ 7-8 et 17-18) ; Autriche (1846, art. 5); Hollande (1881, art. 5 et 6) ; Suisse (1883, art. 1er, al. 4, art. 2, al. 3 et 4). — Des solutions analogues sont ou étaient consacrées par nos conventions avec la Prusse, la Belgique, l'Angleterre, la Suisse, l'Espagne, le Portugal...

L'Italie se contente d'une réserve expresse et de la publication de la traduction dans l'année; ces conditions remplies, la défense de traduire dure aussi longtemps que l'interdiction de reproduction. La Suisse est encore plus protectrice : l'auteur, il est vrai, n'y jouit de droit exclusif que si, dans les cinq ans de l'apparition de l'œuvre, il publie ou fait publier une traduction, mais il est à remarquer qu'aucune réserve n'est à faire, et qu'au regard de la durée on a pleinement assimilé le droit de traduction à celui de reproduction.

mal de reproduction, et qu'une loi ou convention qui n'accorde de protection sérieuse que contre la reproduction textuelle est à peu près illusoire.

Quelle solution pouvait admettre la convention de Berne dans des conditions aussi difficiles et aussi délicates ? D'une part, la nécessité d'un principe dont la proclamation s'impose de la façon la plus absolue dans les rapports internationaux ; d'autre part, l'intérêt prétendu des gouvernements et les traditions les plus invétérées, opposant à cette proclamation une force de résistance à peu près invincible ! Fallait-il sacrifier les principes ; fallait-il, au contraire, blesser, sans ménagement, les susceptibilités de la majorité des Etats ?

Dans cette lutte d'intérêts opposés, dans ce conflit d'opinions divergentes, la question ne pouvait manquer de soulever les plus vives discussions. Lors des débats de l'avant-projet, MM. Pouillet, Lermina et Laurent de Rillé soutinrent brillamment l'assimilation complète du droit de traduction au droit de reproduction. MM. Clunet et Truchmann, tout en adhérant à ce principe en théorie, estimaient qu'il serait rejeté par les Etats et qu'il y avait lieu, dans un intérêt de conciliation, de réduire la durée de la protection à dix ans. L'Association ne consentit aucune transaction et vota l'assimilation pure et simple, pensant qu'elle avait le devoir supérieur d'affirmer le principe, dût-il y être fait échec dans la convention définitive.

Dans toutes les conférences diplomatiques, la France défendit énergiquement les desiderata de l'association ; mais cinq pays seulement admettent le principe de l'assimilation : la France, la Belgique, l'Espagne, la Suisse et l'Italie (ces trois dernières sous les conditions indiquées à la note précédente). Dans les relations internationales, seule l'Espagne avait pris l'initiative de cette reconnaissance libérale dans les conventions passées par elle, en 1880, avec la France, la Belgique, l'Italie et le Portugal.

La France était ainsi conduite à demander aux autres nations de modifier trop brusquement leurs lois particulières. Dans ces conditions l'entente devenait impossible. La proposition de nos délégués se heurtait à un obstacle trop sérieux pour pouvoir aboutir. La Suède déclara ouvertement ne pouvoir accepter en aucun cas. L'Allemagne, apparemment plus conciliante, était au fond moins sincère. Elle se montrait favorable au projet, mais subordonnait son adhésion à une condition qu'elle savait irréalisable : à la condition que tous les autres pays admettraient également le principe de l'assimilation complète. C'était abriter derrière un voile trop transparent des intentions aussi hostiles que celles de la Suède. La Grande-Bretagne, dans la deuxième conférence, se montra plus respectueuse encore des différents systèmes illogiques consacrés par les lois internes, et demandait à ce que la convention consacrât purement et simplement, comme pour le droit de reproduction lui-même, le principe du traitement national, de sorte qu'en notre espèce, les lois internes des pays où protection serait réclamée, conserveraient toute leur force d'application.

En présence de divergences de vue aussi profondes, une transaction s'imposait. Fallait-il rejeter de l'Union les pays moins avancés ? « Ne valait-il pas mieux, comme l'a dit fort heureusement M. Numa Droz, faire progresser les retardataires, sans d'ailleurs faire reculer personne ? » Le mieux est l'ennemi du bien, et à défaut de mieux, c'est à cette solution conciliante que s'est arrêtée la convention. Elle s'est décidée à accepter une proposition de la délégation allemande fixant d'une manière uniforme pour toute l'Union la durée du droit exclusif de traduction. Mais telle est la force de la tradition, que le projet de 1884 n'avait pas réussi à s'affranchir des idées anciennes. Il disposait dans son article 6 que « pour jouir de son droit exclusif de traduction pendant les dix années fixées par la convention, l'auteur devait faire paraître la traduction totale dans les trois années de la publication de l'œuvre originale ». C'est là, il faut l'avouer, placer l'auteur dans une dure alternative : ou il n'aura pas fait paraître la traduction dans le délai fixé et sera alors exposé sans défense à voir son œuvre en butte aux entreprises maladroites d'un traducteur inhabile ; ou bien il aura obéi à cette exigence injustifiable, et alors il aura peut-être, dans sa précipitation forcée, enlevé à son travail une grande partie de ce parfum original qu'il est bien difficile de conserver dans les transvasements d'une langue dans une autre. M. Numa Droz n'a pas eu de peine à faire sentir les inconvénients d'une obligation qui rend presque illusoire, dans la pratique, l'exercice du droit exclusif de traduction. « Pour que le besoin d'une traduction se fasse sentir ; pour que le renom d'une œuvre pénètre dans un pays de langue différente, il faut un temps assez considérable ; il faut encore du temps pour trouver un traducteur qualifié, effectuer la traduction et la publier, alors surtout qu'il s'agit d'un ouvrage sérieux dont la réputation ne se fait que lentement. » Pour peu que l'imprimeur ou l'éditeur y mette de la mauvaise volonté, le délai sera passé et l'auteur déchu de son droit.

Faut-il emprunter à l'histoire un exemple des inconvénients graves résultant pour l'auteur de l'obligation qu'on veut lui imposer de traduire dans un délai aussi court ? Le fait est récent ; il se passait en 1887, mais à une époque (juin) où notre convention, déjà signée, n'était pas encore entrée en vigueur. Nous cédons la parole à M. Theuriet, victime de l'aventure : « Je reçus en communication, au mois de juin 1887, les premiers chapitres d'un roman intitulé *Namenlos,* donné en prime à ses lecteurs par la *Deutsche Zeitung,* de Munich. Ce roman contenait au début la formule sacramentelle : « Tout droit réservé, reproduction interdite. » Il était précédé de l'avant-propos suivant, imprimé en belles pages : « *Sans* « *Nom,* roman à sensations, par ***. Sous ce titre mystérieux, nous « offrons à nos lecteurs une œuvre que nous désignons comme « une œuvre à sensations, bien qu'elle ne soit pas recommandée « par un nom retentissant et que l'auteur ne soit désigné que par « trois simples points. Nous pouvons donner l'assurance que non « seulement *Sans Nom* est la production d'un écrivain fort doué, « mais que par sa structure, le développement de l'action et les « caractères, *Sans Nom* déroule à nos yeux un tableau tracé de « main de maître, captivant et saisissant à la fois par sa vérité toute « vivante. » Or, savez-vous ce que c'est que ce roman que la *Deutsche Zeitung* donne comme l'œuvre d'un auteur allemand qui désire conserver l'anonyme ? C'est tout bonnement *Tante Aurélie* que j'ai publiée il y a trois ans. Le titre seul est changé ; le traducteur ne s'est même pas donné la peine de substituer des noms germaniques à ceux de l'original. »

Les auteurs allemands et français sont respectivement protégés par la convention de Berlin du 19 avril 1883, beaucoup moins favorable que la convention de Berne. Déjà, M. Theuriet n'était plus en état de se prévaloir du droit positif et se trouvait réduit, — consolation bien platonique, — à invoquer les sentiments de délicatesse professionnelle et de probité littéraire qui devraient régler les rapports des auteurs. Le traité de 1883 consacre bien, en effet, un droit exclusif de traduction pendant dix ans ; mais, retenant la règle des anciennes conventions littéraires, il oblige l'auteur qui

veut sauvegarder son droit exclusif à donner une traduction de l'œuvre originale dans les trois ans de la publication. Ces trois ans
étant écoulés lorsque la *Deutsche Zeitung* commença la traduction
de *Sans Nom,* cette traduction faite sans autorisation ne put pas
être considérée comme illicite.

Il est facile maintenant de comprendre où les délégués allemands
avaient puisé l'idée de cette condition exorbitante mise à la conservation du droit exclusif de traduction pendant dix ans au sein
de l'Union. Tenant compte des justes critiques formulées par la
voix autorisée de M. Numa Droz, la conférence s'est montrée unanime à supprimer le délai de trois ans et s'est définitivement arrêtée à une rédaction ainsi conçue de l'art. 5 :

« *Les auteurs ressortissant à l'un des pays de l'Union ou leurs*
« *ayants-cause jouissent, dans les autres pays, du droit exclusif de*
« *faire ou d'autoriser la traduction de leurs ouvrages jusqu'à l'ex-*
« *piration de dix années à partir de la publication de l'œuvre*
« *originale dans un pays de l'Union.*

« *Pour les ouvrages publiés par livraison, le délai de dix années*
« *ne compte qu'à dater de la publication de la dernière livraison*
« *de l'œuvre originale.*

« *Pour les œuvres composées de plusieurs volumes, publiés par*
« *intervalles, ainsi que pour les bulletins ou cahiers publiés par*
« *des sociétés littéraires ou savantes ou par des particuliers, cha-*
« *que volume, bulletin ou cahier est, en ce qui concerne le délai de*
« *dix années, considéré comme ouvrage séparé.*

« *Dans les cas prévus au présent article, est admis comme date*
« *de publication, pour le calcul des délais de protection, le 31 dé-*
« *cembre de l'année dans laquelle l'ouvrage a été publié.* »

Cette rédaction définitive n'a pas été admise sans difficultés : les
uns considéraient cette disposition comme trop généreuse ; les
autres, comme conçue dans un esprit trop étroit.

Si satisfaisante que soit cette solution, quand on tient compte
des circonstances dans lesquelles elle a été obtenue et, pour ainsi
dire, arrachée aux représentants des différents gouvernements, il
faut reconnaître qu'au point de vue théorique c'est là un hommage
rendu à l'illogisme, une injuste concession faite aux doctrines utilitaires. Nous sommes bien loin de l'avant-projet élaboré en 1883
par l'association littéraire et artistique, dont l'art. 5 portait : « Les

auteurs... jouiront... du droit exclusif de traduction pendant toute la durée de leur droit sur leurs œuvres originales. » Est-il admissible, en effet, que l'auteur ne soit pas également protégé contre la traduction et contre la reproduction textuelle, la première n'étant qu'une variété de la seconde. Le droit exclusif de traduire n'est qu'une fraction du droit général d'auteur. Or, la partie a la même nature que le tout ; elle n'en diffère que par l'étendue. Est-il logique, dès lors, que l'une s'éteigne pendant que l'autre subsiste ?

Ne nous en étonnons pas ; l'égoïsme des parties en cause, trop préoccupées de leur intérêt personnel, forcera plus d'une fois encore à faire échec aux véritables principes. D'ailleurs, il le faut bien reconnaître, les nécessités pratiques s'accommodent parfois mal des exigences d'une inflexible théorie. L'idéal serait certainement l'assimilation complète du droit de traduction au droit de reproduction. Mais les progrès sont l'œuvre lente du temps, et souvent, à vouloir trop on gagne trop peu.

La solution de l'art. 5, avec son imperfection théorique, nous paraît une incontestable conquête du présent sur le passé, un acheminement vers cet idéal que nous désignions comme le but à atteindre. La simplification qui résulte de cette décision est frappante, surtout quand on jette un coup d'œil rétrospectif sur la bigarrure des législations en matière de traduction. La plupart, nous l'avons dit ailleurs dans une note, ne protègent l'auteur que pendant un temps variable, sans jamais dépasser celui que fixe la convention de Berne, et que sous une double condition : réserve expresse et mise au jour de la traduction dans un délai très court et variant suivant les pays de six mois à trois ans. Grâce à la convention de Berne, l'auteur, pourvu qu'il ait, conformément à l'art. 2, rempli les formalités exigées par la législation du pays d'origine de l'œuvre, sera absolument à l'abri, mais pendant dix ans seulement, et il aura ainsi tout le loisir nécessaire pour faire ou autoriser les traductions que le succès de son œuvre peut rendre nécessaires.

D'autre part, les intéressés n'auront plus à se livrer à de longues et difficiles recherches pour savoir si le droit de traduction est ou non tombé dans le domaine public. Il leur suffira de s'enquérir de la date de la première publication de l'œuvre originale et de calculer s'il s'est écoulé dix ans depuis. Ce calcul leur est encore facilité par la solution que consacre le dernier paragraphe de notre article. Quel que soit le moment de l'année civile où la publication de l'œuvre a été effectuée, elle est réputée n'avoir eu lieu que le 31 décembre. N'est-ce pas là encore un pas de plus dans le sens de la simplification ? En outre, grâce à cette fiction, le délai de protection comprend ainsi, outre les dix années fixées par la convention, la période écoulée entre la date de la publication et le 31 décembre de la même année.

Pour le cas où l'œuvre paraît par fractions, les paragraphes 2 et 3 de notre article renferment des dispositions utiles à noter. Au regard des publications par livraison, on a cru bon de ne faire courir le délai de dix ans que de l'apparition du dernier fascicule. Jusque-là l'œuvre est incomplète, et l'on a pensé avec raison qu'il ne fallait pas que certaines parties d'un tout tombassent dans le domaine public, tandis que les autres seraient encore l'objet d'un droit de jouissance exclusive au profit de l'auteur. Nous ne pouvons qu'approuver pleinement cette décision qui aura souvent pour effet d'étendre, dans une notable proportion, la durée du droit de traduction.

Pour les divers volumes d'un même ouvrage, les bulletins ou cahiers, ayant chacun une existence propre, les mêmes motifs ne militaient plus aussi fortement en faveur du maintien de cette solution. Aussi, au point de vue du calcul des dix années, le § 3 les considère-t-il comme ouvrages séparés.

Nous ne voulons pas critiquer une distinction qui trouve son explication dans la nature différente des ouvrages protégés. Mais il nous est permis, ne serait-ce qu'en vue des améliorations que nous serions heureux de voir s'introduire dans notre convention, de marquer notre préférence pour la réglementation uniforme de la protection dans les deux hypothèses. Cette solution n'eût eu rien de contraire à la logique, et la logique aurait eu pour elle la simplicité. Car en fait, il sera souvent difficile de distinguer les deux genres de productions dont s'occupent les §§ 2 et 3. Il y aura parfois entre les unes et les autres une nuance délicate, mal commode à saisir. La difficulté d'ailleurs n'avait pas échappé aux rédacteurs. Le rapport présenté à la conférence dit à ce sujet que la Commission est tombée d'accord « pour admettre que le terme *livraison* désigne une partie d'un ouvrage paraissant par fascicules successifs, qui ne forme pas en elle-même une publication séparée, mais si indissolublement liée au reste de l'ouvrage, soit par la pagination, soit par son ensemble typographique, que le défaut d'une seule livraison rendrait l'ensemble de l'ouvrage incomplet et défectueux. Il est d'ailleurs entendu que les difficultés qui pourraient résulter de l'application des lois, dont la terminologie n'a pas pu suivre encore tous les progrès de la librairie, seraient appréciées par les tribunaux de chaque pays, qui auraient à tenir compte de toutes les circonstances de la cause ». De cette explication on a conclu que le terme *livraison* doit être pris dans un sens très restreint, et qu'en cas de doute sur la nature juridique d'un fascicule, c'est plutôt la règle du troisième paragraphe qui doit être appliquée pour le calcul du délai de protection. Cette argumentation est l'œuvre d'une parfaite logique. Nous n'hésitons pas néanmoins à la rejeter ; nous avons plus haut marqué nos préférences pour une règle unique dans les deux hypothèses, et nécessairement pour la règle la plus libérale, celle que pose le § 2. Les tendances actuelles nous paraissent aller vers une protection de plus en plus complète des droits d'auteurs, et nous faisons des vœux pour que, dans l'espèce, les juges mettent leur arbitraire au service de la protection la plus large.

Personne ne leur fera un crime d'avoir, dans le doute, sacrifié la stricte, mais étroite interprétation d'un texte aux principes plus élevés de justice et d'équité.

Deux autres difficultés se rattachent à l'étendue d'application de notre disposition. La première ne comporte pas la discussion ; il suffit de la signaler pour avoir dit aussitôt dans quel sens elle doit être tranchée. L'art. 5 ne mentionne expressément que les *auteurs et les ayants-cause. Les éditeurs* doivent-ils être admis au bénéfice de ses dispositions ? Ce droit compète certainement aux éditeurs d'œuvres publiées dans l'Union par les auteurs étrangers. Le caractère de généralité de l'art. 3 ne saurait laisser l'ombre d'un doute à ce sujet. « Les *stipulations de la présente convention* s'appliquent également aux éditeurs d'œuvres littéraires ou artistiques... »

La seconde difficulté est plus délicate. Voici comment la formule et la résout M. Darras (1) : « Il semble, à première vue tout au moins, que l'unification réalisée par l'art. 5 ne concerne que les œuvres mises au jour sous forme de livres, livraisons ou brochures ; par suite il paraît que si l'œuvre est restée sous forme de manus-

---

(1) *J. D. I. P.* (1892, p. 818). *De l'état actuel du droit des Auteurs étrangers en France et des Auteurs français à l'étranger.*

crit, la durée du droit de traduction continue à subir, dans toute l'étendue de l'Union les fluctuations des lois internes. (L'observation présentée, ajoute l'auteur dans une note, est particulièrement intéressante à l'égard des œuvres dramatiques et dramatico-musicales, qui bien que représentées ou exécutées, ne sont pas reproduites par la voie de l'impression). La conférence de 1893 devra donc en tant que de besoin, apporter à l'art. 5 les modifications nécessaires pour que ses dispositions s'appliquent aux œuvres manuscrites comme aux œuvre imprimées : à supposer que la différence signalée existe, elle n'est cernement due qu'à un hasard de rédaction et elle doit disparaître lors de la prochaine révision. »

Les nombreux travaux qu'il a déjà publiés sur le droit d'auteur, donnent à M. Darras une compétence et une autorité contre lesquelles nous n'avons pas la prétention de nous élever ici. Nous voulons seulement soumettre à la critique une interprétation différente du silence gardé par l'art. 5 en ce qui concerne les œuvres manuscrites ou inédites.

Suivant nous, il faut à ces dernières, conformément à l'art. 2, appliquer purement et simplement la règle du traitement national, aussi bien en ce qui concerne le droit exclusif de traduction que par le droit de représentation en général. La durée de protection ne pourra donc en aucun cas excéder celle admise par la législation du pays auquel appartient l'auteur. Mais cette durée n'est pas celle du droit spécial de traduction; c'est celle du droit de reproduction en général. Cette différence de solution n'a rien qui doive étonner. Qu'est-ce en effet que la traduction d'une œuvre inédite, sinon une première publication de cette œuvre, mais une publication illicite, qui se confond avec une reproduction au sens littéral du mot, car l'œuvre non encore publiée n'appartient en réalité à aucune langue. Dans l'hypothèse, traduction et reproduction proprement dite nous semblent assez voisines pour obéir à des règles absolument identiques.

D'ailleurs les solutions admises par les lois internes en ce qui concerne le droit de traduction nous semblent d'application impossible dans l'espèce. La plupart des législations considèrent comme licites les traductions non autorisées, quand l'auteur n'a pas lui-même fait paraître une traduction de son œuvre dans un délai déterminé *à compter de la première publication de l'œuvre originale*. Or dans le cas que nous examinons, quand ce délai serait-il expiré, puisqu'il n'a pas de point de départ? L'œuvre inédite n'est pas une œuvre publiée et pourtant une première publication est nécessaire pour que puisse courir délai de forclusion qui mettra l'auteur dans l'impuissance de faire valoir ses droits.

« L'observation présentée par M. Darras est, à ses yeux, particulièrement intéressante à l'égard des œuvres dramatiques et dramatico-musicales, qui, bien représentées ou exécutées, ne sont pas reproduites par la voie de l'impression. » Nous ne concevons pas les mêmes craintes. De deux choses l'une, en effet : ou cette représentation ne peut pas être considérée comme une première publication de l'œuvre et alors nous retombons dans l'espèce que nous venons de discuter, la condition nécessaire pour que le délai de forclusion puisse courir fait défaut; ou cette représentation doit être considérée comme une première publication de l'œuvre, mais alors nous sommes pleinement dans les termes de l'art. 5, § 1er : « L'auteur jouira du droit exclusif de traduction jusqu'à l'expiration de dix années à partir de la publication de l'œuvre originale dans un des pays de l'Union. »

Nous avons déjà fait connaître le caractère des dispositions que nous venons d'analyser. Elles constituent un minimum d'unification que chacun des Etats contractants est obligé d'appliquer aux ressortissants de l'Union, quelles que soient sur ce point les décisions de sa législation interne : tout auteur unioniste peut, *au moins pendant dix ans*, s'opposer à toute traduction de son œuvre, qu'il n'aurait pas autorisée (1).

Grâce à l'établissement de ce minimum, disparaîtra, dans un avenir prochain, l'intérêt qui jusque dans ces dernières années s'attachait à la recherche des solutions données à la difficulté présente par les accords particuliers entre Etats.

Le progrès réalisé n'est donc pas douteux. Ce n'est pas à dire néanmoins que l'avenir n'ait pas d'autres améliorations désirables à apporter aux dispositions du traité de Berne relatives au droit de traduction. Deux projets de modification du texte de l'art. 5 ont été récemment mis au jour : on a proposé d'assimiler, quant à la durée, le droit de traduction à celui de reproduction dans les cas où l'auteur aurait fait paraître une traduction de son œuvre dans les dix ans de la publication primitive. On a d'autre part émis l'avis que

(1) V. D'ORELLI, *Droit d'Auteur* (1889, p. 3).

le délai de dix ans actuellement existant devait être porté à vingt ans (1). Il ne nous appartient pas d'apprécier dans cette étude le mérite respectif des changements réclamés. Laissant à la sagesse des membres de la prochaine conférence de révision le soin de décider auquel des deux doivent aller les préférences, nous nous bornons à renouveler le vœu que nous formulions plus haut de voir s'opérer dans le plus bref délai l'assimilation complète du droit de traduction au droit de reproduction.

PROTECTION DES TRADUCTIONS LICITES. — La protection dont nous avons parlé jusqu'ici, accordée à l'auteur contre la traduction illicite de son œuvre, et celle accordée au traducteur autorisé contre la production illicite de sa traduction, sont deux choses essentiellement distinctes et qu'il importe de ne pas confondre. Dans le premier cas il y a traduction; dans le deuxième, il y a reproduction d'une traduction; l'art. 5 de notre convention visait le premier; l'art. 6 prévoit le second.

ART. 6. — « *Les traductions licites sont protégées comme des* « *ouvrages originaux. Elles jouissent en conséquence de la protec-* « *tion stipulée aux art. 2 et 3 en ce qui concerne leur reproduc-* « *tion non autorisée dans les pays de l'Union.*

« *Il est entendu que s'il s'agit d'une œuvre pour laquelle le droit* « *de reproduction est tombé dans le domaine public, le traducteur* « *ne peut pas s'opposer à ce que la même œuvre soit traduite par* « *d'autres écrivains.* »

L'idée dominante, que la logique d'ailleurs eût suffi à dégager des principes généraux de la matière en l'absence de toute disposition formelle, est donc que les traductions licites sont protégées contre leur reproduction non autorisée comme des ouvrages originaux. C'est là une disposition que l'on retrouve dans presque toutes les conventions entre Etats. Le traducteur dans un cas (art. 2), l'éditeur de la traduction dans l'autre (art. 3), se trouvent ainsi au bénéfice des stipulations de la convention, absolument comme s'ils étaient, l'un auteur, le second éditeur d'une œuvre originale, à la seule condition que la traduction soit licite.

(1) POUILLET, *Bull. Ass. litt. et artist. intern.* (2ᵉ série, nᵒ 15), *appendice* (p. 2, 2ᵉ série, nᵒ 18, p. 5). — DARRAS, *Rapport sur la deuxième conférence réunie à Berne* (p. 5).

Quand cette traduction sera-t-elle licite ? Dans deux cas : 1° lorsque le droit exclusif de traduction existant encore au profit de l'auteur ou de son ayant-cause, le traducteur a été autorisé par ce dernier; 2° lorsque le droit de traduction est tombé dans le domaine public, qu'il s'agisse d'ailleurs ou non d'une œuvre encore protégée contre la réimpression pure et simple. Notre article prend soin d'ajouter, relativement à cette dernière hypothèse, que le droit accordé au traducteur ne le protège que contre la reproduction pure et simple de sa traduction, mais non point contre la traduction de l'œuvre originale faite par un autre écrivain. La chose allait de soi. Il est bien évident que le traducteur d'une œuvre tombée dans le domaine public ne peut pas empêcher son voisin d'en donner une nouvelle traduction. Le fait par lui d'avoir donné la première version ne peut pas monopoliser à son profit le droit de traduction en général.

En d'autres termes, le droit qu'organise l'art. 6, § 2, n'est pas un droit exclusif de traduction au profit du premier traducteur, mais seulement un droit exclusif de reproduction de sa traduction à chaque traducteur.

Du reste, ici comme ailleurs, il faut réserver les droits plus étendus que les législations intérieures ou les conventions particulières peuvent accorder au traducteur autorisé.

Section ii. — *DES EMPRUNTS LICITES*

Nous embrassons sous ce titre les dispositions des art. 7 et 8 visant : le premier, la reproduction licite d'articles de journaux ou de recueils périodiques ; le second, les citations, emprunts, extraits faits dans un but de critique ou d'enseignement.

Articles de journaux. — Le domaine des productions littéraires est très vaste et nous y pouvons faire rentrer sans témérité les articles de journaux, comme donnant naissance, en principe, à des droits au profit de leurs auteurs. On tolère néanmoins les citations que la réciprocité autorise et que l'inévitable précipitation de la rédaction excuse.

Ces emprunts sont-ils légitimes ? Il faut distinguer, croyons-nous, entre les articles de faits divers, de discussion politique d'une part, et les romans-feuilletons, les articles de science, de littérature..... d'autre part. Les faits divers portent sur des évènements publics appartenant à tous. Le journal qui le premier les a portés à la connaissance des lecteurs ne peut pas prétendre les confisquer à son profit. Nous ne contestons pas l'étendue des sacrifices que les journaux consciencieux s'imposent pour mettre leurs lecteurs au courant des nouvelles du jour : un journal américain paya jadis quarante mille francs pour obtenir, le premier dans son pays, un discours de l'empereur Guillaume. Mais une loi sur les droits intellectuels a-t-elle pour objet de sauvegarder les intérêts mercantiles d'un journal bien renseigné? Ne poursuit-elle pas un but plus élevé, le respect de la personnalité humaine? Si les faits relatés ou le discours rapporté (celui-ci en raison de son caractère politique), appartiennent au domaine public, à quel titre celui qui le premier se les est appropriés prétendrait-il à un droit exclusif de reproduction? Il a eu le mérite de la diligence et non celui de la création, puisque la forme dans la relation des faits divers, qui pourrait seule imprimer le caractère de la personnalité, est ici secondaire. Il n'est donc ni auteur, ni ayant-cause. Nous comprendrions d'ailleurs l'obligation, pour l'emprunteur, d'indiquer la source où il puise, de manière à ne pas lui permettre d'usurper une réputation qui n'est pas la sienne. Ainsi serait sauvegardée la légitime prétention des éditeurs de journaux de se recommander à une nombreuse clientèle par la célérité qu'ils apportent dans la communication des faits qui intéressent le public.

La même solution, sous les mêmes réserves, nous paraît applicable aux articles de discussion politique, à moins que par leur importance et les développements qui leur sont donnés, ils ne revêtent le caractère d'un véritable travail intellectuel. On a quelquefois soulevé, à l'égard des recueils, une difficulté de même ordre : une question analogue implique une réponse identique.

Le projet de l'Association littéraire de 1883, non plus que celui du Conseil fédéral suisse, ne renfermait aucune disposition spéciale relative à la reproduction licite d'articles extraits de journaux ou de recueils périodiques. Mais on ne tarda pas à s'apercevoir qu'il y aurait de graves inconvénients à abandonner toute cette matière au traitement national. Par sa diffusion considérable, par son renouvellement incessant, la presse mérite que le législateur lui fasse

une situation spéciale et lui applique un traitement juridique appro-
prié à ses besoins particuliers.

Le système admis en 1884 était éminemment favorable aux droits
des journalistes : sans qu'aucune réserve dût être nécessaire, il
était défendu de reproduire les romans-feuilletons et les articles de
science ou d'art ; pour les autres articles de quelque étendue, une
réserve était nécessaire, mais suffisante pour garantir leurs droits,
exception faite toutefois pour les articles de discussion politique
qu'il devait toujours être permis de copier. Cette réglementation
pouvait être considérée comme théoriquement suffisante ; malheureusement, en 1885 elle a été gravement modifiée ; les délégués de
l'Angleterre avaient proposé la suppression de l'article voté en 1884,
qu'ils considéraient comme contraire à la législation interne de
leur pays ; ceux de la Belgique se rallièrent à cette idée. Mais sur
la proposition de M. Bœtzmann, délégué de la Norwège, et après
quelques modifications à l'amendement qu'il déposa, la conférence
a adopté un autre système, duquel il résulte que si les auteurs ou
éditeurs n'ont pas expressément interdit la reproduction, celle-ci
est licite.

ART. 7. — « *Les articles de journaux ou de recueils périodiques,*
« *publiés dans un des pays de l'Union, peuvent être reproduits en*
« *original ou en traduction dans les autres pays de l'Union, à*
« *moins que les auteurs ou éditeurs ne l'aient expressément interdit.*
« *Pour les recueils il peut suffire que l'interdiction soit faite d'une*
« *manière générale en tête de chaque numéro du recueil.*

« *En aucun cas cette interdiction ne peut s'appliquer aux arti-*
« *cles de discussion politique ou à la reproduction des nouvelles*
« *du jour ou des faits divers.* »

Dans une matière aussi délicate, il était difficile de concilier dans
une juste mesure la rigueur des principes et les exigences du
journalisme. Quels emprunts convenait-il de considérer comme
licites ? Quels sont ceux contre lesquels il convenait de protéger
les auteurs ? Si la matière comportait l'admission d'un principe
général, la règle aurait dû être la défense ; et l'exception, l'autorisation de reproduction. L'art. 7 pose, au contraire, le principe de
la liberté des reproductions, mais cette liberté revêt un caractère
différent suivant la nature des écrits auxquels elle s'applique. Dans
une hypothèse (art. 7, § 2), elle constitue un droit absolu pour le

reproducteur; dans l'autre (art. 7, § 1er), elle n'est admise que par interprétation de la volonté présumée de l'intéressé et cesse par suite devant la manifestation d'une volonté contraire de sa part. Dans quelle forme cette volonté contraire devra-t-elle se manifester? S'agit-il d'articles de journaux, l'interdiction de reproduction doit être faite pour chacun d'eux. S'agit-il de recueils périodiques il suffit que l'interdiction soit faite d'une manière générale en tête de chaque numéro du recueil.

En résumé, les nouvelles du jour, les faits divers, les articles de discussion politique, sont abandonnés à la libre reproduction, soit en original, soit en traduction. Cette solution ne soulève aucune critique. Qu'on ne nous objecte pas qu'octroyer une liberté de reproduction dans une aussi large mesure, c'est la faire dégénérer en licence : sans forme comme sans idées, l'article du reporter ne nous paraît pas constituer une œuvre littéraire.

Mais si tel est bien le motif des dérogations apportées au principe de la protection, ce même motif devait servir à limiter l'étendue des dérogations, à en restreindre la portée. C'est par application de cette idée que la conférence a été amenée à préciser sa pensée sur le sens des mots « articles de discussion politique ». Elle a pris soin de mentionner au procès-verbal que cette expression ne s'applique qu'aux écrits concernant la politique du jour et non aux essais ou études ayant trait à des questions de politique ou d'économie sociale. Ces dernières appartiennent à l'histoire ou à la science bien plus qu'à la polémique journalière. Elles revêtent au plus haut degré les caractères d'une œuvre intellectuelle, et ont, à ce titre, droit à la protection dont jouissent toutes les productions littéraires.

Ce principe est d'ailleurs conforme aux règles posées par la plupart des législations internes et des traités particuliers : Allemagne, loi de 1870, art. 7; Belgique, loi de 1886, art. 14; Espagne, loi de 1879, art. 31; Italie, décret de 1882, art. 4, al. 3°; convention franco-italienne, art. 5; franco-allemande, art. 5; franco-suisse (aujourd'hui dénoncée), art. 9.

Un autre point a retenu l'attention des rédacteurs de la convention. Plusieurs législations, notamment celle de la Grande-Bretagne, de l'Espagne, de la Belgique, exigent que les emprunts faits aux journaux soient accompagnés de l'indication de la source. Nous nous sommes déjà prononcé sur l'opportunité de cette exigence qui tend à rendre à César ce qui appartient à César, en maintenant à chaque journal la réputation d'information rapide qu'il cherche légitimement à acquérir, souvent au prix de sérieux sacrifices. Une semblable proposition avait été déposée en 1885; elle fut rejetée malgré son équité, comme étant d'une observation difficile dans les conditions courantes du journalisme.

Chaque pays reste libre de prescrire ce qui lui convient à cet égard. Mais pour qu'une réclamation, le cas échéant, puisse aboutir, il est nécessaire que les lois respectives des deux parties en cause soumettent toutes les deux la liberté de l'emprunt à l'indication de la source. Car il est couramment admis par la pratique internationale qu'on ne peut se prévaloir dans un autre Etat d'un droit que l'on a pas chez soi, et que l'on ne peut pas davantage se pourvoir contre la violation d'un droit sanctionné par sa loi nationale, mais que ne reconnaît pas l'Etat étranger auquel on réclame protection. Ainsi le *Times* ne pourrait poursuivre le *Journal de Genève* qui aurait reproduit un de ses articles sans le citer, la loi suisse n'imposant pas l'obligation d'indiquer la source de la citation. Il le pourrait, au contraire, si le journal trop discret s'appelait l'*Indépendance Belge* ou *La Epoca*, car les législations belge et espagnole s'accordent sur ce point avec celle de l'Angleterre pour n'autoriser la reproduction des articles qu'avec indication de la source.

ROMANS-FEUILLETONS. — Que penser des « *Romans-Feuilletons* » et des articles de littérature, de science ou d'art, dont parlait spécialement le projet de 1884 et que le texte définitif ne mentionne plus? Ces derniers rentrent dans la généralité des termes de l'art. 7, § 1er : « Les articles de journaux ou de recueils périodiques publiés dans l'un des pays de l'Union... », et par suite, la reproduction en peut être interdite par une mention expresse, nécessaire mais suffisante.

Quant aux romans-feuilletons, nous ne croyons pas pouvoir les assimiler à des articles de journaux. A la suite de la dénonciation de la convention littéraire franco-suisse, et de l'échec des négociations poursuivies en 1892 entre les deux pays, la question a été agitée en Suisse et ailleurs. Plusieurs journaux l'ont même discutée assez vivement, pour que nous croyions utile de rechercher avec attention la solution du problème et de nous prononcer entre ceux qui cherchent à soumettre les romans-feuilletons aux règles protectrices des œuvres littéraires en général, et ceux qui essaient de les

assimiler aux articles de journaux afin d'en autoriser la libre traduction ou reproduction, en l'absence d'une réserve expresse conser-
vatrice du droit exclusif de l'auteur.

M. Darras, dans un but d'ailleurs que nous approuvons (1), a
tenté cette assimilation et induit le caractère des romans-feuilletons
de la place qu'ils occupent, dans les colonnes d'un journal. « Par
cela seul qu'ils paraissent dans les journaux, ne peut-on, ne doit-
on pas dire qu'ils sont des articles de journaux? » Tel n'est pas
notre sentiment; nous ne voyons dans le roman-feuilleton qu'une
œuvre littéraire publiée sous une forme spéciale. Qu'est-ce, en effet,
qu'un article de journal, sinon une courte et rapide étude destinée
à vieillir en quelques heures avec le fait accidentel qui l'a suggérée,
portant sur un sujet d'actualité immédiate et plus spécialement sur
un sujet politique, d'administration ou de critique. Cette définition
peut-elle convenir aux romans-feuilletons? Tout indique qu'il n'en
est rien. Le roman-feuilleton est en définitive une œuvre littéraire
de longue haleine; n'ayant le plus souvent aucune relation directe
et voulue avec les faits du jour. On peut dire que le journal qui
publie de la sorte un roman sort de son rôle. En principe il est un
simple informateur au jour le jour, offrant au public un recueil
abrégé des faits de la vie courante. S'il s'avance au delà de cette
limite, c'est à un titre tout différent : pour attirer les acheteurs,
pour offrir un attrait à la curiosité, à la passion, aux goûts littéraires de ses abonnés, il se fait éditeur d'œuvres intellectuelles.
Mais il n'en est pas moins certain que le roman-feuilleton subsiste
comme œuvre distincte, gardant nettement son caractère propre,
bien différent de celui qui appartient aux éléments naturels du journal, aux articles. Car la nature et le caractère d'une œuvre sont
indépendants de la forme sous laquelle cette œuvre est offerte au
public.

C'est en se plaçant à ce point de vue que le gouvernement français, lors de la conférence de 1886 proposa une adjonction tendant
à dire qu'en ce qui concerne leur reproduction, soit en original,

---

(1) *Du Droit des Auteurs et des Artistes*, n° 515, *in fine* (p. 648) : suivant M.
DARRAS, les romanciers auraient intérêt, pour se soustraire à l'obligation du
dépôt difficile à remplir quand il s'agit d'un roman-feuilleton, à voir considérer comme articles de journaux les œuvres qu'ils publient sous cette forme,
la mention d'une réserve expresse suffisant alors à garantir leurs droits.

soit en traduction, les romans-feuilletons seraient régis non par l'art. 7, mais par les articles 2, 5, 10 et 11 de la convention. Bien que cette proposition, appuyée par la Suisse et regardée comme simplement explicative par la Grande-Bretagne et l'Italie, ait été retirée ensuite par M. Arago, notre ministre plénipotentiaire à Berne, la conférence n'a pas entendu pour cela créer une assimilation absolue, au point de vue de la protection, entre les romans-feuilletons et les articles de journaux. Ce retrait opéré par M. Arago s'explique par ce fait qu'en 1885 le Congrès de Berne avait décidé qu'à la prochaine réunion aucun changement ne pourrait être apporté à son œuvre. M. Louis Renault crut d'ailleurs devoir préciser en ces termes le sens de l'incident : « Nous sommes heureux de constater que le Conseil fédéral, bien placé à tous les points de vue pour connaître le texte et l'esprit des dispositions arrêtées l'année dernière, a recommandé l'adoption de notre projet de déclaration en le communiquant aux gouvernements contractants. » Ces paroles ne rencontrèrent aucune objection (1). L'obligation imposée par l'art. 7, § 1er, d'une défense expresse pour garantir le droit exclusif de reproduction de l'auteur est une évidente dérogation au droit commun. Le principe d'interprétation restrictive s'oppose à l'assimilation que l'on veut établir et nous conduit par suite à conclure que toute traduction ou reproduction non autorisée d'un roman-feuilleton constitue une contrefaçon.

Les conséquences résultant de la solution admise par nous ne sont guère avantageuses pour l'auteur. Si, en effet, le roman-feuilleton sort de la classe des articles de journaux, ce sera pour tomber dans celle des publications par livraison (art. 5, § 2). Or dans cette dernière hypothèse les formalités à l'accomplissement desquelles est subordonnée la protection internationale (art. 2, § 2), peuvent être plus nombreuses, plus gênantes, quelquefois même impossibles en matière de feuilleton. Le traité de Berne dispense bien, en effet, les auteurs de toute formalité au pays d'importation, mais il laisse subsister celles du lieu d'origine; or dans les législations internes on exige ordinairement, encore à l'heure actuelle, soit le dépôt, soit l'enregistrement de l'œuvre, soit l'un et l'autre à la fois. Comment l'auteur pourra-t-il satisfaire à cette obligation dans les pays où elle demeure une condition mise à la garantie de ses droits?

(1) *Droit d'Auteur* (1893, p. 15).

Malgré cet inconvénient que nous reconnaissons, nous maintenons nos préférences pour la solution que nous avons développée, préférences que justifient les conséquences différentes attachées aux formalités requises. D'après nous le dépôt ou l'enregistrement ne sont pas des conditions mises à la naissance ou même à la conservation du droit ; leur effet juridique est tout autre. Elles sont nécessaires pour la mise en mouvement de l'action née de la violation du droit. Mais une fois remplies, l'auteur lésé peut agir même en raison de contrefaçons antérieures. En d'autres termes son droit de poursuite naît avec ses prérogatives ; il en a dès l'origine la jouissance ; seul l'exercice de ce droit est paralysé jusqu'au jour de l'accomplissement des formalités de dépôt ou d'enregistrement. Le romancier qui a publié son œuvre sous forme de feuilleton, ne pourra peut-être remplir ces formalités qu'au jour où paraîtra le dernier numéro, mais il aura du moins l'avantage de pouvoir poursuivre toutes les atteintes portées antérieurement à son droit exclusif de traduction ou de reproduction.

La condition imposée par l'art. 7 de la convention de Berne diffère des précédentes formalités par sa nature comme par ses effets. « La réserve expresse » est une condition mise à la naissance même du droit. Nous avons signalé, en effet, le caractère exceptionnel des dispositions de cet article. Elles constituent une évidente dérogation au droit commun ; le principe posé par elles est celui de la liberté de la reproduction, liberté qui ne peut tomber que devant une manifestation expresse de volonté de la part de l'intéressé. Jusqu'à ce jour toute reproduction est donc licite et par suite l'accomplissement de la formalité prescrite par l'art. 7 ne produit d'effet que dans l'avenir et jamais dans le passé. Avant l'insertion de « la réserve expresse », l'auteur manquait non seulement de l'exercice, mais encore de la jouissance du droit de poursuite. En d'autres termes, la formalité est ici constitutive de droit nouveau, tandis que dans la précédente hypothèse, elle était simplement déclarative d'un droit préexistant. D'autre part une réserve générale en tête du roman-feuilleton n'est pas suffisante, l'art. 7 exigeant pour les articles de journaux une interdiction spéciale sur chaque numéro du journal. Il suffirait donc d'un oubli, d'une inadvertance de l'imprimeur pour que certaines parties d'un tout, celles figurant sur les numéros ne portant aucune réserve des droits d'auteur, appartinssent au domaine public, tandis que les autres seraient garanties contre toute reproduction non autorisée.

Parcourez d'ailleurs quelques journaux ; presque tous publient un feuilleton, et vous n'y rencontrerez néanmoins que rarement la mention d'une réserve du droit exclusif de reproduction. Est-ce à dire que l'éditeur, qui paie souvent fort cher le roman qu'il se fait un devoir de servir à ses clients, entende permettre à tous les autres journaux de le reproduire librement? Nous tendons plutôt à croire que la pratique, marquant ses préférences pour le système que nous avons essayé de développer et de justifier, considère le roman-feuilleton comme une œuvre littéraire ordinaire, dont la protection est organisée dans les pays de l'Union par les art. 2, 5, 10 et 11 de notre convention : aucune réserve dans ce cas n'est nécessaire.

Cette prétention n'est-elle pas d'ailleurs en tout conforme aux solutions consacrées par le droit positif des Etats, par la loi comme par la convention? Les gouvernements qui reconnaissent et protègent les produits de l'intelligence se prononcent en général très nettement pour l'assimilation du roman-feuilleton aux œuvres littéraires ordinaires. Ainsi la loi allemande du 11 juin 1870 décide dans son art. 7 que « ne sera pas considérée comme contrefaçon... la reproduction d'articles extraits de publications périodiques et d'autres feuilles publiques. *Sont exceptés les romans, nouvelles et travaux scientifiques* ».

Sans être aussi explicite, la législation française n'est pas moins formelle. Le décret-loi du 28 mars 1852, art. 1er, défend la contrefaçon des ouvrages publiés à l'étranger et renvoie pour l'énumération de ces ouvrages à l'art. 425 du Code pénal, ainsi conçu : « Toute édition d'écrits... imprimée ou gravée, en entier ou *en partie,* au mépris des lois et règlements, relatifs à la propriété des auteurs, et toute contrefaçon est un délit. » Ces textes ne renferment aucune exception et s'appliquent par suite aux écrits de toute nature. Il serait donc impossible de reproduire ou traduire impunément en France un roman-feuilleton publié soit sur notre sol, soit à l'étranger.

La loi suisse du 23 avril 1883 est en principe très large en ce qui concerne le droit général de l'auteur sur son œuvre. D'après l'art. 1er, « la propriété littéraire et artistique consiste dans le droit exclusif de reproduction ou d'exécution des œuvres de littérature et d'art... La propriété littéraire comprend le droit de traduction. »

Cette disposition s'applique à toutes les œuvres d'une certaine étenduc qu'elles soient publiées en volumes ou par fractions, livraisons ou feuilletons. Néanmoins l'art. 11, 4º de la même loi semble au premier abord fournir l'occasion d'une interprétation peu généreuse du principe, en ce qui concerne du moins les romans-feuilletons. D'après cet art. 11 : « Ne constituent pas une violation du droit d'auteur... 4º la reproduction avec indication de source, d'articles extraits de journaux ou recueils périodiques, à moins que l'auteur n'ait formellement déclaré, dans le journal ou recueil même, que la reproduction en est interdite ; cette interdiction ne pourra toutefois atteindre les articles de discussion politique qui ont paru dans les feuilles publiques. » Si les juges suisses acceptaient la théorie qui prétend faire des romans-feuilletons de simples articles de journaux, il est certain que dans les limites du territoire helvétique, on pourrait en se fondant sur ce texte, piller impunément les littérateurs nationaux ou étrangers qui se font éditer dans les journaux et qui négligent de faire insérer, en tête de chaque feuilleton, la réserve exigée. Mais rien n'autorise à penser que le législateur a entendu les choses ainsi, et les déclarations faites l'année suivante par le gouvernement fédéral à la conférence de Berne ne laissent planer aucun doute sur la portée et l'esprit de l'art. 11, 4º de la loi de 1883. Rappelons encore la loi autrichienne du 19 octobre 1846 dont l'art. 5 présente une disposition originale. Cet article déclare illicites les emprunts faits aux feuilles périodiques, lorsque de tels emprunts dépassent pour un même article, deux feuilles pour une année. Cette disposition n'est guère à recommander parce qu'elle manque de clarté et surtout de fondement rationnel, car la longueur des citations ne prouve pas nécessairement la contrefaçon et le peu d'étendue des emprunts ne démontre pas qu'il n'y ait que plagiat. Du moins cette disposition est nettement conçue dans le sens de la protection des romans-feuilletons.

En résumé, si les législations intérieures ne formulent pas toutes l'interdiction expresse de reproduire les œuvres littéraires publiées par fractions, c'est que le législateur a souvent jugé inutile de les mentionner expressément ; dans son intention évidente, le roman-feuilleton n'étant pas autre chose qu'une œuvre littéraire proprement dite, n'a pas besoin d'être spécialement désigné pour jouir de la protection. Elle lui est assurée par l'application pure et simple des principes généraux.

Si nous recherchons maintenant quelle est la tendance du droit conventionnel à cet égard, nous pourrons constater encore que les conventions internationales sont en général très nettement orientées dans le sens de la sauvegarde du droit des auteurs de romans-feuilletons. Ainsi le traité franco-allemand du 10 avril 1883 admet la reproduction des articles extraits de journaux et recueils périodiques, mais formule une restriction expresse en faveur des romans-feuilletons « cette faculté (de reproduction) ne s'étendra pas à la reproduction, en original ou en traduction, *des romans-feuilletons* ou des articles de science ou d'art ». On peut rapprocher de ce texte celui de l'art. 4 du traité franco-espagnol du 16 juin 1880 et aussi l'art. 5, 2°, du traité franco-italien du 9 juillet 1884. Quelques traités conclus par la France ne font pas spécialement mention des romans-feuilletons, mais ce n'est pas pour les soustraire aux règles de droit commun, protectrices des œuvres littéraires ordinaires. (Autriche, 11 décembre 1866; Belgique, 31 octobre 1881; Luxembourg, 16 décembre 1865, etc.). Un seul assimile nettement le feuilleton aux articles qu'une réserve formelle doit accompagner, lorsque l'auteur entend en interdire la reproduction, c'est le traité franco-hollandais du 29 mars 1855, art. 4. Mais on voit par la date déjà ancienne de cet acte diplomatique, qu'il ne répond plus guère à l'état actuel des choses, ni au progrès des idées.

En admettant que la formule peu précise de l'art. 7 de la convention de Berne fasse naître quelque doute, la tendance nettement marquée du droit interne et du droit conventionnel n'indique-t-elle pas clairement dans quel sens ce doute doit être tranché, surtout quand on se rappelle par l'effet de quelles circonstances contingentes les rédacteurs de cette convention ont été amenés à passer sous silence les romans-feuilletons. Nous concluons donc que les romans-feuilletons ne peuvent pas être assimilés à des articles de journaux, et que dans tous les pays de l'Union la protection en est organisée par les art. 2, 5, 10 et 11, mais nullement par la disposition exceptionnelle de l'art. 7. Ainsi, en l'absence même de toute réserve expresse de la part de l'auteur, la traduction ou reproduction non autorisée dans un Etat d'un roman-feuilleton paru dans un autre des Etats ressortissants constitue un délit de contrefaçon.

AUTRES EMPRUNTS LICITES. — Toute atteinte aux droits d'auteur appelle une répression, mais ici comme partout l'intérêt est la mesure de l'action et la réparation suppose l'existence d'un dommage causé : un tort moral ou un tort pécuniaire peuvent également donner à sa réclamation un juste fondement ; mais il est des citations qui ne sont pas répréhensibles, qui serviront à mieux faire connaître l'œuvre si elle est bonne, à la rabaisser à son rang véritable dans le cas contraire. D'autre part, l'intérêt privé peut se trouver aux prises avec un intérêt d'ordre supérieur, celui de la société ; or il est impossible de donner satisfaction au dernier sans sacrifier le premier. Si absolu que soit le principe de la protection, il ne peut donc pas être exclusif de toute dérogation. Mais la mission délicate du législateur, comme du jurisconsulte, est de déterminer l'étendue du sacrifice à imposer pour concilier équitablement les prétentions rivales de l'auteur et de la société. En l'absence d'un principe dirigeant, l'écueil à redouter était l'arbitraire, et peut-être a-t-il joué un rôle trop considérable dans les solutions consacrées par le droit interne ou le droit conventionnel : les légitimes prétentions des auteurs y apparaissent quelquefois trop facilement et trop complètement sacrifiées aux besoins de la critique et aux exigences de l'enseignement.

Un certain nombre de législations étrangères autorisent formellement les citations, les emprunts faits dans un but de critique, notamment la loi belge (1886, art. 13). La loi italienne déclare également licite la reproduction d'un ou plusieurs extraits, quand elle n'est pas faite dans un but évident de copier une partie de l'œuvre d'autrui pour en bénéficier (1882, art. 40). Dans cette limite, la restriction, apportée au droit de l'auteur nous paraît pleinement justifiée par la nécessité de laisser à chacun le droit de porter un jugement sur les œuvres offertes au public. Il y a sans doute, en cette espèce, des abus ; on peut, sous le prétexte de faire la critique d'un livre, chercher à s'en approprier quelques parties, ou par des coupures habiles en fausser le véritable caractère. Mais l'abus qu'on peut faire d'un droit ne peut servir à en combattre la légitimité (1). Il est impossible de poser une règle en cette matière, c'est le but poursuivi qui légitime les emprunts, les citations, et ce sera, le cas échéant, aux tribunaux à décider souverainement si le procédé employé ne cache pas une véritable contrefaçon de l'œuvre. Nous

---

(1) Alphonse KARR, *les Guêpes* (t. VI, p. 18, édit. Lévy, avril 1845). — POUILLET, *op. cit.* (n° 511). — *J. D. I. P.* (1884, p. 452 ; 1885, p. 65).

ne pouvons que conseiller aux esprits trop indulgents pour eux-mêmes dans ce droit de citation, de méditer cette pensée de Lamothe-Levayer : « On peut dérober à la façon des abeilles sans faire tort à personne; mais le vol de la fourmi qui enlève le grain entier ne doit jamais être imité. » (1).

Malheureusement on n'a pas toujours restreint cette faculté d'emprunt dans ces sages limites. On a permis de faire des extraits, des compilations dans un but d'enseignement (loi belge 1886, art. 13). La loi allemande et celles qu'elle a inspirées sont allées plus loin encore dans cette voie fâcheuse. Ainsi en Allemagne, il n'y a pas contrefaçon à reproduire des passages ou de petites parties d'ouvrages déjà publiés, ou à insérer, même intégralement de petits écrits dans un plus grand, pourvu que celui-ci ait un caractère scientifique et propre, ou que ce soit un recueil composé pour l'usage du culte, des écoles ou dans un but littéraire spécial. L'indication de la source est d'ailleurs une condition mise à la licéité de l'emprunt (2). La loi suisse, tout en adoptant les idées allemandes, se montre un peu moins large : des extraits ne peuvent être légitimement faits qu'en vue de critique, d'ouvrages traitant de l'histoire, de littérature ou de recueils destinés à l'enseignement scolaire (3).

Citer quelques passages d'une œuvre musicale déjà éditée, inscrire dans un ouvrage scientifique ou destiné aux écoles, de petites compositions déjà parues est pleinement conforme aux dispositions des lois finlandaise, 1880, art. 9; suisse, 1883, art. 11-9°; hongroise, 1884, art. 47. La loi autrichienne de 1846 contient des dispositions à peu près semblables. Les citations ne peuvent dépasser une feuille d'impression. Les extraits d'ouvrages sont des contrefaçons quand ils ne constituent pas par eux-mêmes une production nouvelle et indépendante.

En Russie, il est permis d'introduire dans les chrestomathies des extraits d'une étendue supérieure à une feuille d'impression. Il y a

---

(1) M. NODIER a fait tout un livre intéressant sur ces emprunts et citations; il a pour titre : *Questions de Littérature légale. Du Plagiat. De la Supposition d'Auteur. Des Supercheries qui ont rapport aux Livres.* (V. p. 5, la citation de Lamothe-Levayer).

(2) V. Allemagne (1870, art. 7 a) ; Suède (1877, art. 4) ; Hongrie (1884, art. 9-1°).

(3) Loi de 1883 (art. 11, 9°).

toutefois des limitations à ce droit de piller autrui. Les emprunts
ne peuvent dépasser le tiers du livre d'où ils sont tirés. Il faut en
outre que le propre texte de l'auteur dépasse deux fois les matières
prises par lui dans un autre ouvrage. Sur ces questions, la loi française est muette; tout est laissé à l'appréciation du juge. Ne nous
plaignons pas : dans un domaine aussi difficile à délimiter que celui
des emprunts, c'est peut-être le meilleur système à suivre, le moyen
le plus sûr de tenir l'emprunteur en garde contre une tendance trop
souvent accusée, et d'empêcher que la liberté ne dégénère en
licence.

Les dérogations au principe de la protection ont pris un développement regrettable dans la plupart des traités internationaux, et
sur ce point, le droit conventionnel loin d'améliorer la situation
faite aux étrangers par les lois intérieures, semble en diminuer les
garanties. En dehors du droit de citation dans un but de critique
et d'enseignement, on réserve en général le droit de faire des
chrestomathies, et on autorise dans ce but la publication d'extraits,
de fragments, ou même de morceaux entiers d'un ouvrage littéraire, artistique ou scientifique. (V. nos traités avec : le Portugal,
1866 ; l'Espagne, 1880 ; le Salvador, 1880 ; l'Allemagne, 1883 ; la
Belgique, 1881 ; la Suisse, 1882). Si du moins les mots avaient une
signification précise, une portée nettement déterminée, cette liberté
aurait peut-être des inconvénients moins graves. Mais étant donné
l'élasticité des expressions qui consacrent les dérogations au principe, quelles seront les limites de la tolérance? où s'arrêtera la
licéité des emprunts? quand y aura-t-il contrefaçon? cette dernière ne s'abritera-t-elle pas trop souvent sous les dehors de la
première ?

Le projet élaboré par l'Association littéraire et celui proposé par
le Conseil fédéral ne renfermaient aucune stipulation à cet égard.
De ce silence allait-on conclure à l'abandon ou au maintien des
dispositions alors existantes en la matière? Le doute ne pouvait
manquer de naître sur ce point. Pour prévenir toute controverse,
la conférence de 1884 jugea préférable d'adopter une proposition
de la délégation allemande réglant la question par la disposition
suivante qui formait l'art. 8 : « Sera réciproquement licite la publication, dans l'un des pays de l'Union, d'extraits, de fragments ou
de morceaux entiers d'un ouvrage littéraire ou artistique ayant paru
pour la première fois dans un autre pays de l'Union, pourvu que

cette publication soit spécialement appropriée et adaptée à l'enseignement, ou qu'elle ait un caractère scientifique.

« Sera également licite la publication réciproque de chrestomathies composées de fragments d'ouvrages de divers auteurs...

« Sera toutefois considérée comme reproduction illicite l'insertion de compositions musicales dans des recueils destinés à des écoles de musique. »

Déjà combattue par la France en 1884, cette disposition dont les termes rappelaient de très près l'art. 4 de la convention franco-allemande, se heurta encore l'année suivante à l'opposition de l'Angleterre qui en demanda avec instance la suppression. Le gouvernement français faisait ressortir avec raison que les ouvrages scolaires sont ceux qui rapportent le plus et qu'en conséquence il ne doit pas être permis de laisser piller les auteurs pour l'enrichissement de compositeurs ou d'éditeurs peu scrupuleux. « Je suis aussi sensible que vous, messieurs, disait Louis Ulbach à la conférence de Berne de 1884, aux droits de la jeunesse, à ceux de l'instruction universelle, du progrès. Mais la meilleure façon d'attacher à ce développement de l'émancipation intellectuelle ceux qui en ont la vocation, c'est de faire respecter leurs efforts de garantir les produits de leur travail. » (1) Et pourtant ne fallait-il pas tenir compte de l'état du droit conventionnel et de la législation de plusieurs puissances qui considèrent les reproductions fragmentaires comme licites? Le conflit était aigu.

L'accord paraissant impossible à obtenir sur un texte qui réglât, d'une manière uniforme pour toute l'Union, la question des emprunts licites autres que ceux déjà indiqués dans l'art. 7, on finit par réserver sur toute cette matière l'effet de la législation intérieure des États contractants et des arrangements particuliers existants ou à conclure entre eux.

Art. 8. — « *En ce qui concerne la faculté de faire licitement des emprunts à des œuvres littéraires ou artistiques pour des publications destinées à l'enseignement ou ayant un caractère scientifique, ou pour des chrestomathies, est réservée la législation des pays de l'Union et des arrangements particuliers existants ou à conclure entre eux.* »

(1) *Archiv. Diplom.* (2ᵉ série, t. XVI, p. 63).

Ainsi la convention a résolu le conflit en ne cherchant pas sur ce point une unification encore impossible et en laissant à la législation de chaque pays le soin de décider quand et comment sont licites lesdits emprunts.

On peut se demander pourquoi, si telle était l'intention des parties contractantes, elles ont jugé nécessaire d'insérer dans la convention une disposition expresse réglant la question des emprunts licites. N'arrivait-on pas au même résultat en gardant simplement le silence? L'art. 2 ne suffisait-il pas pour soumettre la matière au principe du traitement national? Un des délégués français à la conférence, M. René Lavollée, a signalé dans un travail récent (1), tout ce que la réserve contenue à l'art. 8 a d'étrange, et n'a pas craint de dire que cette restriction ne peut être que perfide ou superflue. La superfluité est le moindre de ses défauts; car combien y a-t-il de textes législatifs où le désir d'être clair n'ait pas entraîné parfois le législateur à formuler en termes exprès ce qu'un raisonnement élémentaire eût suffi à faire découvrir? Nous avons dit plus haut le doute qui dans le silence de la convention aurait pu naître sur l'abandon ou le maintien des dispositions préexistantes. Le principe posé par cette convention est celui de la protection; les dispositions que nous rappelons ont, au contraire, un caractère exceptionnel nettement affirmé, et apportent aux prérogatives de l'auteur des dérogations exorbitantes de droit commun. Quel allait être le sort de ces dernières dans les rapports internationaux des parties contractantes? Dans le silence du traité l'exception devait-elle être maintenue ou la règle ne devait-elle pas plutôt être considérée comme subsistant seule? Il résulte avec évidence des procès-verbaux de la conférence que l'art. 8, dans sa teneur actuelle, a été jugé nécessaire en présence des stipulations de l'art. 15 et de l'article additionnel, qui ne réservent les arrangements particuliers conclus ou à conclure entre les gouvernements, que dans la mesure où ils confèrent aux auteurs ou leurs ayants-cause des droits plus étendus que ceux accordés par l'Union, ou qu'ils renferment d'autres dispositions non contraires aux stipulations de la présente convention.

On a craint, à tort ou à raison, qu'en ne parlant pas expressément des emprunts envisagés comme licites par ces arrangements,

(1) *La Propriété littéraire et la Convention de Berne.*

cette restriction du droit d'auteur cessât d'être autorisée dès l'entrée en vigueur de la convention générale. La rédaction à laquelle on a fini par s'arrêter établit clairement que ces arrangements pourront continuer à subsister et même qu'il en pourra être conclus de nouveau, sans qu'on puisse leur opposer ni les dispositions de l'art. 15, ni celles de l'article additionnel.

Si nous ne consentons pas avec M. Lavollée à considérer la disposition de l'art. 8 comme absolument superflue, puisque d'après nous elle tarit une source certaine de controverses, du moins nous regrettons vivement le sens dans lequel le doute a été tranché, et nous n'hésitons pas, avec l'auteur de *La Propriété littéraire et la Convention de Berne,* à considérer comme perfide et dangereuse la solution définitive à laquelle se sont arrêtés les rédacteurs de la convention de 1886.

La prévision d'un danger pousse parfois à exagérer les conséquences qui en peuvent résulter, nous le reconnaissons volontiers. Et pourtant nous nous demandons encore si l'insertion de l'art. 8 ne peut pas avoir pour résultat de compromettre dans une assez large mesure les garanties que l'on s'est efforcé d'assurer à la protection internationale du droit des auteurs et des artistes. N'a-t-on pas oublié la part trop belle faite de nos jours encore aux doctrines utilitaires? Les législations s'accordent, il est vrai, à condamner en principe la contrefaçon, mais elles divergent très sensiblement quand il s'agit de préciser le caractère des divers actes délictueux. Sous ce rapport la théorie nous enseigne que tout acte est répréhensible du moment où il en peut résulter pour l'auteur ou l'artiste soit un tort moral, soit un tort pécuniaire. Or l'on sait combien en notre espèce la pratique s'est écartée des indications de la théorie et jusqu'où se sont avancées dans cette voie fâcheuse la loi allemande et celles qu'elle a inspirées. (Voir : loi allemande, 1870, art. 7 ; Suède, 1877, art. 4; Hongrie, 1884, art. 9; Suisse, 1883, art. 11; Finlande, 1880, art. 9; Norwège, Russie... etc...).

Or quel est sinon le but, du moins le résultat des dispositions de l'art. 8? C'est de consacrer ces tendances spoliatrices, en maintenant l'effet des lois internes et en déclarant inopposables aux arrangements conclus ou à conclure les stipulations de l'art. 15 et de l'article additionnel. Le danger résultant de la difficulté de limiter le domaine des emprunts licites et celui de la contrefaçon en présence de l'élasticité des expressions qui consacrent les dérogations au principe de la protection, est-il moins grand au point de vue international qu'au point de vue national?

Qu'on veuille bien ajouter à cela la difficulté, peut-être l'impossibilité, pour un magistrat étranger de déterminer la portée véritable de mots appartenant à une langue dont il n'a pas la connaissance et l'on remarquera à quelle liberté de reproduction sans contrôle peut conduire la solution posée par l'art. 8 au sujet des emprunts licites faits par une nation à l'autre. Pour sacrifier aux exigences de la critique et de l'enseignement on ouvre la porte à des abus certains.

Nous avons qualifié notre disposition de perfide et dangereuse, parce qu'elle permet à la contrefaçon de se travestir impunément sous les dehors d'une tolérance mal définie.

Section iii. — *ŒUVRES DRAMATIQUES ET MUSICALES OU DRAMATICO-MUSICALES*

Si dans l'étude de la protection internationale organisée par la convention de Berne, nous faisons une place à part aux œuvres dramatiques ou dramatico-musicales, c'est que la convention elle-même règle cette protection sur des bases quelque peu distinctes de celles sur lesquelles elle fonde la garantie des œuvres littéraires et artistiques en général. La distinction d'ailleurs, on le sait, n'est pas arbitraire; elle a son fondement dans la nature même du droit protégé. Le musicien, le dramaturge a sur son œuvre un double droit; un droit exclusif de reproduction d'une part, qui lui est commun avec tous les auteurs; un droit exclusif, d'autre part, de représentation et d'exécution, qui lui est propre. C'est de ce dernier seulement que nous nous occupons ici, avec l'art. 9 de la convention, le premier obéissant à des règles que l'on connaît, celles que posent l'art. 2 en matière de reproduction et l'art. 5 pour ce qui concerne la traduction.

Théoriquement il ne peut guère surgir de doute sur l'existence au profit du compositeur ou dramaturge, de ces droits distincts de la publication proprement dite : « Pour un opéra, pour un drame, dit M. Weiss, la véritable publicité n'est pas celle qui résulte d'une impression que quelques-uns liront, mais bien de la représentation, que des milliers de personnes iront applaudir, et en vue de laquelle l'œuvre a été composée. » (1) Ce n'est pas seulement la représentation ou l'exécution complète de l'œuvre qui doit être interdite. L'application des mêmes principes conduit ici, comme en matière de publication, à des conséquences analogues. Les atteintes qui peuvent être portées au droit exclusif d'exécution et de représentation ne sont pas les mêmes que celles que nous avons signalées en traitant de la reproduction. Le critérium qui peut servir à les découvrir est néanmoins toujours le même : toute interprétation de l'œuvre dramatique ou musicale est répréhensible, du moment où, ayant été faite sans le consentement de l'auteur, elle peut lui causer soit un tort moral, soit un tort pécuniaire. Toutes représentations ou exécutions publiques doivent être punies, sans qu'il y ait lieu de distinguer entre les représentations totales ou partielles, intéressées ou gratuites et même données dans un but de bienfaisance, car on ne peut pas légitimement contraindre quelqu'un à faire l'aumône; d'ailleurs il faut moins tenir compte ici du but poursuivi que du résultat atteint; or la violation du droit de l'auteur ne dépend pas du caractère onéreux ou gratuit de la représentation.

Ces principes sont couramment admis en France en tant qu'il s'agit d'œuvres représentées ou exécutées pour la première fois en France (art, 425 et 428 combinés du Code pénal). Mais l'accord est loin de subsister en ce qui concerne l'application de ces mêmes principes dans les rapports internationaux. Cette question a soulevé chez nous une discussion retentissante dans le monde artistique. La doctrine et la jurisprudence (2) se refusent à étendre si loin la protection de nos lois. On reconnaît qu'au point de vue théorique la raison de décider est la même : c'est la même œuvre qui est en jeu, la même œuvre qui se manifeste sous les aspects différents de l'édition et de la représentation. Mais pour justifier la différence de solution dans les deux cas, on part de cette idée que le décret de 1852, considéré comme introductif de droit nouveau, doit être interprété restrictivement. Or ce décret ne parle en aucune façon du droit de représentation ou d'exécution; il semble même omettre à dessein l'art. 428 du Code pénal qui punit la représentation non

(1) WEISS, *Traité de Droit international privé* (p. 375).

(2) Affaire *Verdi* (D. 1858, 1, 161).

autorisée, et l'art. 425 auquel il renvoie ne parle que « d'édition d'écrits... de reproduction imprimée ou gravée... ». Ce fait, dit-on, est significatif : aux auteurs étrangers est assuré le droit de reproduction, mais un traité est encore nécessaire pour qu'ils puissent prétendre en France au monopole de représentation ou d'exécution de leurs œuvres. Nous croyons avec MM. Weiss et Demangeat que cette interprétation servile du texte est en contradiction avec l'exposé des motifs. Même en présence d'une omission, on a tort d'argumenter de la lettre du décret pour en méconnaître l'esprit. La seule conséquence à tirer de l'omission de l'art. 428 du Code pénal, c'est que l'amende édictée par cet article ne peut pas être encourue, mais il reste la sanction de l'art. 429 du Code pénal et surtout celle de l'art. 1382 du Code civil qu'on ne saurait refuser. Que l'atteinte soit portée au droit de reproduction ou au droit de représentation et d'exécution, elle n'en constitue pas moins une violation d'un droit naturel, contre laquelle l'étranger doit être admis à réclamer aussi bien que le national (1).

La loi belge (1886, art. 15 et 16) et la loi espagnole (1880, art. 62 et 63) défendent formellement la représentation et l'exécution sans le consentement de l'auteur; la première pose l'interdiction d'une façon absolue; la seconde sous la condition de réciprocité. Le Portugal (art. 596 et 604 du Code civil) et l'Italie (décret du 19 septembre 1882, art. 14) consacrent également le système de l'autorisation préalable. La plupart des autres législations subordonnent la sauvegarde de ces droits d'auteur à une réserve expresse faite par le compositeur ou le dramaturge. (Angleterre, 5, 6 vict., c. 45 et loi du 10 août 1882; Hollande, 1881, art. 12; Finlande, 1880, art. 12). En Allemagne (1870, art. 50, § 2) et en Hongrie (1884, §§ 49-51) la réserve expresse sur le titre ou en tête de l'ouvrage n'est requise que pour les œuvres exclusivement musicales déjà livrées à l'impression.

(1) Toute contestation serait écartée si l'on donnait aux lois révolutionnaires l'interprétation qu'elles nous paraissent comporter, et que nous avons tenté de justifier dans notre première partie. Si comme nous l'avons soutenu, l'effet de ces lois s'étend aux étrangers comme aux nationaux, le décret de 1852 n'a pas le caractère novateur qu'on lui reconnaît, et les étrangers pourront toujours invoquer les dispositions subsistantes des lois du 13 et 19 juillet 1791, du 1er septembre 1793 et de l'art. 428 du Code pénal, qui organisent précisément les droits d'exécution et de représentation.

Le droit conventionnel a été sur ce point, pendant de longues années, beaucoup moins favorable aux auteurs. Les pays qui nous empruntent le plus de pièces, en les modifiant légèrement, avaient pris soin de donner une sorte de consécration légale aux spoliations dont nos auteurs étaient l'objet. C'est ainsi que la Grande-Bretagne, pour ne laisser planer aucun doute sur ses intentions bienveillantes à notre égard, avait eu la précaution de faire insérer dans le traité franco-anglais de 1851 un art. 4 ainsi conçu : « La protection stipulée par la présente convention n'a pas pour objet de prohiber les imitations faites de bonne foi ou les appropriations d'ouvrages dramatiques aux scènes respectives de France et d'Angleterre, mais seulement d'empêcher les traductions ou contrefaçons. » C'était bien dire clairement que nos écrivains dramatiques ne jouissaient d'aucune protection en Angleterre. Car jamais un auteur d'Outre-Manche n'aurait songé à traduire littéralement une pièce française pour la reproduire sous cette forme sur la scène britannique. Aussi les protestations légitimes qu'a soulevées cette clause ont-elles fini par en amener l'abrogation, par une déclaration en date du 11 août 1875. Les conventions les plus récentes mentionnent expressément au sujet des œuvres dramatiques on musicales l'existence du droit spécial de représentation et d'exécution. (Voir nos traités avec : l'Espagne, 1880, art. 2, § 2; l'Allemagne, 1883, art. 8; l'Italie, 1884, art. 2, § 2). Celles qui restent muettes laissent la question soumise à l'application respective des législations des deux pays.

Le traité de Berne couvre également de la protection les pièces de théâtre et les compositions musicales. L'art. 4 place au rang des productions expressément garanties « les œuvres dramatiques ou dramatico-musicales, les compositions musicales avec ou sans paroles » ; puis l'art. 9 déclare que :

« Les stipulations de l'art. 2 s'appliquent à la représentation publique des œuvres dramatiques ou dramatico-musicales, que ces œuvres soient publiées ou non.

« Les auteurs d'œuvres dramatiques ou dramatico-musicales ou leurs ayants cause, sont pendant la durée du droit exclusif de traduction, réciproquement protégés contre la représentation publique non autorisée de la traduction de leurs ouvrages.

« Les stipulations de l'art. 2 s'appliquent également à l'exécution publique des œuvres musicales non publiées, ou de celles qui ont

*été publiées, mais dont l'auteur a expressément déclaré sur le titre
ou en tête de l'ouvrage qu'il en interdit l'exécution publique.* »

Ce texte distingue d'une part les œuvres dramatiques et dramatico-musicales (§§ 1er et 2), d'autre part, les œuvres purement musicales (§ 3), établissant au point de vue des conditions de la protection une nuance que marque la partie finale du dernier paragraphe.

En ce qui concerne les œuvres dramatiques et dramatico-musicales, publiées ou non, il convient de distinguer le droit de reproduction du droit de représentation. Le premier est garanti à l'auteur conformément à l'art. 2, de la même manière et sous les
mêmes conditions qu'il l'est à l'auteur d'une œuvre littéraire ou
artistique quelconque. Il comprend notamment le droit exclusif de
traduction, tel qu'il est organisé par l'art. 5 avec son minimum
d'unification laissant subsister les dispositions plus larges du droit
interne ou conventionnel.

Mais de plus, l'auteur jouit d'un droit exclusif quant à la représentation publique de son œuvre, et c'est ce droit que réglemente
l'art. 9. Malgré les formes différentes sous lesquelles il se traduit,
ce droit a la même nature, le même fondement que le droit exclusif de reproduction ; une réglementation analogue s'imposait donc
et c'est bien ce qu'ont fait les rédacteurs de la convention, tout en
lui faisant une place distincte pour ne laisser planer aucun doute
sur l'opportunité de rompre avec les différences qu'établissent encore
entre eux certaines législations. Cette disposition constitue donc un
minimum d'unification ; alors même qu'ils ne respecteraient pas en
faveur de leurs nationaux les droits portant sur ces ouvrages, les
États de l'Union se sont engagés à sauvegarder ceux des étrangers
appelés à jouir du traité nouveau.

D'après l'art. 9, ce droit compète à l'auteur, non seulement à
l'égard de la langue originale, mais encore (ce qui est plus important en droit international, nous en connaissons la raison) à l'égard
de la traduction de cette œuvre, et cela, aussi longtemps qu'il jouit
du droit exclusif de traduction, c'est-à-dire pendant dix ans au
moins à partir de la première publication de l'œuvre originale.
Ainsi, tant que le délai fixé par l'art. 5 n'est pas expiré, l'auteur,
son ayant cause, ou même l'éditeur dans le cas prévu par l'art. 3,
peut seul autoriser la représentation publique de son œuvre ainsi
transportée d'un idiome dans un autre. Par contre, après l'expira-

tion de ce délai, une fois que le droit de traduction est tombé dans le domaine public, chacun est libre de faire traduire cette pièce et de la faire représenter sous cette forme nouvelle.

Ce n'est donc pas le droit de représentation en général qui est quant à sa durée de protection, assimilé au droit de traduire; c'est seulement la représentation de cette traduction. S'agit-il au contraire de la représentation de cette même œuvre dans sa langue originale, la protection est régie par l'art. 2, c'est-à-dire par l'application du principe du traitement national. Prenons un exemple : un de nos poètes fait paraître en France un drame ou une comédie; pendant combien de temps l'auteur sera-t-il protégé en Allemagne dans son droit exclusif de représentation? Pendant trente ans contre la représentation de la pièce dans sa langue originale, c'est-à-dire en français; pendant dix ans seulement contre la représentation de cette même œuvre traduite en allemand. La première solution résulte de l'application du traitement national allemand; la seconde est dictée par la disposition spéciale de l'art. 9, § 2, combinée avec l'art. 5 de la convention.

Pendant dix ans, aux termes de l'art. 6, l'auteur jouit du droit exclusif de faire ou d'autoriser la traduction de son œuvre. Nous supposons que cette œuvre a été licitement traduite. Le traducteur ainsi autorisé a-t-il le droit de représenter ou de faire représenter la pièce traduite? En principe, non; les deux droits sont absolument distincts l'un de l'autre, et la cession du premier n'entraîne pas nécessairement l'abandon du second. L'autorisation de traduire n'est pas l'autorisation de représenter; il faudrait pour cela un consentement spécial que n'implique pas le droit de traduction. Aussi la délégation française désirait-elle qu'on accentuât d'une manière plus catégorique que ne le fait la convention, la distinction que nous avons cherché à marquer entre le droit de publication et le droit de représentation, si différents dans le mode d'exercice. Déja, en 1885, la France avait fait des efforts en ce sens. En 1886 elle présenta à la conférence un projet de déclaration délimitant nettement les deux domaines. Le gouvernement suisse appuya cette adjonction que les délégués de l'Italie et de la Grande-Bretagne considéraient comme purement explicative et partant superflue. La France ayant dans la suite retiré sa proposition, il n'y eut pas lieu d'émettre un vote à ce sujet.

L'Italie, dans son décret du 19 septembre 1882, a pris des mesures tendant à prévenir la contrefaçon par représentation des œuvres dramatiques. Nous les approuvons sans réserve, comme répondant à une haute idée de justice. Non seulement elles permettent de prévenir des violations de droit, que la distance eût trop souvent laissées impunies, mais elles sont surtout une affirmation éclatante des droits exclusifs de l'auteur sur son œuvre. L'art. 14 de ce décret décide que celui qui veut faire représenter une œuvre doit préalablement en prévenir l'autorité administrative, et joindre à sa demande une pièce dûment légalisée constatant le consentement de l'auteur ou de ses ayants-cause. C'est bien gênant, nous dira-t-on, pour les directeurs; oui, particulièrement pour ceux qui voudraient tenter des représentations non autorisées, ou donner plusieurs représentations d'une même pièce, alors qu'ils n'ont obtenu de consentement que pour une seule. D'ailleurs la protection doit-elle être organisée en faveur des auteurs, ou au profit des directeurs de théâtre? A choisir entre les deux, la situation des premiers, dont les droits peuvent être violés, nous paraît beaucoup plus intéressante que celle des seconds qui pourraient être les agents actifs de cette violation. Si la disposition de l'art. 14, dans son exigence à l'encontre des directeurs de théâtre, offre quelques inconvénients, elle a un mérite trop sérieux pour n'être pas conseillée, celui d'assurer le respect absolu des droits d'auteur en matière de représentation. Il est plus facile de prévenir les procès que de les liquider une fois qu'ils sont nés, surtout lorsqu'ils doivent se dérouler devant les juridictions étrangères. Et parmi les législations, celles-là nous paraissent plus près de la perfection, qui ne se contentant pas d'assurer la répression des délits cherchent surtout à les prévenir.

Aussi regrettons que la proposition faite par la délégation italienne n'ait pas pu réunir au sein de la conférence un nombre suffisant d'adhésions. On n'a pas cru devoir déférer au désir manifesté de voir introduire dans la convention le système préconisé par l'art. 14 du décret itatien. La conférence s'est bornée à reconnaître que l'institution de l'autorisation préalable méritait d'attirer la sérieuse attention des gouvernements, comme étant l'une de celles qui, grâce à la protection préventive, peuvent le plus sûrement empêcher la représentation illicite d'œuvres dramatiques ou dramatico-musicales.

Les œuvres purement musicales obéissent à des principes identiques à ceux que nous venons d'exposer. Cela résulte de la première

partie du troisième paragraphe de l'art. 9 : « Les stipulations de
l'art. 2 s'appliquent également *à l'exécution publique des œuvres
musicales non publiées ou de celles qui ont été publiées.....* »

Toutefois, la partie finale de ce paragraphe apporte une restriction au principe général d'assimilation qu'il pose dans ses premières
lignes entre les deux catégories d'œuvres dont l'art. 9 réglemente
la protection. Ce sont toujours les stipulations de l'art. 2 qui sont
applicables, et la protection s'attache aux œuvres publiées comme
à celles qui ne l'ont pas été. Mais dans les rapports internationaux
des Etats contractants, et en ce qui concerne « *les œuvres musicales qui ont été l'objet d'une publication* », la protection est subordonnée à une condition : l'auteur ne peut s'opposer à l'exécution
publique de son œuvre dans un autre pays de l'Union « *que s'il a
expressément déclaré sur le titre ou en tête de l'ouvrage qu'il en
interdit l'exécution publique* ». On retrouve là l'influence d'Outre-
Rhin, car cette disposition est la reproduction presque textuelle de
la règle consacrée par la législation allemande.

« Cette stipulation était nécessaire en présence de l'état actuel
des diverses législations et des conventions littéraires en matière de
mélodie », dit M. Charles Soldan dans son étude sur *l'Union internationale pour la protection des œuvres littéraires et artistiques.*
M. Renault, dans son traité sur *la Propriété littéraire et artistique
au point de vue international,* analysant une stipulation identique
qu'il retrouvait dans un grand nombre de conventions, l'approuve
également : « Ce n'est pas difficile et c'est utile. L'auteur peut désirer que la divulgation de son œuvre se fasse librement à l'étranger ;
ce sera souvent un honneur et un avantage pour lui. »

Ces raisons ne nous touchent guère. Que cette réserve expresse
en tête de l'ouvrage soit facile, nous le reconnaissons volontiers.
Mais qu'une pareille exigence puisse être logique ou même simplement utile, cela nous paraît difficilement admissible. Si l'auteur est
heureux de voir ses œuvres livrées au public, il lui est facile d'en
manifester le désir. N'est-il pas plus rationnel d'admettre qu'on
peut impunément me dépouiller avec mon autorisation, que de
légaliser en quelque sorte le vol sous ce seul prétexte que je ne l'ai
pas interdit ? En renversant la proposition, c'est-à-dire en déclarant
l'exécution publique illicite tant qu'elle n'est pas expressément
autorisée, nous serions conduit à une solution en accord plus parfait avec la logique et l'équité. Quant au généreux désintéressement

de ces auteurs qui ne se soucient que de voir leur renommée se répandre et leurs œuvres se propager librement à l'étranger sans aucun contrôle de leur part, nous doutons qu'il soit aussi fréquent que semble le penser M. Renault. Nous craignons que le savant écrivain, mu par des sentiments trop élevés pour être ceux de tous, n'ait pris ici l'exception pour la règle. Il n'y a qu'à formuler les conséquences théoriques qui découlent fatalement de cette exigence « facile et utile » imposée aux compositeurs, pour conclure que la convention de Berne aurait mieux fait de supprimer cette condition. De la nécessité d'une réserve expresse en tête de l'ouvrage, que peut-on logiquement induire ? Qu'en matière musicale le principe de la protection doit être écarté a priori, puisqu'on déclare l'exécution publique d'une pareille œuvre pleinement licite et que cette présomption ne peut être détruite que par la manifestation expresse d'une volonté contraire de la part de l'auteur.

Espérons que dans un avenir prochain l'Union, exauçant le vœu émis par l'Association littéraire et artistique internationale au Congrès de Venise, le 20 septembre 1888, et au Congrès de Paris en 1889, supprimera une exigence aussi injustifiable qu'incompatible avec la nature même du droit à protéger.

A propos des œuvres dramatico-musicales, une question importante a été soulevée au sein de la conférence : celle de la protection spéciale à accorder aux *œuvres chorégraphiques.* Le libretto et la musique sont protégés en tant que rentrant dans l'énumération de l'art. 4, combiné avec l'art. 9. Mais souvent le libretto n'est qu'un canevas, la musique un accessoire ; l'essentiel, c'est l'action chorégraphique, c'est-à-dire l'ensemble des gestes, des attitudes, des figures, des pantomimes qui servent à traduire la création de l'auteur. C'est là une conception, qu'en vertu du critérium que nous posions plus haut, il convient de ranger au nombre des productions de l'intelligence dignes de la protection des lois.

Aussi certains pays, l'Italie notamment, accordent-ils aux œuvres chorégraphiques une protection spéciale. L'invitation faite par la délégation italienne d'inscrire ce principe dans la convention de 1886 rencontra, surtout auprès des représentants allemands, des oppositions analogues à celles qu'avait soulevées la proposition d'assimilation des photographies aux œuvres d'art. Aussi, en présence des mêmes divergences, les délégués crurent-ils devoir admettre la même solution, et faisant pour ces productions ce qu'elle avait déjà fait pour les photographies, la conférence se contenta d'insérer au protocole de clôture une disposition ainsi conçue :

2. « Au sujet de l'art. 9, il est convenu que ceux des pays de l'Union dont la législation comprend implicitement, parmi les œuvres dramatico-musicales, les œuvres chorégraphiques, admettent expressément lesdites œuvres au bénéfice des dispositions de la convention conclue en date de ce jour.

« Il est d'ailleurs entendu que les contestations qui s'élèveraient sur l'application de cette clause demeurent réservées à l'appréciation des tribunaux respectifs. »

Ainsi, la photographie, dont le caractère artistique est encore méconnu par plusieurs Etats, et la chorégraphie, dont la protection n'est organisée que par un petit nombre de législations, ont donné naissance à un expédient ingénieux, dans un but de conciliation ; les dispositions des chiffres 1 et 2 du protocole organisent un système d'Unions restreintes entre ceux des pays contractants dont l'uniformité législative permet un accord sur les matières ainsi réglementées. Puissent les pays encore arriérés être stimulés par l'exemple et se joindre bientôt aux membres de chacune de ces Unions.

Avant de quitter cette matière des œuvres musicales, il nous reste à dire deux mots d'une disposition particulière insérée au protocole de clôture sous le numéro 3 :

« Il est entendu que la fabrication et la vente des instruments servant à reproduire mécaniquement des airs de musique empruntés au domaine privé, ne sont pas considérées comme constituant le fait de contrefaçon musicale. »

Cette disposition, visiblement empruntée à l'art. 14 de la convention franco-suisse du 23 février 1882, aujourd'hui dénoncée, vise les instruments automatiques servant à la reproduction des œuvres musicales et dont la confection fait, dans certains pays, l'objet d'une industrie particulière. La reproduction mécanique pourra souvent porter préjudice au compositeur ; aussi peut-on critiquer sévèrement la solution admise par la convention. M. Clunet, moins rigide que nous, voit là avec satisfaction « une petite galanterie faite à la Suisse qui a la spécialité de l'industrie des boîtes à musique, galanterie bien due à un pays qui a tant travaillé à défendre le patrimoine des artistes ». Nous sommes heureux, à notre tour, de rendre un hommage mérité aux constants efforts apportés par la Confédération helvétique à la défense des droits intellectuels. Mais si ingénieuse et si courtoise que soit l'explication donnée par M. Clunet de la faveur insérée sous le chiffre 3 du protocole, nous ne pouvons y souscrire. La galanterie ne suffit pas à justifier les dérogations aux principes. Aussi les raisons mises en avant par les partisans de la reproduction sonore sont-elles d'une valeur juridique qui cache difficilement l'intérêt froissé. Ils essaient de montrer que l'intérêt des artistes se trouve engagé à cette propagande populaire de leurs œuvres. Nous avons déjà eu l'occasion d'apprécier cet argument à sa juste valeur ; nous ne tentons pas ici une nouvelle et inutile réfutation d'un motif trop visiblement inspiré des doctrines utilitaires.

Une double question a été soulevée au sujet des boîtes à musique. Peut-on, sans qu'il y ait contrefaçon, piquer un air de musique sur un cylindre métallique ? Peut-on exécuter cet air en public au moyen d'un mécanisme ? La convention n'a touché qu'à un côté de la question. Sur le premier point, elle répond affirmativement : « La fabrication et la vente d'instruments servant à reproduire mécaniquement des airs du domaine privé, ne constitue pas le fait de contrefaçon. » Sur le deuxième point, la conférence est restée muette et a cherché à expliquer son silence par la difficulté de donner une solution qui satisfît tout le monde et échappât à la critique. Le rapport de 1885 disait : « Vu la difficulté qu'il y a à régler la question de la reproduction sonore, la Commission propose que la conférence ne se prononce pas sur la question de savoir si l'exécution publique d'une œuvre musicale, au moyen d'un des instruments mentionnés au chiffre 3 du protocole, est ou non licite. »

Fidèle à la règle que nous nous sommes tracée jusqu'ici, et n'hésitant pas, en présence des intérêts opposés des compositeurs et des contrefacteurs, à donner aux premiers la préférence sur les seconds, nous sommes nécessairement conduit à considérer comme illicite ce mode d'exécution des œuvres musicales que la conférence a évité de qualifier. L'exécution en matière musicale a une importance beaucoup plus grande que la reproduction proprement dite. Cette dernière peut bien parler à quelques intelligences d'élite, à quelques musiciens experts qui, à la simple lecture d'un morceau, se feront une idée assez nette de son mérite, mais au regard de la majorité, la musique a besoin, pour produire son entier effet, d'être reproduite matériellement par des sons ; elle demande à être perçue par l'ouïe. La reproduction d'un morceau de musique en un certain nombre d'exemplaires n'est donc qu'un moyen d'en faciliter l'exécution. Or cette exécution, sous quelque forme qu'elle se traduise, est une atteinte aux droits du compositeur dès qu'elle a lieu en public, fût-ce même à l'aide d'instruments automatiques ; le résultat est identique, les moyens seuls diffèrent ; la répression en tous cas doit donc être la même.

En France, cette exécution est interdite, bien qu'une loi du 16 mai 1866 ait affranchi de toute pénalité la fabrication et la vente de tels instruments (1). La Suisse, au contraire, ne voit pas plus de contrefaçon dans l'exécution publique à l'aide d'instruments automatiques que dans la fabrication et la vente de ces mêmes instruments, car dans son art. 11, 11°, la loi fédérale de 1883 décide que « la reproduction de compositions musicales par les boîtes à musique et autres instruments analogues », ne constitue pas une violation du droit d'auteur. Cette aggravation est absolument fâcheuse. C'est, croyons-nous, dans une divergence d'intérêts qu'il faut aller chercher la véritable explication de la différence des solutions consacrées par deux puissances dont les délégués à Berne se sont si souvent rencontrés pour la défense des mêmes principes. Malheureusement, les intéressés sont parvenus à faire consacrer leurs prétentions lors des conférences de 1885. Cette spoliation est, il est vrai, uniquement relative à la fabrication et à la vente des instruments de musique, les délégués ne s'étant pas prononcés sur l'exécution publique ; mais même ainsi restreinte, il est fâcheux que cette mesure ait trouvé place dans des accords diplomatiques et spécialement dans les textes qui régissent l'Union nouvelle.

<hr />

Section iv. — *APPROPRIATIONS INDIRECTES*

Nous touchons ici à l'un des points les plus délicats de la matière ; à une de ces questions dont la réglementation semble avoir défié l'esprit inventif des législateurs.

(1) V. Cass., 25 juillet 1881 (S. 82, 1, 92) ; Amiens, 24 décembre 1881 (S. 82, 2, 62).

Le point de savoir si la réimpression pure et simple, la traduction littérale d'un ouvrage constituent ou non une reproduction illicite, une violation de droit, est généralement facile à résoudre. La négative ne comporte pas la discussion, et les quelques rares auteurs qui ont osé la soutenir, l'ont fait bien moins par conviction que par une prédilection chère pour les idées paradoxales.

Mais il est plus délicat, plus difficile de se prononcer d'une façon catégorique sur la légalité d'appropriations indirectes qui, tout en faisant des emprunts plus ou moins larges à l'œuvre protégée, lui font subir certains changements de fond et de forme qui la distinguent de l'œuvre originale, sans en faire pourtant une œuvre absolument nouvelle. C'est en matière théâtrale surtout que l'adaptation est fréquente, mais les pièces de théâtre ne sont point les seules productions de l'esprit à l'égard desquelles on ait ainsi agi ; on a aussi adapté les romans à la scène : « A peine l'écrivain a-t-il publié un livre, créé des personnages, inventé des ressorts, dessiné un drame, ce drame, ces ressorts, ces personnages, ce livre est pris et devient pièce de théâtre. Nous publions un livre pour qu'on le lise et non pour le voir lithochromisé en drame ou tamisé en vaudeville. » (1). Il y a même des adaptations d'œuvres d'art.

Si périlleuse que puisse paraître une affirmation en cette matière, nous croyons devoir nous prononcer d'une façon absolue contre ce parasitisme littéraire ou artistique. Et si, dans cette discussion théorique, la mise à l'écart des moyens termes et des demi-mesures nous fait passer pour téméraire, on en accusera le principe que l'on retrouve au fond de toutes les solutions admises par nous en matière de déprédations littéraires. Tous les excès, en bien comme en mal, sont blâmables, sans doute. Mais ici une sévérité outrée sauvegardant pleinement les droits de l'auteur, nous paraît préférable à une excessive indulgence ouvrant la porte à des abus inévitables. Un juste milieu nous paraît difficile sinon impossible à garder. Nous avons condamné toute atteinte au droit moral ou pécuniaire de l'auteur ; la contrefaçon doit être punie quelque habile que soit le déguisement sous lequel elle se masque ; le pavillon ne doit pas couvrir la marchandise. Or trop souvent les changements apportés sont uniquement destinés à donner le change sur les véritables intentions de leur auteur. Pour être déguisées, les reproductions indi-

(1) H. DE BALZAC, *Lettre aux Ecrivains français du XIXᵉ siècle.*

rectes n'en sont que plus déloyales ; « il n'est pas de vice plus à craindre que celui qui emprunte les dehors de la vertu. »

N'est-ce pas là le cas de l'adaptation ? La nouveauté du terme nous force à en préciser le mieux possible le sens et la portée. Cette expression nous vient de l'anglais ; adapter une œuvre, c'est y apporter quelques changements rendus nécessaires par les différences sociales, politiques ou morales qui existent entre le peuple dont on vole un des produits intellectuels et celui au profit duquel ce délit se commet. Cette question de l'adaptation offre, à nos yeux, une importance considérable en droit international. Ce n'est que rarement sous sa forme première que l'œuvre franchira la frontière ; une traduction même ne suffit pas pour qu'il soit possible de transporter une pièce de théâtre sur une scène étrangère ; il faut encore la mettre en harmonie avec le goût du public nouveau ; en d'autres termes, une adaptation est nécessaire (1). M. Mendès Léal considérait l'adaptation comme la transfusion de la pensée dans ce qu'elle a de plus large et de plus complet ; pour lui, c'est une nationalisation, c'est une adoption (2). D'après la définition donnée par M. Louis Ulbach au Congrès de Berne en 1884, l'adaptation est « le travestissement d'une œuvre soit par des retranchements, soit par des changements de texte et d'intention, soit par des développements que l'auteur originaire n'avait pas prévus, à seule fin de s'approprier l'œuvre sans paraître la traduire ou la contrefaire » (3). L'adaptation a donc, en quelque sorte, une nature éclectique ; elle n'est ni la traduction, ni la contrefaçon proprement dites, et pourtant elle participe à la fois de l'une et de l'autre ; aussi est-il difficile de donner de ce terme une définition juridique parfaite de tous points. Mais est-ce là une raison suffisante pour que l'on ne déclare pas punissable le fait qu'il sert à exprimer, puisque ce fait revêt tous les caractères du délit ? Pour les œuvres dramatiques, elle est aussi préjudiciable que l'est la traduction pour les autres productions littéraires. Pour la légitimer, on a pu apporter les mêmes arguments qu'en faveur de la traduction ; dire que l'œuvre adaptée n'est plus

---

(1) *Bull. ass.* (1re série, no 3, p. 2).

(2) V. *Bull. ass.* (1re série, no 3, p. 2, et no 4, p. 17 et suiv.).

(3) *Revue de Dr. intern.* (1884, p. 341). — *J. D. I. P.* (1885, p. 66-67). — *Bull. ass.* (1re série, no 10, p. 24).

la même que celle qui lui a servi de modèle, qu'en raison du travail qu'elle exige et de la différence de public auquel elle s'adresse, elle a droit à une protection spéciale. Nous croyons inutile de revenir sur leur réfutation. Le droit des auteurs porte sur le fond même de l'œuvre ; or l'adaptation emprunte à son modèle ses caractères essentiels ; elle n'en modifie que quelques détails pour les besoins de la cause.

La convention franco-espagnole de 1880 était entrée hardiment et des premières dans cette voie de la prohibition la plus complète. Elle disposa dans son art. 4, § 2 : « Sont également interdites les appropriations indirectes non autorisées, telles que : adaptations, imitations dites de bonne foi, transcriptions ou arrangements d'œuvres musicales, et généralement tout emprunt quelconque aux œuvres littéraires, dramatiques ou artistiques, fait sans le consentement de l'auteur. » En 1882, au Congrès de Vienne, la liberté des appropriations indirectes fut formellement condamnée par l'Association littéraire et artistique. L'adaptation, préconisée un moment par M. Mendès, ministre du Portugal, fut attaquée dans un remarquable mémoire présenté au Congrès par M. J. Claretie. L'éminent écrivain y signale d'une façon fort piquante nombre de ces cas d'adaptation dont les romanciers et les auteurs dramatiques ont été jusqu'ici les patientes victimes. C'est une page très intéressante, très curieuse de l'histoire des mœurs littéraires contemporaines (1).

L'avant-projet de cette même Association, voté dans la conférence tenue à Berne le 13 septembre 1883, se montra très sévère pour les appropriations indirectes. Ecartant, comme nous l'avons proposé, les moyens termes et les demi-mesures, il posait en principe dans son art. 7, § 2, que « l'adaptation sera considérée comme contrefaçon et poursuivie de la même manière ». Mais par une étrange contradiction, il faisait figurer les arrangements de musique dans l'énumération des œuvres à protéger (2). Or les arrangements sont aux œuvres musicales ce que l'adaptation est aux œuvres littéraires. Blâmables au même titre, ils doivent encourir la même répression. Ne devait-on pas d'ailleurs reprocher au principe, tel que le

(1) V. *Bull. ass.* (1879, n° 4).

(2) L'art. 2, en effet, de cet avant-projet était ainsi conçu : « L'expression œuvres littéraires ou artistiques comprend : les livres, brochures...., les compositions musicales avec ou sans paroles, et les arrangements de musique....

formulait l'art. 7, § 2 de l'avant-projet, d'être à la fois trop extensif et trop restrictif, d'aller trop loin dans un sens et pas assez dans l'autre. Protéger tous les arrangements de musique sans distinction, ce serait dans bien des cas léser le compositeur de génie au profit d'un musicien sans originalité. D'autre part, proscrire absolument l'adaptation, ce serait parfois sacrifier un chef-d'œuvre à une pièce de peu de mérite. Il y a, à notre avis, dans cette critique, une part d'erreur et une part de vérité ; l'avant-projet avait le tort grave, on en connaît la raison, de ranger parmi les œuvres dignes de protection les arrangements de musique ; mais le reproche que l'on adresse à l'art. 7, § 2, de formuler la prohibition de l'adaptation en termes trop généraux, nous paraît mal fondé. Nous avons déjà dit qu'une sorte de demi-prohibition en cette matière nous paraît dangereuse ; il convient d'affirmer hautement le principe, comme le fait la convention franco-espagnole, pour ne pas autoriser des spéculateurs indulgents à se retrancher derrière une tolérance mal définie, sauf aux tribunaux à décider si tel acte incriminé constitue ou non une adaptation, un arrangement. Mais si le principe doit être général pour l'adaptation, il doit être non moins absolu en ce qui concerne les arrangements de musique.

Aussi l'anomalie que renfermait l'avant-projet fut-elle écartée, et les délégués se trouvèrent facilement d'accord pour frapper un agissement de nature à porter la plus sérieuse atteinte aux droits des auteurs. Mais, s'il est facile de formuler un principe dans sa généralité, il est plus difficile d'en déterminer les cas d'application, et sur ce point l'entente paraissait impossible. En particulier, on reprochait au terme « adaptation » de n'avoir pas été défini jusqu'ici d'une manière satisfaisante. Entendu dans plusieurs langues, et même dans les dictionnaires français, avec un sens favorable, ce mot prend au contraire dans la bouche de ceux qui s'occupent des droits d'auteur, une acception toute voisine de malhonnêteté. En 1884, on proposa aux délégués français de fournir une définition exacte de cette expression d'importation anglaise. Elle fut tentée par M. Louis Ulbach, mais jugée insuffisante (1). Plusieurs déléga-

(1) D'après M. Louis ULBACH, l'adaptation est le travestissement d'une œuvre soit par des retranchements, soit par des changements de texte et d'intention, soit par des développements que l'auteur originaire n'avait pas prévus, à seule fin de s'approprier l'œuvre, sans paraître la traduire ou la contrefaire. — *Rev. de Dr. intern.* (1884, p. 344). — *J. D. I. P.* (1885, p. 66-67).

tions redoutaient l'introduction dans la convention d'un néologisme amenant avec lui une notion juridique nouvelle et surtout confuse ; la conférence rejeta le projet de 1883.

Les plénipotentiaires ont préféré condamner d'une façon générale toute appropriation indirecte désignée sous les noms divers d'adaptation, arrangements, etc..... On vota alors l'art. 10.

« *Sont spécialement comprises parmi les reproductions illicites, auxquelles s'applique la présente convention, les appropriations indirectes non autorisées d'un ouvrage littéraire ou artistique, désignées sous des noms divers, tels que : adaptation, arrangements de musique, etc., lorsqu'elles ne sont que la reproduction d'un tel ouvrage, dans la même forme ou sous une autre forme, avec des changements, additions ou retranchements non essentiels, sans présenter d'ailleurs le caractère d'une nouvelle œuvre originale.*

« *Il est entendu que, dans l'application du présent article, les tribunaux des divers pays de l'Union tiendront compte, s'il y a lieu, des réserves de leurs lois respectives.* »

Si par ces mots « lorsqu'elles ne sont qu'une reproduction d'un tel ouvrage, etc.... », les délégués ont voulu aventurer une définition, il faut avouer qu'elle n'est assurément pas parfaite. Elle indique bien au juge que, s'il se trouve en présence d'une reproduction déloyale où l'originalité fait place à la mauvaise foi, il ne doit pas hésiter à sévir sans se laisser arrêter par les changements non essentiels que le contrefacteur peut avoir multipliés pour donner à son imitation les apparences d'une création nouvelle. Sans mettre en doute le tact et la perspicacité des magistrats, nous trouvons bien lourde et bien difficile la mission qui leur est confiée. La délégation française regrettait, peut-être avec beaucoup de raison, de voir, dans une matière si délicate, faire une part aussi large à l'arbitraire des tribunaux. « Comment des juges de vingt pays, auxquels la langue française peut être étrangère, disait en 1885 le Syndicat français des Sociétés littéraires et artistiques, pourront-ils apprécier cette locution (adaptation) qui semble avoir embarrassé une réunion d'érudits ? » Pour limiter dans une certaine mesure cet arbitraire, la France proposa d'expliquer ce texte, ou plutôt d'en restreindre l'élasticité par une déclaration conçue en ces termes : « Est spécialement comprise parmi les appropriations indirectes non autorisées, que l'art. 10 qualifie de reproductions illicites, la dramatisation, c'est-à-dire la transformation d'un roman en pièce de théâtre ou vice versa. » Malheureusement l'Angleterre, fidèle aux traditions qu'elle avait si bien su nous imposer de 1851 à 1875 par la convention du 3 novembre 1851, art. 4, § 3, annonça ne pouvoir souscrire à cette déclaration. L'intérêt personnel l'emporta encore une fois sur l'intérêt collectif, et la France dut retirer son amendement. Ainsi la Grande-Bretagne pourra encore, en l'absence de conventions particulières lui en ôtant la liberté, appliquer dans l'avenir les principes qu'elle a si bien suivis dans le passé et faire représenter sur la scène anglaise des romans dramatisés sans le consentement de leur auteur.

Si nous voulions maintenant chercher à déterminer exactement la portée de notre disposition, la question ne laisserait pas que d'être embarrassante. Son véritable caractère nous paraît difficile à définir, et le résultat auquel elle conduit peut paraître singulièrement étrange. Constitue-t-elle un minimum d'unification s'imposant dans les rapports internationaux des parties contractantes ; n'est-elle au contraire qu'une application du principe d'assimilation des œuvres étrangères aux œuvres nationales posé par l'art. 2 de la convention ? Il semble qu'elle soit l'un et l'autre à la fois ; nous croyons néanmoins qu'elle n'est ni l'un ni l'autre. La première partie de cette disposition, envisagée séparément, constituerait bien un minimum d'unification analogue à celui que renferme l'énumération de l'art. 4 ; mais ce caractère n'est-il pas détruit par le paragraphe suivant qui, rendant toute leur importance aux solutions contenues dans les lois internes et les conventions particulières, semble poser le principe d'assimilation des œuvres étrangères aux nationales, en invitant « les tribunaux des divers pays de l'Union à tenir compte dans l'application du présent article des réserves de leurs lois respectives ». Mais alors notre texte n'est-il pas d'une complète inutilité et le principe général d'assimilation n'aurait-il pas suffi pour permettre aux intéressés de protester contre ces usurpations détournées, dans les pays où celles-ci sont considérées comme répréhensibles ? (1).

Tel n'est pas notre avis et nous croyons pouvoir trouver à notre disposition une portée réelle quoique regrettable, nous le recon-

---

(1) V. DARRAS, *De l'état actuel du Droit des auteurs étrangers en France et des auteurs français à l'étranger.* — *J. D. I. P.* (1892, p. 827, n° 43). — D'ORELLI, *Droit d'auteur* (1889, p. 14).

naissons. Dût d'ailleurs notre interprétation être considérée comme erronée, nous ne nous reprocherions nullement de l'avoir aventurée, si elle avait pour résultat d'attirer l'attention sur les déductions fàcheuses auxquelles peut conduire une rédaction aussi étrange que celle de l'art. 10.

Pour mieux faire ressortir les effets de cette disposition, nous envisagerons seulement les rapports de deux Etats de l'Union, la France et l'Angleterre, par exemple, la première prohibant l'adaptation à l'égal de la contrefaçon proprement dite; la seconde, au contraire, autorisant dans une large mesure les appropriations indirectes d'œuvres étrangères (1).

Si l'art. 10 n'est qu'une application particulière du principe général d'assimilation, il nous paraît sans effet dans les rapports internationaux des deux Etats que nous supposons en présence; car le principe d'assimilation n'est pas exclusif de cette autre idée qu'on ne peut réclamer à l'étranger un droit qui n'est pas né au pays d'origine ou qui, né dans ce pays, ne serait pas reconnu par l'Etat invité à le sanctionner. La convention elle-même, à tort ou à raison, nous ne le discutons pas ici, a fait dans son art. 2 une application de cette doctrine en décidant que la protection quant à sa durée, ne saurait excéder dans les autres pays celle accordée au lieu d'origine. Ainsi un auteur français fait paraître un roman, dont s'empare aussitôt un spéculateur anglais pour en doter la scène. L'auteur lésé pourra-t-il réclamer efficacement contre cette dramatisation non autorisée de son œuvre? Non, puisque les lois de la Grande-Bretagne ne reconnaissent pas comme délictueux ce fait de déprédation. Dans l'hypothèse inverse, la résultante devrait être encore la même : c'est en France qu'un ouvrage anglais a été l'objet d'une adaptation. Quelles prétentions pourra élever, chez nous, l'auteur originaire à une protection que lui refusent les lois de son propre pays. Elles manqueraient du fondement qui leur est indispensable : un droit, pour être protégé, doit être né.

---

(1) Nous ne tenons pas compte dans cette discussion de la convention franco-anglaise du 11 août 1875 qui est venue fort heureusement modifier les conditions que nous avions dû subir pendant plus de vingt ans. La convention précédente du 3 novembre 1851 permettait les imitations ou adaptations faites de bonne foi; l'art. 4, § 3, qui consacrait ce droit de spoliation, a été aboli par la convention spéciale de 1875. — *J. D. I. P.* (1875, p. 398).

Eh bien ! c'est précisément cette dernière conséquence que nous semble avoir écarté l'art. 10 de la convention de Berne. L'auteur anglais basera son droit sur le paragraphe 1er de notre disposition qui établit un minimum d'unification, et nos juges ne trouveront pas dans le second paragraphe la fin de non recevoir que d'autres juges étrangers pourront y aller puiser, car nos lois condamnent l'adaptation d'une façon implicite, mais certaine. Ce même Anglais a-t-il au contraire joué le rôle de contrefacteur ? l'avantage est encore de son côté. Il pourra répondre à l'auteur français qui se plaint d'être lésé dans ses droits : vos prétentions trouvent un sérieux appui dans la législation de votre pays et une base non moins certaine dans le paragraphe 1er de l'art. 10 de la convention internationale de Berne ; mais le second paragraphe de cette même disposition paralyse l'exercice de votre droit et mes juges « tenant compte en cette matière des réserves de la loi anglaise », ne peuvent que vous débouter de votre demande. Je puis impunément contrefaire vos œuvres parce que ma loi nationale m'y autorise ; vous n'avez pas le même droit à mon égard, car la législation française vous le défend.

C'est sur cette conséquence illogique et injuste du système consacré par l'art. 10 que nous voulions attirer l'attention. Elle peut se résumer en quelques mots : ceux-là pourront se prévaloir du bénéfice de la convention, dont la loi nationale légitime les appropriations indirectes ; ceux dont la loi nationale au contraire condamne l'adaptation, se trouvent sans défense auprès des Etats qui l'autorisent. Assurer la protection aux moins méritants, voilà donc à quoi conduit en définitive la réserve faite par le paragraphe 2 au principe plus large que formulait le paragraphe 1er de l'art. 10.

Après avoir fait connaître le mal, faut-il signaler le remède ? Nous l'avons indiqué déjà par avance : il n'y a qu'à supprimer la seconde partie de notre disposition pour ne laisser subsister que le principe, constituant alors un véritable minimum d'unification imposé aux parties contractantes, que leurs lois particulières s'entendent ou non pour interdire toute appropriation indirecte ; la logique y gagnera, l'équité sera respectée et les légitimes prétentions des auteurs auront reçu satisfaction.

CHAPITRE V

FORMALITÉS

Les législations subordonnent en principe la protection qu'elles organisent en faveur des auteurs et des artistes à l'accomplissement d'un certain nombre de conditions ou formalités dont l'opportunité peut être contestée et consistant généralement dans le dépôt et l'enregistrement. Nous ne discuterons pas la valeur juridique des considérations mises en avant pour justifier ces formalités dont le nombre, fort heureusement, va diminuant chaque jour. L'enregistrement et le dépôt de l'œuvre se comprennent dans un pays qui n'est pas libre ; on peut les considérer alors comme une mesure de police. Mais une législation idéale n'a pas à tenir compte de semblables États ; il faut aux œuvres intellectuelles la publicité à l'ombre de la liberté. Aussi est-il antijuridique de subordonner un droit naturel à l'observation de formalités qu'on peut souvent oublier de remplir. Deux auteurs, deux artistes n'arriveront jamais à concevoir deux œuvres analogues ; ainsi tombe l'un des motifs parfois mis en avant pour légitimer la pratique moderne. On invoque aussi le désir d'augmenter les collections nationales et il n'est pas douteux que ce soit là le but poursuivi par les législations qui ont introduit l'obligation du dépôt. Nous comprenons qu'on lève cet impôt sur les auteurs et les artistes (1) ; mais ce que nous ne saurions admettre, c'est que l'acquittement ou le non acquittement de cette redevance puisse exercer une influence quelconque sur les droits intellectuels.

Ainsi ces formalités doivent disparaître comme mesures de police ; elles sont inutiles pour donner aux œuvres littéraires ou artistiques un caractère d'authenticité ; elles peuvent être considérées comme

(1) V. Emile RAUNIÉ, *Rev. lib.* (1884, t. VII, p. 106).

une taxe légitime ; mais étant donnée cette nature, elles ne doivent plus exercer aucune influence sur l'existence des droits intellectuels. Tout au plus le législateur peut-il en faire une condition mise à l'exercice du droit, mais jamais à sa jouissance. En d'autres termes, s'il peut subordonner l'efficacité des poursuites intentées par l'auteur lésé à l'accomplissement préalable des formalités requises, ces formalités, une fois remplies, l'intéressé peut agir même en raison de contrefaçons antérieures. Ainsi le dépôt et l'enregistrement ne sont pas des conditions mises à la naissance ou même à la conservation du droit ; leur effet juridique est tout autre : ils ne sont nécessaires que pour la mise en mouvement de l'action née de la violation du droit. Toute formalité considérée comme constitutive de droit nouveau et non comme simplement déclarative d'un droit préexistant serait un non-sens.

Théoriquement, les formalités devraient être facultatives et n'avoir qu'un but : établir d'une manière officielle, au profit des auteurs et des artistes, le moment même de l'édition, choisi comme point de départ de la durée des droits intellectuels. Lorsque ce progrès sera réalisé, aucune déchéance ne viendra plus frapper celui qui aura négligé de déposer ou de faire enregistrer son œuvre. Il lui sera plus difficile sans doute d'établir l'existence de son privilège, mais cet inconvénient ne saurait entrer en ligne de compte avec les mesures que prennent encore, à notre époque, certaines législations. De ce jour aussi on ne pourra plus imposer aux ayants droit l'observation d'une formalité quelconque en dehors du pays d'origine. Ces réformes ont été fréquemment réclamées par les intéressés et la dernière vient d'être réalisée par l'Union internationale.

A quelles conditions ou formalités est subordonnée la protection organisée par la convention de Berne et d'où résultera la preuve de l'accomplissement des formalités ou conditions requises ?

L'art. 2, dans ses paragraphes 2, 3 et 4, répond à notre première question ; l'art. 11 nous donne la solution de la seconde.

L'art. 2, § 2, apporte en notre matière une fort heureuse dérogation au principe posé par le premier paragraphe : celui de l'assimilation de l'étranger au national. L'application du traitement national eût conduit ici au maintien regrettable des solutions admises par les lois internes. Or un bon nombre de pays subordonnent encore, ou subordonnaient naguère, la protection qu'ils accordent aux étrangers à l'accomplissement des formalités exigées dans le pays où cette protection est réclamée, sans préjudice des formalités requises au pays d'origine de l'œuvre. Il résultait de là des frais parfois énormes, des complications sans fin aboutissant en fait à retirer d'une main aux auteurs ce qu'on leur accordait de l'autre.

La convention de Berne réalise sur ce point une amélioration très sensible dont les avantages seront chaque jour appréciés dans la pratique de la vie littéraire et artistique. Aux termes de l'art. 2, § 2 : « *la jouissance des droits d'auteur est subordonnée à l'accomplissement des formalités et conditions prescrites par la législation du pays d'origine de l'œuvre..... »*

Désormais les sujets de l'une des puissances signataires n'auront plus à remplir, dans chacun des Etats dont ils désirent s'assurer la protection légale, des formalités sans nombre, aussi fastidieuses qu'onéreuses. Il leur suffira d'accomplir une fois pour toutes les formalités exigées par la loi du pays d'origine de l'œuvre. L'auteur n'a plus à se préoccuper des règlements administratifs d'une douzaine d'Etats différents : s'il s'est conformé à la loi d'un seul, de celui où son œuvre a vu le jour pour la première fois, il jouira dans tous les pays de l'Union des droits garantis par la convention.

Si nous rapprochons notre disposition d'une tendance nouvelle de plusieurs législations internes, que nous aurons bientôt à signaler, nous constaterons facilement à quels heureux résultats, à quelle extrême simplification peut conduire la règle posée par la conférence. D'après la loi belge (1886) et la loi suisse (1883), l'enregistrement est purement facultatif, sauf pour les œuvres posthumes. L'auteur suisse ou belge n'aura donc, pour conserver ses droits dans tout l'empire de l'Union, aucune formalité à remplir puisque aucune n'est exigée par la loi du pays d'origine. Avant 1887, l'écrivain belge, qui aurait voulu poursuivre en Angleterre la contrefaçon de ses œuvres, aurait été tenu préalablement, conformément aux statuts (5 et 6 Victoria c. 45, s. 6) de faire enregistrer ses œuvres au « Stationer's hall » et de déposer un exemplaire au « British muséum ». Des exigences analogues auraient été la condition mise à la sauvegarde de ses droits en Hollande, en Allemagne ou en Italie. Depuis 1887, et en ce qui concerne les rapports internationaux des puissances contractantes, ces exigeances injustifiables appartiennent au domaine de l'histoire. Il n'y a plus à se préoccuper que des formalités prescrites au pays d'origine de l'œuvre.

Mais que faut-il entendre par pays d'origine ? Est-ce celui auquel l'auteur est rattaché par les liens de la naissance ou du domicile ? Est-ce celui au contraire où l'œuvre a été publiée pour la première fois ? Faut-il, en d'autres termes, tenir compte de la nationalité de l'œuvre ou de celle de son auteur ? La controverse n'eût pas manqué de naître sur ce point, si les deux derniers alinéas de notre article n'avaient pris soin de définir le mot et de résoudre la question par une distinction faite entre les œuvres publiées et celles qui ne l'ont pas été.

S'agit-il d'œuvres publiées ? le pays d'origine sera celui de leur première publication et, si cette publication a lieu simultanément dans plusieurs Etats de l'Union, celui d'entre eux qui accorde la durée de protection la plus courte. S'agit-il d'œuvres manuscrites ou inédites ? le pays d'origine sera celui auquel l'auteur appartient.

Art. 2, § 3. — « *Est considéré comme pays d'origine de l'œuvre celui de la première publication, ou si cette publication a lieu simultanément dans plusieurs pays de l'Union, celui d'entre eux dont la législation accorde la durée de protection la plus courte.* »

§ 4. — « *Pour les œuvres non publiées, le pays auquel appartient l'auteur est considéré comme pays d'origine de l'œuvre.* »

Pourquoi donner au même mot deux sens distincts ; pourquoi consacrer deux solutions différentes, suivant que l'œuvre a été ou non publiée. Il en faut aller chercher l'explication dans des considérations d'utilité. Les motifs en effet qui, dans l'hypothèse prévue par le troisième paragraphe, ont fait préférer la solution admise à celle qui prend en considération la nationalité de l'auteur, sont d'un ordre essentiellement pratique. Les tiers qui ont intérêt à savoir si l'œuvre est encore ou non protégée par la loi, tant au point de vue de la traduction que du droit exclusif de reproduction, auraient souvent peine à se renseigner exactement sur l'indigénat de l'auteur, sans compter même avec le cas de double nationalité dont la possibilité, dans l'état actuel des législations, n'est pas encore complètement écartée. Ainsi le Français, qui va fonder un commerce au delà des Pyrénées, acquiert de plein droit la nationalité espagnole sans perdre néanmoins en France sa qualité d'origine ; nous nous trouvons ainsi en présence d'un même individu, français par sa naissance, s'il n'a pas expressément manifesté son intention d'acquérir une nationalité étrangère ; espagnol au contraire au lieu de son nouvel établissement. Or cette double nationalité pourra lui conférer, en deçà ou au delà de la frontière qui sépare les deux pays, des droits non seulement distincts mais même contradictoires. A laquelle des deux législations en présence convenait-il de donner la préférence au point de vue particulier qui nous occupe, c'est-à-dire en ce qui concerne l'exercice des prérogatives reconnues aux auteurs et aux artistes ? (1).

Au contraire il est toujours possible et facile de savoir où l'œuvre a été publiée pour la première fois, et, si elle a été publiée simultanément dans plusieurs Etats, quel est celui d'entre eux où elle tombe le plus tôt dans le domaine public. Pour les œuvres inédites, il est facile de comprendre qu'une pareille solution n'était évidemment plus admissible ; il a fallu nécessairement adopter une règle différente et s'en tenir à la nationalité de l'auteur pour déterminer le lieu d'origine de l'œuvre.

Qu'après cela on blâme les rédacteurs de la convention d'avoir donné à un même mot deux significations si distinctes (l'expression *pays d'origine* désignant tantôt le lieu de publication de l'œuvre, tantôt la patrie de l'auteur), peu nous importe. Nous laissons cette critique aux puristes de la langue juridique, qui trop volontiers sacrifient le fond à la forme. Pour nous, préférant la chose au mot, nous approuverions pleinement le système à la fois logique et simple admis par la conférence de Berne, si au cours de ses discussions elle n'avait un moment oublié le principe posé par l'art. 2 en matière de formalités et cru devoir sacrifier sur un point et la logique et la simplicité.

Nous avons déjà critiqué ailleurs, mais nous croyons devoir rappeler ici la solution admise par l'art. 9 *in fine,* qui ne protège les œuvres musicales publiées contre leur exécution publique qu'autant que l'auteur s'est expressément réservé ce droit par une déclaration faite sur le titre ou en tête de l'ouvrage. Le Congrès international de Paris a manifesté le désir de voir disparaître ce paragraphe, qui non seulement est la consécration d'une injustice, mais est en contradiction complète avec le principe libéral posé par

(1) Une situation inverse pouvait se présenter, qui a duré jusqu'à la loi du 26 juin 1889, dans nos rapports avec l'Angleterre : une femme française épousant un Anglais n'acquérait pas la nationalité de son mari et perdait néanmoins sa qualité de française : elle se trouvait donc en droit sans nationalité ; comment dès lors dans cette hypothèse rattacher le lieu d'origine de l'œuvre publiée à la nationalité de son auteur ?

l'art. 2, § 2. L'un consacre une innovation heureuse, un progrès considérable ; l'autre réédite une injustifiable exigence, qui marque un mouvement de recul sensible sur bon nombre de législations. De plus, la condition exigée par l'art. 9 pour la protection des œuvres musicales publiées diffère, par sa nature comme par ses effets, des formalités dont parle l'art. 2 de la convention. Ces dernières ne sont requises que pour la mise en mouvement de l'action en contrefaçon, et n'influent en rien sur la naissance ou même la conservation du droit. Le droit de poursuite de l'auteur naît avec ses prérogatives ; celui-ci en a, dès l'origine, la jouissance ; seul l'exercice de ce droit est paralysé jusqu'au jour de l'accomplissement des formalités exigées par la loi du pays d'origine.

Au contraire la réserve expresse dont il est mention en l'art. 9 (1) est une condition mise à la naissance même du droit. La conséquence est donc la liberté de représentation des œuvres musicales publiées, tant qu'une volonté contraire n'a pas été manifestée par l'intéressé. Jusqu'à ce jour, toute représentation publique est licite et par suite l'accomplissement de la formalité prescrite n'a d'effet que pour l'avenir et jamais dans le passé. Avant l'insertion de la réserve expresse, ou à défaut de cette insertion en tête de l'ouvrage, l'auteur manque non seulement de l'exercice mais encore de la jouissance du droit de poursuite. En deux mots, tandis que les formalités de l'art. 2, § 2, sont simplement déclaratives d'un droit préexistant, celle de l'art. 9 est constitutive de droit nouveau. Or l'on sait assez combien un pareil effet attaché à l'accomplissement d'une formalité est contraire à la nature du droit à protéger, pour que nous n'ayons pas à insister sur l'opportunité de voir se réaliser dans le plus bref délai le vœu qu'émettait le Congrès de Paris en 1889 : la suppression de l'injustifiable exigence posée par la partie finale de l'art. 9, § 3.

L'accomplissement des formalités requises en pays d'origine suffit donc à garantir l'auteur, dans toute l'étendue de l'Union, contre la contrefaçon de ses œuvres. Mais l'intéressé devra-t-il faire en justice la preuve de l'accomplissement de ces formalités, et si

---

(1) Et nous pourrions étendre cette critique aux dispositions de l'art. 7 de la convention, si l'on doit, comme le soutiennent certains auteurs, mais contrairement à l'opinion que nous avons développée dans un précédent chapitre, admettre l'assimilation des romans-feuilletons aux articles de journaux.

oui, comment cette preuve sera-t-elle faite ? L'art. 11, qui est en quelque sorte le corollaire de l'art. 2, répond à notre question et la résout d'une manière à la fois très simple et très favorable aux auteurs. En cas de contestations judiciaires, les auteurs sont en principe dispensés de justifier de leur droit : une présomption leur tiendra lieu de preuve. « *Pour que les auteurs des ouvrages protégés par la présente convention soient jusqu'à preuve contraire considérés comme tels et admis en conséquence, devant les tribunaux des divers pays de l'Union, à exercer des poursuites contre les contrefaçons, il suffit que leur nom soit indiqué sur l'ouvrage en la manière usitée.* » Ainsi, le seul fait de l'indication sur un ouvrage du nom de l'auteur protégé suffira pour constituer une présomption du bien fondé des prétentions de ce dernier. Mais le but même poursuivi indiquait nettement quelle devait être la nature de cette présomption, si l'on ne voulait pas rendre possible la dégénérescence de cette faveur méritée en une mesure dangereuse. Attacher à cette présomption un effet absolu, la considérer comme irréfragable, ce serait mettre à la disposition des usurpateurs un moyen simple et facile de pratiquer la contrefaçon sous le protectorat de la convention ; ils n'auraient qu'à reproduire (textuellement, s'ils redoutent l'effort personnel), sous leur propre nom, l'ouvrage dont ils cherchent à s'approprier les bénéfices. Aussi les rédacteurs ont-ils pris la sage précaution de réserver la preuve contraire, dans l'intérêt même de ceux qu'ils voulaient protéger.

D'ailleurs, c'est là pour l'auteur une simple faveur et non un droit absolu. Les tribunaux peuvent exiger, le cas échéant, la production d'un certificat délivré par l'autorité compétente, constatant que les formalités prescrites par la loi du pays d'origine ont été remplies. C'est ce que dit expressément l'art. 11 dans son troisième paragraphe : « *Il est entendu toutefois que les tribunaux peuvent exiger, le cas échéant, la production d'un certificat délivré par l'autorité compétente, constatant que les formalités prescrites, dans le sens de l'art. 2, par la législation du pays d'origine, ont été remplies.* » Cette disposition devait donner lieu à la promulgation de règlements nouveaux dans l'intérieur des Etats ; car chez plusieurs d'entre eux, il n'y avait pas en 1887 d'autorité organisée pour la délivrance de pareils certificats. En présence du retard apporté par les Etats dans cette promulgation, le Congrès réuni à Berne en 1889 a manifesté le désir de voir délivrer ces certificats par le bureau de l'Union internationale qu'organise l'art. 16 de la convention.

L'art. 11 n'a pas prévu le cas où l'auteur, n'appartenant pas à un des pays de l'Union, a néanmoins publié son œuvre dans un des Etats signataires. Cette hypothèse ne soulève pas de difficulté. D'une part, une mention insérée au procès-verbal de la conférence de 1885 déclare applicable, en notre espèce, la présomption établie par l'art. 11. D'autre part, la conférence fût-elle restée muette, l'interprétation donnée par elle s'imposait de toute nécessité et se trouve pleinement justifiée par la généralité des termes de l'art. 3. Cette dernière disposition déclare applicables aux éditeurs d'œuvres publiées dans l'intérieur de l'Union et dont l'auteur appartient à l'un des pays qui n'en font pas partie, « les stipulations de la présente convention ». C'est donc l'éditeur qui pourra se prévaloir de la présomption posée par l'art. 11, § 1er, ou devra, le cas échéant, fournir le certificat requis par le même article, § 3.

Plus délicate était à résoudre la question des œuvres anonymes ou pseudonymes. Il ne suffisait pas de dire que l'éditeur, dont le nom est indiqué sur l'ouvrage, est fondé à sauvegarder les droits appartenant à l'auteur. Il se peut en effet que l'éditeur, en cette qualité, ait à poursuivre des actes portant atteinte à ses droits, et il faut dans cette hypothèse qu'il soit dispensé de l'obligation d'établir que ses droits dérivent régulièrement de l'auteur anonyme ou pseudonyme. Imposer à l'éditeur, qui réclame protection, une pareille obligation, ç'eût été le forcer à la divulgation d'un nom qu'on voulait tenir secret et aller, par suite, à l'encontre des intentions mêmes de l'auteur. La convention a donné à cette question délicate une heureuse solution : l'éditeur est non seulement fondé à sauvegarder les droits appartenant à l'auteur (par application de l'art. 3), mais il est, en outre, sans autre preuve, réputé ayant droit de l'auteur anonyme ou pseudonyme; ainsi le nom de l'écrivain pourra, suivant son désir, rester ignoré (1). Dans le premier cas, l'éditeur peut être considéré comme une sorte de mandataire légal de l'auteur; dans le second, il agit en vertu d'un droit propre dont il est dispensé par une présomption d'établir la preuve.

Art. 11, § 2. — « *Pour les œuvres anonymes ou pseudonymes, l'éditeur dont le nom est indiqué sur l'ouvrage est fondé à sauve-*

_____

(1) V. *Rapport de la Commission de 1885* (p. 12).

*garder les droits de l'auteur. Il est, sans autre preuve, réputé
ayant cause de l'auteur anonyme ou pseudonyme.* »

L'art. 11 a été emprunté à l'art. 7 de la convention franco-allemande du 19 avril 1883. Le projet de l'Association littéraire et celui
du Conseil fédéral suisse ne renfermaient aucune disposition de ce
genre. Les délégués allemands firent observer que les formalités
du dépôt et de l'enregistrement n'étant pas requises par la législation de tous les pays contractants, il serait utile d'insérer dans la
convention une clause dispensant les intéressés de justifier formellement de leurs droits. La conférence a facilement partagé cette
manière de voir ; et il faut reconnaître que la disposition qui a
donné satisfaction au vœu de la délégation allemande est une des
plus heureuses de cette convention, non seulement en raison des
facilités de preuve qu'elle donne aux auteurs, mais aussi et surtout
parce qu'elle est l'affirmation de ce principe, méconnu par quelques
législations, que les formalités prescrites par les lois en matière
littéraire et artistique sont purement déclaratives et non investitives
du droit.

Si sensible que soit l'amélioration apportée par l'acte diplomatique de 1887, l'étude des formalités prévues par les lois internes n'a
pas perdu son utilité. Elle s'impose même, puisque notre convention laisse subsister les formalités imposées au lieu d'origine, et le
point de savoir si elles ont été ou non remplies présente de l'intérêt dans le plus grand nombre des hypothèses.

En France, la loi du 29 juillet 1881 sur la presse régit actuellement la matière. Ce texte, il est vrai, ne se réfère qu'aux mesures
prises à l'encontre des imprimeurs ; mais il est de jurisprudence
presque constante que les dépôts faits par eux sauvegardent pleinement les droits des auteurs, bien que la nouvelle loi ne s'inspire
pas des mêmes motifs que celles qui l'ont précédée : les formalités
imposées aux imprimeurs s'expliquent par des considérations de
police ; celles prescrites à l'égard des auteurs ont leur fondement
dans la nécessité d'assurer la priorité des droits intellectuels et
d'enrichir les bibliothèques nationales. Néanmoins le décret de 1810
qui, le premier, a astreint l'imprimeur au dépôt, est, d'après son
titre, relatif tout à la fois à l'imprimerie et à la propriété littéraire.
Lors des discussions de la loi de 1881, on a incidemment rappelé
que les dispositions qui allaient être votées pouvaient se justifier

aussi par leur utilité en matière de droits intellectuels (1). Voici donc le texte même des art. 3 et 4 de la loi de 1881 :

Art. 3. — « Au moment de la publication de tout imprimé, il en sera fait par l'imprimeur, sous peine d'une amende de seize à trois cents francs, un dépôt de deux exemplaires destinés aux collections nationales. Le dépôt sera fait au Ministère de l'Intérieur pour Paris ; à la Préfecture pour les chefs-lieux de département, à la Sous-Préfecture pour les chefs-lieux d'arrondissement ; et pour les autres villes, à la Mairie. »

Art. 4. — « Les dispositions qui précèdent sont applicables à tous les genres d'impression ou de reproduction destinés à être publiés. Toutefois, le dépôt prescrit par l'article précédent sera de trois exemplaires pour les estampes, la musique et, en général, les reproductions autres que les imprimés. » Ces articles ont fait disparaître les difficultés qui jadis étaient nées en la matière. Actuellement, sans qu'aucun doute puisse surgir à cet égard, le dépôt doit se faire en triple, quand il s'agit d'estampes, même lorsqu'elles accompagnent un texte ; quand il s'agit de musique, même lorsque les paroles sont intercallées dans la partition. La généralité de l'art. 3 a supprimé toute controverse au regard des journaux, des photographies, des cartes géographiques, etc...; en ces différentes espèces, il y a lieu de procéder à l'observation des formalités. Mais il est bien évident, malgré la largeur des expressions employées, que celles-ci ne peuvent comprendre les œuvres qu'une reproduction mécanique ne saurait multiplier : nous faisons allusion aux tableaux, aux sculptures, etc.; la force même des choses s'oppose à ce qu'il en soit autrement.

Malgré les améliorations qu'elle a réalisées, la loi de 1881 n'en a pas moins soulevé les critiques de ceux qui considèrent le dépôt légal comme un moyen simple et peu coûteux d'enrichir les collections nationales (2). L'obligation du dépôt pèse à l'heure actuelle sur l'imprimeur et non sur l'éditeur ; c'est là une conséquence for-

---

(1) M. PELLETAN, V. Rev. lib. (t. vii, p. 122).

(2) V. M. PICOT, mémoire communiqué à l'Académie des sciences morales et politiques, Revue des deux-mondes, 1er février 1883. — Émile RAUNIÉ, Revue lib., 1884, (t. vii, p. 104 et s.). — La loi, en effet, ne s'occupe pas du livre tel qu'il est mis en vente, mais de l'imprimé. L'imprimeur, au moment où il en-

cée de la prépondérance donnée en 1881 aux considérations de police. Il est fâcheux que dans une loi où a été proclamé le grand principe de la liberté de la presse ces idées surannées aient encore trouvé crédit. Quoi qu'il en soit, l'organisation spéciale empruntée par le législateur de 1881 aux textes antérieurs a trop souvent pour résultat d'encombrer nos bibliothèques d'exemplaires indignes d'y figurer. Aussi M. Mézières a-t-il soumis au Sénat, le 19 mars 1883, un projet de loi qui fut pris en considération le 14 février 1884. D'après cette proposition, l'imprimeur ne doit plus faire le dépôt qu'en simple, mais l'éditeur doit remettre aux mêmes autorités que celles désignées en 1881 « deux exemplaires de l'ouvrage achevé et dans le meilleur état de vente. » Cette réforme serait, en certaines hypothèses, une aggravation des charges qui pèsent sur les auteurs : même au cas d'imprimés, le dépôt devrait toujours se faire en triple exemplaires, du moins l'innovation projetée serait adéquate au but poursuivi.

La loi du 29 juillet 1881 a modifié les détails de la législation, mais elle a laissé subsister les principes. On doit donc continuer à considérer le dépôt, non comme constitutif de droits, mais comme simplement déclaratif; l'inobservation de cette formalité est un obstacle à la mise en mouvement de l'action en contrefaçon, mais un obstacle qu'il est toujours temps de lever; le dépôt une fois opéré permet de poursuivre même des faits antérieurs.

En Angleterre, les formalités ont le même caractère, et leur inaccomplissement entraîne des effets analogues. Pour toute production de la littérature, pour les compositions dramatiques et musicales, les cartes géographiques et marines, un enregistrement doit avoir lieu au Stationer's hall, et le dépôt d'un exemplaire destiné au British muséum est prescrit par les statuts (5 et 6 Vict. c. 45, s. 6). La remise d'autres exemplaires peut être nécessaire si, dans l'année de la publication, la demande en a été faite au profit soit de la bibliothèque bodléienne d'Oxford, soit de la bibliothèque publique de Cambridge, soit de celle de la faculté des avocats d'Edimbourg, soit enfin du collège de la Trinité de Dublin. — En

---

voie au brocheur les feuilles tirées, peut donc faire porter au ministère de l'intérieur ou à la préfecture deux séries de feuilles détachées, sans que l'autorité puisse le forcer à faire un dépôt de l'œuvre complète. Le système actuel a donc pour effet d'encombrer plutôt que d'enrichir les bibliothèques nationales.

matière de sculpture, gravure, lithographie, aucun enregistrement n'est prescrit, mais chaque objet doit porter le nom de l'artiste et la date de publication. Pour les peintures, dessins et photographies, une notification au Stationer's hall est la seule condition mise à la protection (8, Georges ii, c. 13, s. 1 ; 54, Georges iii, c. 56 s. 1 et 3 ; 25 et 26, Victoria, c. 68, s. 4 ; 13 et 14, Victoria, c. 104, s. 7).

En Italie, le dépôt se fait en triple exemplaire ; s'il s'agit d'œuvres d'art, la remise de photographies supplée à celle de l'œuvre même (loi de 1882, art. 21). L'intéressé doit faire en même temps une déclaration dans laquelle il mentionne, d'une façon précise, le caractère de l'œuvre et l'année où elle est imprimée, publiée, représentée ou exposée ; il doit y joindre la réserve expresse de tous ses droits. S'agit-il d'œuvres musicales, on doit prendre soin d'indiquer si leur exécution publique en a été faite et, dans le cas de l'affirmative, on doit avertir du lieu et de l'année de cette première communication au public. (V. loi de 1882, art. 22, 23, 25. — Décret du 19 septembre 1882, art. 1-9).

En Espagne, la loi de 1879 a créé un registre général des droits d'auteur et d'artiste tenu au ministère de Fomento (1). Un registre spécial est ouvert dans chaque bibliothèque provinciale ; on y indique par ordre chronologique les œuvres scientifiques, littéraires et artistiques susceptibles de protection légale. Tous les six mois, les gouverneurs civils envoient à la direction générale de l'instruction publique l'état des inscriptions effectuées ; on peut alors dresser le catalogue général. Outre cette inscription, un dépôt de trois exemplaires est exigé des titulaires de droits. Seules les productions picturales, sculpturales et plastiques sont dispensées de chacune de ces mesures. Les intéressés ont d'ailleurs un temps suffisant (un an) pour remplir ces formalités ; malheureusement, la loi espagnole a attaché à leur inaccomplissement un effet regrettable. Après l'expiration de la première année, la garantie est retirée et chacun peut librement reproduire l'œuvre tombée dans le domaine public. (V. loi de 1879, art. 33, 34, 37, 39). Au Portugal, le dépôt se fait en double (art. 604 du Code c.).

A la différence des précédentes, les législations dont il nous reste à parler ont en principe supprimé toute formalité ; toutefois, dans

---

(1) Le ministère de Fomento comprend : l'agriculture, le commerce, l'instruction publique et les travaux publics.

certains cas particuliers, cette exigence reparaît. La Belgique, en 1886, a rayé toutes les prescriptions qu'à notre égard contenaient les textes antérieurs. Néanmoins, on a cru bon, pour déterminer exactement l'époque d'édition, de soumettre à certaines formalités spéciales les œuvres posthumes et les publications faites par l'Etat ou par les administrations publiques. Un arrêté royal du 27 mars 1886 a ouvert pour les unes et les autres un registre au département de l'agriculture, de l'industrie et des travaux publics (art. 1). Mais le but à atteindre ne pouvait-il pas l'être sans la peine de forclusion prononcée par l'art. 2 après l'expiration d'un délai relativement court. « L'enregistrement doit, *sous peine de déchéance*, être requis dans les six mois, à partir soit de la publication, de la représentation ou de l'exécution s'il s'agit d'une œuvre littéraire ou musicale, soit de l'exposition s'il s'agit d'une œuvre appartenant aux arts plastiques. » N'est-on pas en droit de regretter qu'une législation, parfaite à tant de points de vue, se soit ainsi, sur ce point, écartée des véritables principes et ait cru pouvoir attacher à une formalité des effets absolument contraires à la nature du droit protégé ?

Les lois allemande (1870, art. 39, 40 et 60 ; 1876, art. 9) et hongroise (1884, art. 13 et 55) sont parties du même point de vue, mais en étendant aux œuvres anonymes la formalité de l'enregistrement. — Le système consacré par la loi suisse (23 avril 1883, art. 3, 2°) donne pleine satisfaction aux exigences de la théorie : il aboutit à une *déclaration facultative*. Dans ce pays, les auteurs n'ont aucune formalité à remplir pour assurer la conservation de leurs droits ; ils peuvent toutefois, suivant les inspirations de leur intérêt, faire inscrire leurs œuvres sur un registre tenu à cet effet. La nécessité de l'enregistrement n'a survécu que pour les publications posthumes et pour celles faites par la confédération, un canton, une personne juridique ou une société.

Tels sont les documents les plus importants que renferment sur notre question les différentes lois aujourd'hui en vigueur dans les principaux Etats européens signataires de la convention du 6 septembre 1886. Il n'y a pas lieu de porter un jugement particulier sur chacune d'elles. Qu'il nous suffise de signaler, pour la recommander à l'attention des législateurs, cette heureuse tendance d'un certain nombre de lois internes vers la suppression presque complète de formalités, considérées désormais, avec raison, comme une inutile exigence mise à la sauvegarde des droits intellectuels. Une marche progressive des peuples vers ce but désirable ajoutera, dans les rapports internationaux, aux avantages déjà considérables acquis à l'heure actuelle par l'effet de la convention de Berne, supprimant toutes autres formalités que celles du pays d'origine.

CHAPITRE VI

DISPOSITIONS PARTICULIÈRES

Nous embrassons sous ce titre un ensemble de stipulations insérées dans les articles 12 à 21 de notre convention et dont l'importance juridique ne nous paraît pas exiger des développements aussi étendus que ceux que nous avons donnés aux questions dont nous nous sommes occupés jusqu'ici. Ces différentes dispositions réglementent des points de détail tels que : saisie des œuvres contrefaites (art. 12) ; droits de souveraineté réservés au gouvernement (art. 13) ; faculté pour ces derniers de conclure des arrangements particuliers (art. 15) ; rétroactivité de la convention (art. 14) ; possibilité d'une révision (art. 17) ; accession à venir des pays restés en dehors de l'Union (art. 19) ; ratification, mise en vigueur et durée de la convention (art. 19, 20 et 21).

Saisie des œuvres contrefaites.

Poser un principe n'est pas suffisant : il faut en garantir l'application, en assurer la réalisation pratique. Si la convention se fut bornée à interdire la contrefaçon dans l'intérieur des pays contractants, la protection organisée par elle aurait été inefficace. A la règle il fallait une sanction pour éviter d'ériger une théorie dénuée d'effets dans la pratique. Il convenait donc de prendre des mesures pour interdire et prévenir l'importation dans les pays signataires d'œuvres contrefaites à l'étranger. La sanction de la contrefaçon, c'est la saisie judiciaire avec toutes ses conséquences civiles et pénales.

Art. 12. — « *Toute œuvre contrefaite peut être saisie à l'importation dans ceux des pays de l'Union où l'œuvre originale a droit à la protection légale. La saisie a lieu conformément à la législation intérieure de chaque pays.* »

Cette mesure préventive s'impose-t-elle aux pays contractants ou est-elle purement facultative ? On en a soutenu le caractère facultatif et cette opinion semble trouver un appui, une apparence de justification dans la rédaction même de l'art. 12 : « l'œuvre contrefaite *peut être saisie*. » D'ailleurs la pratique de la saisie n'est pas connue de tous les pays de l'Union et lors de la conférence de 1885 on a exprimé l'avis que la stipulation de l'art. 12 devait être considérée comme purement facultative.

Il nous est impossible de partager cette manière de voir. Nous avons dit déjà que la contrefaçon doit être prohibée sous toutes ses formes et il est facile de comprendre que la solution proposée en ce qui concerne la saisie est diamétralement opposée au but poursuivi ; tolérer l'importation des ouvrages contrefaits, c'est ouvrir les portes à la contrefaçon, c'est lui offrir un marché où elle trouvera l'écoulement facile et assuré de ses produits. Que la saisie ne soit pas connue de tous les pays ! il n'en résulte pas que la Convention n'ait pas voulu innover sur ce point et empêcher toute introduction dans l'intérieur de l'Union d'ouvrages contrefaits à l'étranger. Si l'on avait entendu sur ce point laisser une pleine liberté, un pouvoir discrétionnaire aux puissances signataires, on eût pu se dispenser de parler expressément de la saisie. Ne suffisait-il pas, à cet effet, de s'en tenir à la règle générale de l'art. 2 posant le principe de l'assimilation et garantissant par suite aux étrangers le même traitement qu'aux nationaux. De ce silence on pouvait conclure avec certitude que l'étranger intéressé est fondé à demander la saisie des œuvres contrefaites, dans les pays de l'Union qui connaissent cette mesure préventive, que cette prétention, au contraire, ne doit pas être accueillie par ceux de ces pays qui ne pratiquent pas la saisie en faveur de leurs nationaux. Est-il admissible, dès lors, de n'assigner à l'art. 12 d'autre but que celui de répéter en termes obscurs et ambigus une règle que l'art. 2 formulait d'une façon nette et précise !

Sans doute la formule « *peut être saisie* » n'est pas impérative ; mais si elle implique une mesure simplement facultative, c'est pour les intéressés et non pour l'Etat protecteur. Elle ne signifie nullement que les pays de l'Union sont libres d'admettre ou de refuser la saisie des œuvres contrefaites. Il s'agit là d'un préliminaire qui n'est pas obligatoire pour l'auteur lésé, mais qui peut lui être utile pour constater non seulement le fait de contrefaçon proprement dite mais encore celui de l'introduction ou du débit d'exemplaires contrefaits. Cette disposition de l'art. 12, dont l'avant-projet ne parlait pas, a été insérée sur la proposition du gouvernement suisse. Elle a une utilité pratique considérable dans un système comme celui de l'Union où, à raison de l'inégalité de la durée de la protection dans les différents Etats qui la composent, la reproduction peut commencer à être licite dans un pays alors qu'elle ne l'est encore ni au pays d'origine, ni dans celui d'importation. Que deviendrait cette garantie si l'on ne voyait dans la saisie qu'une mesure purement facultative pour les divers Etats? Ainsi l'œuvre publiée en France après trente ans n'a plus droit à aucune protection en Suisse ou en Allemagne, tandis que l'Espagne et la Belgique doivent lui garantir une protection égale en durée à celle qui lui est assurée au pays d'origine. Si la saisie n'est pas obligatoire, la Belgique et l'Espagne pourront ouvrir leur marché à l'Allemagne et à la Suisse et faciliter ainsi l'œuvre de contrefaçon. Ce droit est-il compatible avec l'obligation qui leur incombe, de par cette même convention, de protéger chez elles pendant cinquante ans la publication parue en France contre toute reproduction non autorisée?

Si, selon nous, la saisie s'impose, en revanche les formalités de la procédure, les rigueurs de la répression sont abandonnées à la législation intérieure de chaque pays. C'est là ce que signifie le second paragraphe de notre article : « La saisie a lieu conformément à la législation intérieure de chaque pays. » Le projet de 1884 disait à ce sujet : « La saisie peut avoir lieu soit à la requête du ministère public, soit sur la demande de l'intéressé. » Ce droit reconnu au ministère public tendait à une garantie plus efficace des droits de l'auteur souvent trop éloigné pour défendre lui-même ses propres intérêts. Cette disposition a disparu de la rédaction définitive sur les observations du représentant de l'Angleterre, faisant remarquer que dans son pays la saisie est du ressort de l'administration douanière.

Quoi qu'il en soit, les délais de protection n'étant pas les mêmes partout, il est clair que la saisie ne peut avoir lieu que si, dans le pays où la contrefaçon est importée, l'œuvre originale a droit encore à la protection légale. Mais d'autre part il convient d'ajouter (et l'observation en a été faite à la conférence tenue à Berne en 1889) que toute contrefaçon est punissable dans le pays où elle est commise, alors même que l'œuvre contrefaite serait destinée à un pays où la propriété littéraire et artistique n'est pas protégée. On ne peut pas, en effet, arguer du silence des textes pour en méconnaître ouvertement l'esprit : il serait étrange qu'on défendît la contrefaçon dans l'intérieur des Etats de l'Union et que l'on autorisât ces mêmes Etats à faciliter au dehors cette honteuse industrie.

Droits réservés aux Gouvernements.

En imposant aux gouvernements sa volonté, la conférence devait leur réserver certaines prérogatives. Il est des attributs de la souveraineté auxquels un Etat ne peut pas renoncer, qu'il ne saurait aliéner librement parce qu'ils constituent pour lui non seulement un droit, mais un devoir. Ce sont ces considérations, qui s'imposaient nécessairement, qui ont fait édicter l'art. 13, aux termes duquel : « *Il est entendu que les dispositions de la présente convention ne peuvent porter préjudice, en quoi que ce soit, au droit qui appartient au gouvernement de chacun des pays de l'Union de permettre, de surveiller, d'interdire, par des mesures de législation ou de police intérieure, la circulation, la représentation, l'exposition de tout ouvrage ou reproduction à l'égard desquels l'autorité compétente aurait à exercer ce droit.* » Le but de la convention n'est autre que de déterminer les droits des auteurs sur leurs œuvres et de les protéger contre les atteintes qui pourraient être portées à ces droits dans les pays de l'Union. Mais elle demeure et devait forcément demeurer absolument étrangère à tout ce qui concerne la liberté de la presse, ainsi qu'aux mesures que les gouvernements peuvent prendre dans l'intérêt de l'ordre public ou des bonnes mœurs, à l'égard d'œuvres littéraires ou artistiques répandues, représentées ou exposées dans leurs pays respectifs. Ce sont là des mesures intéressant au plus haut degré la société, et le droit de les prendre devait être expressément réservé dans la convention générale, de même qu'il l'est déjà dans la plupart des conventions particulières (1). Cette réserve même, à notre avis, n'était pas nécessaire pour maintenir, au profit des Etats intéressés, un droit de contrôle qu'ils ne peuvent pas abdiquer, et dont l'exercice, suivant nous, ne pourrait même pas être confié à un tribunal international

_____

(1) Voir, entre autres, les conventions conclues par la France avec l'Allemagne (art. 14), avec l'Italie (art. 12), avec la Suisse (art. 13).

où seraient représentées les puissances intéressées, signataires de la convention. Ce droit de contrôle est trop intimement lié au maintien de l'ordre intérieur pour pouvoir être confié à d'autres qu'à ceux qui ont mission de maintenir cet ordre. Telle œuvre qui dans un Etat donné pourra impunément affronter la publicité, sera considérée dans l'Etat voisin comme contraire aux traditions, aux mœurs, aux tendances nationales, à la forme politique du gouvernement. Or qui sera mieux à même que l'Etat intéressé pour autoriser ou interdire en connaissance de cause la mise au jour d'une pareille œuvre ?

Arrangements particuliers entre pays de l'Union.

Un autre droit est réservé aux gouvernements, celui de conclure des arrangements particuliers ou de maintenir les arrangements préexistants, pourvu qu'ils accordent une protection plus large que celle qu'organise la convention.

ART. 15. — « *Il est entendu que les gouvernements des pays de l'Union se réservent respectivement le droit de prendre entre eux des arrangements particuliers, en tant que ces arrangements conféreraient aux auteurs ou à leurs ayants cause des droits plus étendus que ceux accordés par l'Union, ou qu'ils renfermeraient d'autres stipulations non contraires à la présente convention.* »

Le Syndicat français des Sociétés littéraires et artistiques avait dirigé contre les dispositions de l'art. 15 et de l'article additionnel des critiques aussi amères que mal fondées : « Ces arrangements, disait-il au sujet de l'art. 15, devront-ils être sanctionnés par l'Union? Les pays non contractants à ces engagements en seront-ils solidaires? Si cela n'est pas, que deviendra l'Union avec une convention commune débordée de tous côtés par des arrangements meilleurs? Un moment arrivera où cette convention arriérée sera sans intérêt, sans autorité. » Ses observations sur l'article additionnel n'étaient pas empreintes d'une tolérance plus large : « N'est-ce pas la convention qui devrait dès à présent ne rien introduire qui fût contraire aux conventions existantes entre les pays ou qui parût les contester? » A ces critiques, il est facile de répondre. Nous rendons hommage aux idées généreuses qui les ont inspirées, mais nous reprochons au Syndicat d'avoir méconnu le véritable caractère de la convention projetée. Il avait tort de considérer cette convention comme la consécration de résultats acquis, alors qu'il n'aurait dû l'envisager que comme un acheminement vers un but à atteindre. Les progrès sont l'œuvre d'une lente élaboration, à laquelle on peut assigner un point de départ, mais dont on ne peut, à l'avance, marquer le point d'arrivée. Fonder une Union pour la protection des droits d'auteur, c'est jeter les bases d'un édifice qui grandira et finira par abriter suffisamment tous ceux pour lesquels il est élevé. La politique du tout ou rien est une politique d'intransigeance qui ne réussit qu'à tout entraver sans rien créer. Une convention implique le concours de plusieurs volontés et ce concours suppose des concessions réciproques : une convention qui propose un idéal est diplomatiquement un programme irréalisable. Il faut que par quelque côté se manifeste la défectuosité des œuvres humaines pour que ces œuvres soient acceptées par des hommes.

La conférence de Berne s'est montrée plus habile en exigeant peu, pour laisser aux évènements et au temps le soin de compléter son œuvre, en fixant un minimum qu'elle invite à dépasser. Dans le domaine de la protection des œuvres intellectuelles, la convention de 1886 est comme la colonne au delà de laquelle il n'est pas permis de reculer; au rebours de l'inscription gravée par Hercule, il convient d'y écrire ces mots : « *Plus ultra.* »

Quand, au début de cette étude, nous cherchions à caractériser la convention de Berne, nous ne faisions qu'analyser les dispositions de l'art. 15 et de l'article additionnel : liberté absolue pour les législations intérieures ou les arrangements particuliers entre Etats de conférer aux auteurs ou à leurs ayants cause des droits plus étendus que ceux accordés par l'Union ou de maintenir les avantages existants; défense non moins absolue de rester au-dessous du minimum garanti par elle.

Et bien que les arrangements nouveaux ainsi intervenus ne lient en aucune manière les Etats contractants envers les pays de l'Union qui n'y ont pas été parties, ne craignons pas que « la convention commune, débordée de tous côtés par des arrangements meilleurs, demeure un jour sans intérêt, sans autorité », ou plutôt souhaitons-le. Car la conférence a placé le remède à côté du mal; elle ne s'est pas imaginée avoir fait une œuvre immuable et éternelle. Si elle n'a pas cru devoir insérer, dès l'origine, dans la convention internationale, tous les principes que les pays les plus avancés dans la voie de la protection eussent désiré y voir figurer, c'est qu'elle craignait avec raison que le trop bon vouloir des uns ne vînt se briser contre l'opposition toute puissante des autres ; si elle a voulu laisser à l'avenir le soin de réaliser de nombreux progrès, en prévision de cette éventualité, elle admet la possibilité d'une révision et par suite la convocation de conférences nouvelles destinées à signaler les améliorations que l'expérience a démontré être nécessaires ou même simplement possibles.

Art. 17. — « *La présente convention peut être soumise à des révisions en vue d'y introduire les améliorations destinées à perfectionner le système de l'Union.*

« *Les questions de cette nature, ainsi que celles qui intéressent à d'autres points de vue le développement de l'Union, seront traitées dans des conférences qui auront lieu successivement dans les pays de l'Union, entre les délégués desdits pays.*

« *Il est entendu qu'aucun changement à la présente convention ne sera valable pour l'Union que moyennant l'assentiment unanime des pays qui la composent.* »

Le projet du Conseil fédéral disait que la convention serait soumise à des révisions périodiques ; cette rédaction, à juste titre, a paru trop absolue et l'on s'est borné à déclarer la révision facultative, ce qui est beaucoup plus rationnel ; la révision, comme les progrès qu'elle est destinée à consacrer, est l'œuvre des circonstances et du temps. Déclarer toute révision impossible, ç'eût été moins affirmer la perfection de l'œuvre que l'outrecuidante infaillibilité de ses auteurs ; exiger, comme on l'avait d'abord proposé, une révision périodique, c'était oublier que celle-ci, pour être pratique et utile, doit satisfaire un besoin et répondre aux vœux des intéressés. Il ne restait donc qu'une seule solution logique : laisser les Etats signataires juges souverains de l'opportunité de cette révision et n'apporter par suite aucun obstacle, aucun empêchement à l'introduction des additions ou réformes que l'expérience pouvait conseiller.

Depuis sa promulgation, notre convention n'a subi encore aucune modification. Des conférences se sont réunies chaque année et ont signalé, sur différents points, des innovations désirables que nous avons rappelées nous-mêmes au cours de nos explications. Mais elles se sont bornées à émettre des vœux dont il serait temps peut-être d'assurer aujourd'hui la réalisation.

Rétroactivité de la Convention.

Cette question présentait les plus graves difficultés. Elles n'avaient pas d'ailleurs échappé à l'Association littéraire et artistique. L'avant-projet contenait, sur ce point, une disposition conçue en ces termes : « La convention s'applique à toutes les œuvres non encore tombées dans le domaine public lors de la mise en vigueur de la convention. » Ce texte excluait de la protection les œuvres tombées dans le domaine public au pays d'origine, aussi bien que dans le pays dont la protection était réclamée. Ce système, qui n'est pas sans inconvénient, est à peu près le seul auquel on puisse pratiquement aboutir dans des conventions internationales. C'est peut-être la seule solution possible d'un problème à peu près insoluble : l'exemple du traité hispano-français de 1880 et franco-allemand de 1884 en est une preuve.

M. Carl Botz, représentant des droits d'auteurs en Allemagne, amena la conférence de 1883 à une formule plus absolue, qui n'excluait de la protection que les œuvres tombées dans le domaine public *dans leur pays d'origine*. La règle était certes beaucoup plus avantageuse pour les auteurs, mais il fallait s'attendre à la voir rejeter immédiatement par les délégués des autres Etats. Comme l'a très bien dit M. Numa Droz, « le jour où la convention entrera en vigueur, elle surprendra un état de fait qui ne sera pas partout conforme aux principes qu'elle proclame. Dans tel pays, des éditions non autorisées, mais que la loi ne punissait pas, seront en vente ; la représentation d'œuvres dramatiques aura été montée à grands frais ; des pierres lithographiques seront préparées pour la reproduction d'œuvres artistiques, etc. Le régime nouveau doit-il être appliqué impitoyablement, dès le premier jour, à tous ceux qui ont licitement jusqu'alors profité de l'absence de protection ? Ou ne doit-on pas plutôt consentir une tolérance temporaire en faveur, non pas de droits acquis, mais d'un état de fait préexistant ? »

La convention d'Union a incliné vers le système conciliant que l'expérience recommandait. Néanmoins la formule définitive qui semblait s'imposer aux membres de la conférence soulevait de telles controverses, qu'on en a été réduit à l'expédient suivant : « En principe, la convention s'applique à toutes les œuvres non tombées dans le domaine public, mais sous réserve de conditions à déterminer d'un commun accord. »

ART. 14. — « *La présente convention, sous les réserves et condi-tions à déterminer d'un commun accord, s'applique à toutes les œuvres qui, au moment de son entrée en vigueur, ne sont pas encore tombées dans le domaine public dans leur pays d'origine.* »

Ces réserves se sont traduites par le chiffre 4 du procès-verbal de clôture.

4. — « *L'accord commun prévu par l'art. 14 de la convention est déterminé ainsi qu'il suit :*

« *L'application de la convention aux œuvres non tombées dans le domaine public au moment de sa mise en vigueur aura lieu, suivant les stipulations y relatives, contenues dans les conventions spéciales existantes ou à conclure à cet effet.*

« *A défaut de semblables stipulations entre pays de l'Union, les pays respectifs règleront, chacun pour ce qui le concerne, par la législation intérieure, les modalités relatives à l'application du principe contenu à l'art. 14.* »

Une telle solution manque évidemment de simplicité; on l'a fait remarquer plus d'une fois. Mais il fallait sortir d'un inextricable embarras avec lequel la libre allure des Congrès privés n'a pas à compter. Il a paru qu'il était plus aisé, pour deux Etats, après étude complète de leur situation réciproque en cette matière, de déterminer entre eux un *modus vivendi* transitoire que d'établir un régime général pour un groupe d'Etats, sur un point où les condi-tions de fait de chaque Etat sont si diverses. Un membre de la conférence de 1884 lançait à ce propos la boutade suivante : « Je donnerais sans hésiter la première chaire de droit public dans mon pays à celui qui serait à même de résoudre, d'une manière satis-faisante, un problème si ardu dans un délai de six mois ou même d'une année. »

M. Rolt (1), analysant les réformes apportées à la législation an-glaise pour la mettre en harmonie avec les dispositions de la con-vention de Berne, s'arrête complaisamment à la section VI du statut.

« En vertu de la section VI, lorsqu'une ordonnance a été rendue au profit d'une nation étrangère, conformément aux actes sur la propriété intellectuelle internationale, l'auteur et l'éditeur d'une œuvre, parue avant la mise en vigueur de cette ordonnance, doivent

_____

(1) *Journal de Clunet* (1889, p. 554 et s.).

avoir les mêmes droits et moyens d'attaque que si les statuts anglais et l'ordonnance avaient été applicables à ce pays au moment
de ladite publication. Toutefois, si quelque personne avait, avant la
date de promulgation, légalement mis au jour quelque ouvrage dans
le Royaume-Uni, rien dans cette section ne peut diminuer ou
porter atteinte aux droits et expectatives alors existants et nés de
ou à l'occasion d'une pareille publication. » Cette exception réduit
à peu près à néant la portée du principe libéral que posait la première partie de la section. M. Rolt cherche à la justifier par des
considérations d'utilité pratique, et essaie de l'appuyer sur la convention de Berne. « L'effet rétroactif de cette section, dit-il, est
conforme à l'art. 14 du traité de Berne, et l'exception qu'elle renferme est inspirée par l'art. 4 du protocole, qui subordonne l'effet
de l'art. 14 aux stipulations contenues dans les conventions spéciales
existantes ou à conclure à cet effet et laisse, en l'absence de pareilles
stipulations, chaque pays de l'Union libre de régler par la législation
intérieure les modalités relatives à l'application du principe contenu
dans l'art. 14. »

La diversité des opinions humaines est toujours curieuse à noter.
En 1889, la conférence de Berne, après avoir pris connaissance des
dispositions des lois anglaises relatives à la rétroactivité de la convention de Berne, a exprimé le vœu que la prochaine conférence
diplomatique veille à ce que, pour ce qui est de la rétroactivité,
les États contractants prennent des mesures plus conformes à l'esprit du traité de l'Union que ne l'ont fait par le passé certains
d'entre eux.

Création d'un Bureau international.

De même que les autres Unions déjà existantes, l'Union pour la
protection des œuvres littéraires et artistiques ne pouvait se passer
d'un office international. Le siège en a été attribué d'un commun
accord à la Suisse, qui possède déjà le bureau international pour
la protection de la propriété industrielle, ainsi que ceux de l'Union
postale et de l'Union télégraphique universelle.

ART. 16. — « *Un office international est constitué sous le nom
de bureau international pour la protection des œuvres littéraires
et artistiques.*

« Ce bureau, dont les frais sont supportés par les administrations de tous les pays de l'Union, est placé sous la haute autorité de l'administration supérieure de la confédération suisse et fonctionne sous sa surveillance. Ses attributions en sont déterminées d'un commun accord entre les pays de l'Union. »

Cette disposition est complétée par l'article 5 du protocole de clôture qui, tout en laissant au gouvernement de la confédération suisse le soin d'élaborer un réglement sur l'organisation du bureau international, en indique néanmoins les grands traits. Ses fonctions consistent principalement à centraliser les renseignements de toute nature relatifs au droit des auteurs, à les coordonner, à les publier. La langue officielle du bureau est la langue française. Il rédige une feuille périodique en cette langue « Le Droit d'Auteur » sur les questions intéressant l'Union et fournit aux Etats adhérents les renseignements dont ils peuvent avoir besoin relativement à la protection des œuvres littéraires et artistiques.

L'article 5 du protocole détermine aussi la part contributive de chaque Etat dans les dépenses annuelles du bureau. Le budget est préparé par l'administration fédérale suisse, qui en surveille les dépenses, fait les avances nécessaires, établit le compte annuel et le communique à toutes les autres puissances. Le directeur du bureau est spécialement chargé de faire sur sa gestion un rapport annuel, communiqué à tous les membres de l'Union.

Accession des pays restés en dehors de l'Union.

Telle qu'elle se trouve actuellement constituée, l'Union pour la protection des œuvres littéraires et artistiques comprend déjà ceux des pays de l'ancien continent où la production intellectuelle est la plus intense. Mais pour que la convention puisse porter tous les fruits qu'on est en droit d'en attendre, il est fort à désirer que d'autres Etats encore, jusqu'ici restés en dehors de l'Union, demandent à y entrer.

Les pays schismatiques, qu'on nous pardonne l'expression, auront toujours le droit d'embrasser l'évangile nouveau. Ils n'auront qu'à notifier au gouvernement suisse leur accession à l'Union : une seule condition est exigée du néophyte, c'est que sa législation intérieure, sur son propre territoire, assure aux auteurs les droits qui font l'objet de la convention.

Art. 18. — « *Les pays qui n'ont point pris part à la présente convention et qui assurent chez eux la protection légale des droits faisant l'objet de cette convention, seront admis à y accéder sur leur demande.*

« *Cette accession sera notifiée par écrit au gouvernement de la confédération suisse et par celui-ci à tous les autres. Elle emportera de plein droit adhésion à toutes les clauses et admission à tous les avantages stipulés dans la présente convention.* »

En 1886, tout semblait faire prévoir, dans un avenir assez rapproché, l'accession de la Suède et de la Norwège dont les délégués ont pris une part éminente aux délibérations de la conférence. Une déclaration fort sympathique au but poursuivi faisait naître des espérances analogues au sujet des Etats-Unis. N'était-ce là que l'entraînement de la première heure, qu'une admiration s'expliquant par l'attrait de la nouveauté? Nous l'ignorons, mais nous regrettons de constater qu'après sept ans les espérances qu'elle avait fait naître ne sont point encore réalisées.

Depuis la signature de la convention, l'Union n'a eu à enregistrer que deux adhésions nouvelles, celle du Luxembourg, 20 juin 1888, et celle de la principauté de Monaco, du 30 mai 1889. Une troisième viendra-t-elle bientôt donner satisfaction au monde des écrivains? Souhaitons le, sans oser l'affirmer encore : nous voulons parler de la Russie.

Nous avons représenté jusqu'ici cet Etat comme un pays libre-échangiste, fermant obstinément ses portes au courant des idées modernes en matière de droits intellectuels. La France elle-même, disions-nous, malgré les marques de profondes sympathies que lui témoigne son alliée, ne devait pas se bercer de l'illusion de voir aboutir les négociations entamées par elle en vue de régler les droits des auteurs et des artistes dans les rapports des deux Etats. A l'heure où nous écrivons ces lignes, nous sommes heureux de relever un article du *Journal des Débats* (1), bien fait pour détruire nos appréhensions pessimistes :

« Une certaine réaction paraît s'être produite en faveur de la

(1) 23 mai 1894, édition du soir.

conclusion d'une convention littéraire entre la Russie et la France, depuis le moment où je vous ai signalé, l'hiver dernier, l'opposition presque unanime que rencontrait cette idée. M. Halpérine Kaminsky, délégué des sociétés françaises, venu à Saint-Pétersbourg pour y plaider leur cause, a su le faire avec un tact parfait. Il a démontré que si les éditeurs de livres et de musique, les directeurs de revues et de journaux pouvaient trouver pénible de payer des droits d'auteur aux étrangers, ils auraient en revanche l'avantage d'être protégés par là même contre la publication simultanée, par des concurrents nombreux, d'œuvres dont ils auraient déjà eux-mêmes entrepris à grands frais la traduction et l'impression. De son côté, le public serait fourni d'ouvrages meilleurs et de traductions mieux faites. Bien des gens, même parmi les plus opposés à toute convention, se sont rendus à cet argument et plus encore à celui que le jour où les éditeurs ne seraient plus tentés par la gratuité des œuvres étrangères, ils se décideraient à publier un nombre plus considérable d'ouvrages russes, ce qui serait favorable à tous égards à la littérature nationale.

« Les libraires russes, dont le commerce est rendu fort difficile par la concurrence des journaux qui publient à la hâte et tant bien que mal les romans parus à l'étranger, ont été les premiers à se rendre aux arguments de M. Halpérine Kaminsky. La Société des libraires et éditeurs a même ouvert une série de conférences pour y entendre les rapports du délégué français sur l'état actuel de la question et sur les moyens de remédier aux inconvénients constatés...... Après de longs débats, les membres des conférences votèrent l'opportunité d'une adhésion de la Russie à la convention de Berne, en réservant toutefois certains points. La Société des libraires et éditeurs constitua une commission qui fit un projet modifiant dans ce sens la législation nationale en matière de défense des droits d'auteur, et indiquant le moyen de s'entendre à ce sujet avec les autres pays.

« Le projet, maintenant terminé et examiné par les sociétés russes littéraires, musicales et artistiques, sera présenté en automne au ministre de l'intérieur pour être soumis à l'approbation de son ministère et des autres administrations gouvernementales compétentes et c'est alors seulement, dit l'auteur de l'article des *Débats*, qu'on saura si la réaction favorable que je constatais en commençant produira un résultat pratique.

12

« Il est à craindre, d'ailleurs, qu'il n'en soit pas ainsi et que les efforts de la Société des libraires et éditeurs n'aient abouti, pour l'instant du moins, qu'à une manifestation platonique. L'opposition à toute idée de convention a, en effet, de fortes racines dans différents milieux sociaux et même dans le monde officiel. Il faudra vraisemblablement encore beaucoup de temps, de patience, de prudence et d'habileté pour arriver à désarmer. Je tiens à bien noter cela afin qu'on ne se fasse pas en France des illusions dangereuses en ce qu'elles pourraient provoquer des démarches trop actives, capables de porter atteinte aux résultats déjà obtenus par l'action lente et prudente de M. Kaminsky qui a commencé à préparer l'opinion publique à une action des gouvernements, en vue d'amener une solution ».

Plus confiant dans l'avenir et dans les dispositions bienveillantes du monde officiel, M. Halpérine Kaminsky a bien voulu répondre à l'article que nous venons de transcrire pour détruire les appréhensions pessimistes de son auteur. Dans une lettre adressée au rédacteur du même *Journal des Débats*, en date du 25 mai 1894, le délégué des Sociétés françaises nous laisse entrevoir, comme une probabilité très voisine de la certitude, la prochaine adhésion de la Russie à la convention de Berne :

« Monsieur le Rédacteur en chef,

« La lettre de votre correspondant de Russie, parue dans l'édition d'avant-hier au soir, fait connaître, en termes fort flatteurs pour moi, les résultats de la campagne que j'ai menée dans la presse et parmi les auteurs et éditeurs russes en faveur de la convention littéraire franco-russe. Tout en rendant justice à l'impartialité et à l'exactitude des renseignements donnés par votre correspondant et relatifs aux résultats obtenus auprès des syndicats intéressés, je dois faire des réserves quant à l'opinion qu'il exprime sur l'impression produite par les décisions de ces syndicats dans les milieux officiels.

« Je sais de source certaine et je puis affirmer, sans crainte de démenti de la part de ceux qui sont placés pour bien connaître la situation, que la campagne de presse et les résolutions favorables à la convention des intéressés ont produit le meilleur effet dans les ministères compétents. Le contraire serait simplement illogique.

La seule objection à la conclusion de la convention, qui était toujours présentée jusqu'ici par le gouvernement russe, fut précisément basée sur l'opposition des intéressés. C'est, accédant à la demande de la Société des libraires et éditeurs, que le gouvernement russe a dénoncé, en 1886, la convention littéraire de 1861. C'est cette même Société qui est aujourd'hui la première parmi celles qui réclament un nouvel accord littéraire, soit avec la France, soit avec tous les membres de la convention de Berne.

« La logique et la vérité s'accordent donc ici parfaitement. »

En principe, les conventions diplomatiques conclues entre les Etats ne s'étendent pas, sans stipulation expresse, aux colonies et possessions étrangères des parties contractantes. La conférence a voulu réserver ce droit aux Etats d'accéder à la convention en tout temps pour leurs colonies et possessions. A cet effet, elle a inséré dans l'acte diplomatique de 1886 la disposition suivante :

ART. 19. — « *Les pays accédant à la présente convention ont aussi le droit d'y accéder en tout temps pour leurs colonies ou possessions étrangères. Ils peuvent, à cet effet, soit faire une déclaration générale par laquelle leurs colonies ou possessions étrangères sont comprises dans l'accession, soit nommer celles qui y sont comprises, soit se borner à indiquer celles qui en sont exclues.* »

Usant du droit que lui conférait cet article, le plénipotentiaire de la République française a déclaré, au moment de la signature de la convention, que l'accession de son pays emportait celle de toutes les colonies de la France. Les représentants de l'Angleterre ont annoncé de même que l'accession de leur pays comprenait le Royaume-Uni de la Grande-Bretagne et d'Irlande, toutes les colonies et possessions étrangères de sa majesté britannique. Toutefois, ils ont réservé à leur gouvernement la faculté d'annoncer en tout temps la dénonciation, séparément pour une ou plusieurs des colonies suivantes, en la manière prévue par l'art. 20, savoir : les Indes, le Dominion du Canada, Terre-Neuve, le Cap, Natal, la Nouvelle-Galles du Sud, Queensland, Tasmanie, Australie méridionale, Australie occidentale et Nouvelle-Zélande.

Les délégués espagnols étaient autorisés à adhérer à la convention pour tous les territoires de la couronne d'Espagne ; cette autorisation étant parvenue trop tard, la conférence s'est bornée à prendre acte de leur déclaration, qui a d'ailleurs été renouvelée lors de l'échange des ratifications.

Entrée en vigueur et durée de la convention.

Aux termes de l'art. 20 : « *La présente convention sera mise en vigueur trois mois après l'échange des ratifications et demeurera en vigueur pendant un temps indéterminé, jusqu'à l'expiration d'une année, à partir du jour où la dénonciation en aura été faite.*

« *Cette dénonciation sera adressée au gouvernement chargé de recevoir les accessions. Elle ne produira son effet qu'à l'égard du pays qui l'aura faite, la convention restant exécutoire pour les autres pays de l'Union.* »

ART. 21. — « *La présente convention sera ratifiée et ces ratifications en seront échangées à Berne dans le délai d'un an au plus tard.*

« *En foi de quoi... etc.* »

Les ratifications ont été échangées à Berne le 5 septembre 1887. Le point de départ de notre convention se trouve donc reporté par l'art. 20 à trois mois de cette date, soit au 5 décembre 1887. Contrairement à la plupart des traités internationaux, notre convention n'a pas une durée limitée. Cette durée est indéterminée ; chaque Etat reste libre de rompre ses liens, et l'effet de la convention cesse pour lui un an après la dénonciation qu'il en aura faite ; mais la retraite de l'une des parties contractantes n'a d'effet que pour l'Etat qui l'effectue ; pour les autres membres de l'Union, la convention demeure exécutoire.

L'exercice du droit de dénonciation facultative, reconnu par l'art. 20, faillit un moment compromettre l'avenir de l'Union. Le 1er février 1892, une modification profonde a été apportée au régime économique de la plupart des peuples d'Europe : le système protectionniste a été substitué à celui du libre échange. L'initiative de ce changement, dont nous n'avons pas à rechercher ici les conséquenses économiques, appartient à la France, et les autres nations n'ont fait qu'imiter notre pays lorsqu'elles ont frappé de droits plus élevés que par le passé les marchandises pénétrant sur leur territoire. Certains de ces Etats avaient alors menacé d'exercer des représailles à l'encontre des auteurs et des artistes français. Le protectionisme à outrance, défendu par son auteur, M. Méline, avec un acharnement et une persistance dont l'expérience saura dire bientôt l'opportunité, menaça de conduire au libre échange en matière littéraire, c'est-à-dire à une absence complète de protection à l'étranger, à une restauration de la liberté de contrefaçon en dehors du pays où l'œuvre a vu le jour.

Il paraît étrange, au premier abord, que la mise en vigueur de nouvelles lois douanières puisse avoir ainsi son contre-coup sur la reconnaissance du droit des auteurs et des artistes. S'il est en effet une idée qui semble acceptée actuellement sans protestation, c'est que les droits intellectuels sont des droits naturels qui, par suite, doivent être consacrés au profit de tous, sans distinction de nationalité. C'est là une vérité trop hautement affirmée par les congrès, par les pouvoirs ou assemblées politiques pour pouvoir être sérieusement contestée aujourd'hui. Mais les circonstances changent, et les conseils de l'intérêt peuvent obscurcir une nation qu'avait mise en pleine lumière une recherche désintéressée des principes de justice. Il est regrettable de constater que les Etats, depuis qu'ils ont pris l'habitude de signer entre eux des conventions réciproques pour la garantie des droits intellectuels, ont établi une certaine connexité entre ces matières et celles qui forment l'objet ordinaire des traités de commerce ; quelques pays étrangers n'ont consenti à respecter les œuvres françaises que moyennant la concession qui leur était faite d'avantages commerciaux. C'est ce qui s'est passé notamment en 1852 dans nos rapports avec la Belgique, et en 1864 dans nos relations avec la Suisse. Trop souvent même les dispositions relatives aux droits intellectuels n'on trouvé place que dans les traités de commerce. Cette pratique fâcheuse donne aux conventions littéraires une instabilité regrettable; dans leur maintien comme dans leur extinction, ces dernières subissent toutes les vicissitudes, toutes les fluctuations des traités auxquels on a cru devoir les rattacher par un lien trop étroit, et ceux-ci varient trop facilement au gré des caprices ou des intérêts des parties contractantes.

Sous l'influence des vœux émis par divers congrès, un progrès considérable paraissait avoir été réalisé dans ces dernières années : il semblait que la reconnaissance réciproque du droit des auteurs et des artistes avait été rendue indépendante des traités de commerce. Mais cette apparence était trompeuse ; sans doute, depuis 1880, les dispositions relatives à nos matières n'ont plus été insérées que très rarement dans les traités de commerce et, lorsqu'elles ont fait l'objet de conventions spéciales, leur durée n'a plus été que très exceptionnellement liée d'une manière expresse à celle des traités de commerce; mais la plupart des Etats étrangers avaient pris leurs précautions pour pouvoir dénoncer leurs conventions littéraires et artistiques avec la France au 1er février 1892, c'est-à-dire le jour même depuis longtemps indiqué pour l'échéance des principaux traités de commerce de ces pays avec la France.

Néanmoins, le changement dans la politique économique de la France, malgré de sérieuses menaces de représailles, n'a pas eu sur les droits des auteurs et des artistes ces effets désastreux que l'on redoutait à juste titre, au moment de la discussion des lois douanières. La légitimité des principes sur lesquels reposent les droits intellectuels est peut-être pour un peu dans la conduite des gouvernements étrangers, mais on peut croire que l'existence du traité de Berne a exercé la plus salutaire influence sur les résolutions auxquelles ceux-ci se sont arrêtés. La plupart des Etats, en effet, en relation commerciale avec notre pays, et dont les conventions littéraires particulières conclues avec la France auraient pu être dénoncées avant le 1er février 1891, font partie de l'Union. En présence d'un arrangement qui unit entre eux par des liens réciproques chacun des onze Etats adhérents, la dénonciation de ces conventions particulières n'était pas trop à redouter de la part des pays qui, mécontents des projets douaniers français, avaient adhéré au traité général du 9 septembre 1886; c'est qu'en effet cette dénonciation aurait laissé subsister leur obligation de protéger les œuvres françaises, sinon en vertu de l'accord particulier, du moins en vertu de la convention (1).

Aussi dans certains Etats étrangers a-t-il été question de dénoncer cette convention elle-même. En Belgique, dès le 24 février 1891, M. Liebaert, député de Courtrai, se prononçait en ce sens : « Le gouvernement français, disait-il, en dénonçant le traité de commerce de 1881, a déclaré qu'il serait disposé à maintenir la convention sur la propriété littéraire et artistique. J'ai appris avec satis-

(1) Cette observation n'a arrêté cependant ni la Belgique, ni la Suisse : nous avons eu l'occasion déjà de signaler la dénonciation du traité franco-belge du 31 octobre 1881 et du traité franco-suisse du 23 février 1882; l'un et l'autre ont cessé de produire leurs effets à partir du 1er février 1892.

faction que le gouvernement belge a répondu en la dénonçant lui-même. Malheureusement, la convention de Berne, ratifiée par la loi du 30 septembre 1887, confirme en grande partie la convention française de 1881. Cette convention de Berne, qui est d'une durée illimitée, peut être dénoncée à tout moment, moyennant préavis d'une année. Je demande au gouvernement de vouloir examiner très sérieusement s'il n'y aurait pas, ainsi que je le crois, avantage manifeste à dénoncer dès maintenant la convention de Berne..... Son importance pour nous réside surtout dans son applicabilité aux rapports de la Belgique avec la France. » (1).

En Espagne, une campagne de même ordre a été dirigée contre le traité d'Union : « On sait, disait *la Epoca,* de Madrid, du 17 décembre 1891, qu'il existe entre la France et l'Espagne un traité sur la propriété littéraire qui date de 1880 et qui a été, en quelque sorte, ratifié par la convention de Berne de 1886. Ces traités sont peu avantageux pour l'Espagne, par la simple raison que la situation littéraire des deux pays est différente et que les obligations sont les mêmes pour les deux, ou ce qui revient au même : tandis que l'Espagne ne tire aucun profit de l'exécution de ces traités, la France au contraire réalise, grâce à eux, des bénéfices notables. A cet égard, nous avons entendu bien des personnes compétentes dans ces sortes de questions, s'exprimer ainsi : « Avant tout, notre « nation trouverait un avantage positif à annuler les traités en « vigueur ; elle économiserait de ce chef la contribution qu'elle paie « actuellement aux auteurs français. Et ce ne serait pas le seul « bénéfice : le marché américain que les Français inondent avec « des traductions (en espagnol) incorrectes, faites en France, offri- « rait aux Espagnols un champ propice pour une lutte avantageuse. » Il ne faut pas répondre à cette légitime aspiration en invoquant les grands principes de moralité et de respect de la propriété, car si les autres nations font passer l'utile par-dessus toute autre considération et que tout cède la place aux exigences de ce qu'on appelle les affaires, il est, si ce n'est juste, tout au moins excusable, qu'on cherche à se mettre dans les conditions de lutte les plus favorables pour pouvoir résister aux maux qu'on nous occasionne. Les objections, ajoute *la Epoca,* qui pourraient être faites contre ces opinions

(1) V. *J. D. I. P.* (1891, p. 120). — WAUWERMANS, *Les Représailles contre la France, artistes contre douaniers* (p. 7 et 8). — *Indépendance belge* du 2 avril 1891.

que nous avons entendu soutenir, ne nous échappent pas, mais il est de notre devoir de recueillir tout ce qui se dit sur ces graves questions, afin que les jugements et appréciations des uns et des autres permettent d'obtenir le résultat le plus favorable. » (1).

Ces hostilités qui semblaient un moment devoir compromettre l'avenir de l'Union, paraissent aujourd'hui apaisées, et aucun des Etats signataires n'a fait connaître officiellement son intention de dénoncer le traité de Berne. C'est qu'en effet, « c'est là un ouvrage de défense réciproque élevé par onze pays; si l'un d'eux croit devoir s'en éloigner, la forteresse se referme sur lui; qu'ira-t-il faire dans la plaine ? » (2).

Si un examen superficiel permettait aux Etats, froissés dans leurs intérêts économiques par la mise en vigueur du nouveau régime douanier français, de croire qu'ils pouvaient trouver dans la dénonciation du traité de Berne le moyen d'exercer de justes représailles, une étude plus attentive, plus réfléchie de cette convention devait leur laisser comprendre que l'exercice de ce droit de légitime défense ne pouvait que tourner contre eux. Nous avons vu, en effet, que l'art. 12 impose à tout Etat signataire l'obligation d'empêcher, sur son territoire, l'importation d'œuvres contrefaites à l'étranger, et la sanction de cette obligation consiste dans la saisie judiciaire avec toutes ses conséquences civiles et pénales. Il est facile de comprendre maintenant que l'effet de toute dénonciation particulière aurait été contraire au but poursuivi. L'Etat qui se serait, par ce moyen, délié de ses obligations envers la France aurait du même coup perdu le droit à la protection de ses nationaux dans les autres Etats signataires du traité d'union; d'autre part, le marché où il aurait pu écouler les contrefaçons des œuvres françaises aurait été très restreint, puisque le traité d'union aurait continué à subsister entre les autres Etats signataires, laissant peser sur eux les mêmes obligations (art. 20, § 2 combiné avec l'art. 12), et qu'aussi certaines autres puissances sont unies à la France par des conventions littéraires et artistiques particulières.

Il se trouve donc que, par le hasard des circonstances, les droits

---

(1) V. *Droit d'auteur* (1892, p. 12). — WAUWERMANS, *Les représailles contre la France*, (p. 19).

(2) *Le Droit d'auteur* (1892, p. 12).

des auteurs et des artistes à l'étranger sont réellement devenus indépendants des fluctuations des rapports commerciaux. C'est là un bienfait dont nous sommes redevables aux négociateurs du traité de Berne (1), et nous sommes heureux de terminer cette étude de la « Convention d'Union internationale pour la protection des œuvres littéraires et artistiques » par la constatation d'un résultat dont les avantages nous sont révélés par la pratique antérieure. Distinct par sa nature et par ses caractères des intérêts ordinairement réglementés par les traités de commerce, le droit d'auteur doit rester indépendant de ces derniers. Fondé sur des idées de justice et d'équité, étranger par suite à toute considération utilitaire, existant indépendamment de la loi qui le consacre ou de la convention qui le réglemente, il rentre dans la catégorie des droits dont le respect s'impose partout et à tous, en deçà comme au delà de la frontière. Son sort ne saurait donc être lié logiquement à des conventions d'une incessante variabilité, à des conventions dont la durée ne saurait être autre que celle que lui assigne l'intérêt ou le caprice des parties contractantes.

---

(1) V. *J. D. I. P.* (1891, p. 125 et 474). — WAUWERMANS, *op. cit.* (p. 9, 11 et s., 16 et s.). — DARRAS, *Nouveau Dictionnaire d'économie politique de Léon Say et Chailley,* v⁰ Propriété intellectuelle (t. II, p. 668). — Contrà - C. LAVOLLÉE, *Revue des Deux-Mondes,* du 15 avril 1891.

CHAPITRE VII

DES CONFLITS DE LOIS

Connaissant les divergences nombreuses et profondes qui séparent les diverses législations relativement au mode de réglementation des droits intellectuels, relativement à l'étendue de protection accordée à l'auteur sur son œuvre, à l'artiste sur sa conception, demandons-nous comment se résoudront les conflits de lois qu'entraînent fatalement les solutions opposées consacrées par les législateurs des différents Etats.

La convention de Berne ne nous semble pas avoir diminué sensiblement le nombre de ces conflits. En effet, c'est surtout au point de vue de la durée que notre question offre un vif intérêt; or, à cet égard, nous l'avons dit, l'acte diplomatique du 9 septembre 1886 laisse subsister la bigarrure des législations internes, et ce n'est pas, d'ailleurs, le seul point sur lequel les conférenciers n'ont pas osé tenter encore une codification uniforme de la matière. Même dans les hypothèses où un minimum d'unification est établi, la question se pose encore, à notre avis. De ce que la convention fixe un minimum au-dessous duquel il est interdit de descendre, il en résulte bien que les ressortissants, dans toute l'étendue de l'Union, pourront réclamer ce minimum de protection, mais il n'en faudrait pas conclure qu'ils ne peuvent réclamer que ce minimum. Ainsi l'article 5 garantit à l'auteur un droit exclusif de traduction pendant dix ans à compter de la première publication de l'œuvre originale. Un écrivain allemand publie un ouvrage dans son pays; ne pourra-t-il réclamer que pendant dix ans contre les traductions illicites qui en pourraient être faites en France ou en Belgique? Nous ne pouvons répondre à priori, puisque, tout en établissant un minimum, la convention laisse subsister les dispositions plus bienveillantes des lois internes ou du droit conventionnel. L'auteur allemand ne pourra protester que pendant dix ans si on applique la loi d'origine (1) ; il le pourra, au contraire, pendant cinquante si on fait application de la loi du pays de contrefaçon, car les lois belge et française protègent le droit de traduction à l'égal du droit de reproduction proprement dite.

Nous avions donc raison de dire que depuis 1886 la question du conflit de lois n'a rien perdu de son importance, que les difficultés qu'elle soulève restent à peu près entières (2). Voyons donc à quelle solution conduisent les principes, à quelle autre s'est arrêtée la pratique internationale et comment enfin notre convention semble résoudre le problème.

Nous laissons de côté les cas où la législation étrangère devra être consultée par application des principes généraux, et abstraction faite de la circonstance qu'il s'agit d'œuvre de littérature, de science ou d'art. Il s'agira, par exemple, de déterminer la capacité de l'auteur, d'interpréter un acte de cession, de régler le droit de disposition à titre gratuit, ou la dévolution ab intestat : on recourra à la théorie générale du droit international privé, et, suivant les cas, on appliquera la loi nationale de l'auteur, la loi du lieu où l'acte est intervenu,.... etc. Il n'y a rien là de particulier à notre matière et nous nous occupons exclusivement de la législation spéciale aux droits intellectuels.

Nous plaçant en présence d'une œuvre qui a droit à être garantie, nous nous demandons quelle loi il convient d'appliquer. Sera-ce la loi nationale de l'auteur, la loi du pays d'origine de l'œuvre ? Sera-ce, au contraire, la loi du pays où s'exerce la poursuite en contrefaçon ? Ainsi un auteur suisse qui a publié un ouvrage en Espagne, le voit contrefait en France ; invoquera-t-il, pour la défense de ses prétentions, la loi française, la loi espagnole ou la loi suisse ? Son droit sera protégé pendant cinquante ans, pendant

---

(1) Sur ce point, la loi allemande du 11 juin 1870, art. 6 et 50, al. 3, dans les rapports internationaux est modifiée par les dispositions plus larges de l'art. 5 de notre convention.

(2) Rappelons néanmoins, d'une part, que la question des formalités a été fort heureusement tranchée par l'art. 2, § 2 ; d'autre part, qu'aucune difficulté ne saurait s'élever, sur le principe du droit à la protection, en ce qui concerne les diverses productions énumérées sous l'article 4, tandis que, avant 1886, certaines de ces productions, notamment l'architecture, étaient protégées dans un pays et ne l'étaient pas dans l'autre, ou ne l'étaient que dans une mesure insuffisante.

quatre-vingts ans ou pendant trente ans suivant les cas ? Cette difficulté, d'ailleurs, touche à une autre beaucoup plus large du droit
international privé ; elle ne constitue, en effet, qu'une phase de la
théorie du statut réel et du statut personnel. Et le principe de la
personnalité des lois, par lequel nous semble devoir être tranchée
cette célèbre controverse, nous donne également la réponse à la
question que nous nous posons dans le cercle restreint de cette
matière.

Le principe de la personnalité l'emporte donc, à nos yeux, sur
celui de la territorialité ; mais, il ne faut pas le perdre de vue, le
droit dont nous traitons a une nature à part, qui le rapproche à la
fois des droits réels et des droits personnels, mais qui ne permet
pas néanmoins de le confondre avec eux. Aussi, convient-il de
remarquer que les mots « lois personnelles, lois d'origine » doivent
être entendus d'une façon spéciale dans le plus grand nombre des
hypothèses qui peuvent se présenter. Pour une œuvre inédite, la
« loi d'origine » sera forcément la loi nationale de l'auteur. Mais
pour l'ouvrage qui a été l'objet d'une première publication, c'est la
loi du pays de cette apparition qui doit être considérée comme loi
d'origine de l'œuvre. S'il doit y avoir, en effet, des degrés dans la
protection, il est bien évident que la garantie la plus complète doit
aller à l'œuvre qui répond le mieux aux aspirations et aux besoins
du pays. Or, celle qui réunit ces conditions est celle qui a été imaginée et réalisée d'après les modèles que l'observation de chaque
jour offrait gratuitement à l'écrivain ou à l'artiste. L'œuvre, dans
ces conditions, reflet de la société et de la civilisation dans laquelle
elle est née, emprunte une nationalité propre au milieu d'où elle
sort. L'œuvre ainsi personnifiée a donc en quelque sorte son statut
personnel, et il n'y a plus lieu dès lors de tenir compte de la loi
nationale de son auteur (1).

La loi d'origine donne donc en principe la mesure des droits dont
peuvent se prévaloir les écrivains ou les artistes. Les conséquences
de cette règle veulent qu'ils puissent invoquer à l'étranger tous les
droits reconnus par la loi du pays où ils ont fait paraître leur travail,

---

(1) « L'œuvre littéraire, l'œuvre artistique qui paraît sur le sol français est
en réalité une œuvre nationale.... » : PAQUY, *Des droits des auteurs et des artistes au point de vue international* (p. 83), cité par WEISS, *Traité de droit international privé* (p. 825).

pourvu que l'exercice de ces droits ne soit pas contraire à l'ordre public international. Par contre, ils ne pourront se réclamer que de ceux de ces droits qui leur sont reconnus, et que dans la mesure de cette reconnaissance. C'est ainsi qu'il nous paraîtrait absolument anti-juridique de soutenir qu'un auteur, contrefait dans un pays dont la législation reconnaîtrait son droit privatif, peut invoquer cette législation même dans le cas où la loi d'origine de son œuvre ne lui assure aucune protection, ou ne la lui assure plus par suite de l'expiration du délai de garantie. Mais aussi, tant que son droit est garanti par la loi d'origine, nous voudrions le voir protégé dans le pays d'importation. Cette dernière conséquence est généralement rejetée, comme contraire à l'ordre public international; mais si cette raison est souvent alléguée, nulle part nous n'en avons trouvé une justification péremptoire; et nous n'apercevons pas en quoi une disposition limitant arbitrairement (1) la durée des droits d'auteur, peut être considérée comme d'ordre public, et nous inviter à rejeter une conséquence qui découle naturellement du principe de la personnalité. Les lois de capacité saisissent les personnes au jour de leur naissance et les suivent en tous lieux. La condition juridique d'un Français est partout et toujours la même. Cette fixité produit d'heureux résultats reconnus par tous. Pourquoi l'état civil des œuvres littéraires et artistiques serait-il soumis à des fluctuations de pays à pays, que ne connaît pas l'état civil des personnes? Une production intellectuelle ne change pas de nature en passant la frontière; pourquoi ses garanties changeraient-elles? (2).

Quoi qu'il en soit, le système qui prévaut en pratique et semble l'emporter aussi en théorie, consiste à résoudre les conflits de lois par l'application de la législation du pays contrefacteur, en assimilant l'étranger au national; mais les restrictions apportées au principe, par les lois internes qui le proclament, nous ramènent à l'application de la loi d'origine chaque fois que la protection orga-

(1) Voir deuxième partie de cette étude, chap. II, p. 79.

(2) En ce qui concerne la procédure à suivre, les voies d'exécution, les conséquences pénales attachées à la contrefaçon, nous n'hésitons pas à nous prononcer, avec l'unanimité des auteurs, pour l'application des lois du pays où l'action est intentée; d'une part, en effet, c'est cet Etat qui ordonnera, le cas échéant, les voies d'exécution forcée, et il est clair qu'il ne doit prêter son concours que dans les conditions prescrites par les lois qu'il s'est données; d'autre part, les lois pénales sont essentiellement territoriales.

nisée par cette dernière est moindre que celle garantie par la loi du pays de contrefançon.

Cette idée d'assimilation, recommandée par les différents congrès (1), a pu séduire le législateur à raison de la simplicité qu'elle apporte dans la protection; mais ce motif n'est pas suffisant pour enlever à un auteur le bénéfice de la règle générale du statut personnel. D'ailleurs, cette simplicité résulterait bien d'une assimilation absolue, mais elle est plus apparente que réelle quand on prétend la faire dériver d'une assimilation toute relative qui, nous allons le voir, laisse une part d'application à la loi d'origine, comme à celle du pays d'importation. Et puis, l'assimilation absolue conduit-elle à des résultats si désirables? A une plus grande simplicité, nous le reconnaissons, mais aussi à une fixité moindre. Elle rendrait à peu près impossible tout conflit de législations, puisqu'elle supprimerait l'antagonisme de la souveraineté personnelle et de la souveraineté territoriale de la loi. Mais à cet avantage incontestable un inconvénient grave est inhérent : celui de tenir tous les droits en suspens, de les rendre incertains en faisant dépendre leur reconnaissance et leur exercice des hasards d'un déplacement et d'introduire ainsi, dans la protection d'une même œuvre, une mobilité incessante et dangereuse. Que seront, dans ce système, les droits de l'auteur sur les produits de son intelligence? Ce que les fera le législateur auquel il demande protection; variables suivant que la contrefaçon sera poursuivie en deça ou au delà de telle frontière.

La jurisprudence et les auteurs français admettent généralement que le décret du 28 mars 1852 n'a fait que sanctionner chez nous l'application du principe de la personnalité des lois (2). Ce décret, en effet, dans aucune de ses parties ne va jusqu'à assimiler celui qui publie à l'étranger à celui qui fait paraître en France : il accorde simplement la même protection pénale à l'un et à l'autre. Or, ce n'est certainement pas là créer un droit au profit des étrangers et, par suite, le décret ne s'applique qu'à ceux des droits ou avantages existants d'après la loi d'origine, et n'a nullement pour effet de donner la vie à des prérogatives nouvelles. M. Renault justifie cette

---

(1) Paris, 1878 ; Vienne, 1881 ; Bruxelles, 1884.

(2) V. RENAULT, *J. D. I. P.* (1878, p. 138); FLINIAUX, *Revue générale du droit,* (1879, p. 29 et s.); WEISS, *Traité de droit international privé,* (p. 823 et s.).

doctrine en ces termes : « Pourra-t-on repousser l'auteur qui se plaint d'une contrefaçon en lui disant : l'acte que vous attaquez aurait été licite dans le pays où vous avez publié votre œuvre, il doit être licite en France; vous n'avez pas le droit de propriété d'après votre législation, vous ne pouvez en avoir chez nous; le délai de protection que vous accordait votre loi est expiré, nous ne vous protégeons plus. Ce langage ne pourrait être écarté que si on soutenait que le décret de 1852 a voulu à tous points de vue traiter les ouvrages étrangers exactement comme s'ils avaient été publiés pour la première fois en France. Ce serait une exagération injustifiable et les termes du décret ne nous permettent pas de l'admettre. Le but essentiel du législateur a été d'écarter ce qu'on peut appeler l'exception d'extranéité; on ne pourra repousser l'accusation de contrefaçon en se bornant à alléguer qu'il s'agit d'une œuvre publiée à l'étranger. Mais le législateur n'a pas voulu faire respecter en France un droit qui n'existe même pas à l'étranger. Si dans le pays de publication l'œuvre est dans le domaine public pour une raison quelconque, elle doit y être en France. »

M. Pouillet a soutenu une thèse diamétralement opposée dans une remarquable plaidoirie devant le tribunal de la Seine (1). « Les œuvres publiées à l'étranger, dès que nous les envisageons sur le sol français, sont assimilées aux œuvres nationales. La loi ne se préoccupe nullement de leur origine première; elle ne considère que le fait même, à quelque époque qu'il se produise, de leur publication sur le sol français.... L'œuvre paraît en France, le droit à la protection de la loi française naît aussitôt; au regard de la loi française, l'œuvre est donc censée paraître pour la première fois : voilà le sens exact du décret. »

Les besoins de sa cause nous semblent avoir induit l'éminent avocat dans une erreur évidente. Si, en vertu de l'article 1er, les publications étrangères devaient de tous points être traitées comme parues en France, la formule employée par l'article 4 serait un non-sens et demeurerait inexplicable. Les articles 2 et 3 réglementent le sort de ces éditions dans notre pays, puis sous la forme restrictive, sous la forme d'une exception (*néanmoins*, la poursuite ne sera admise que sous l'accomplissement des conditions exigées...), l'article 4 impose certaines formalités. Si les articles précédents avaient

(1) *Le Droit*, du 27 avril 1884.

édicté une assimilation complète des œuvres françaises et étrangères, le décret n'aurait pas eu à exiger l'accomplissement de ces formalités : elles s'imposaient tout naturellement. En admettant d'ailleurs que, pour aplanir tout doute, le législateur ait cru devoir tirer une telle conséquence de l'assimilation, il aurait employé une formule qui montrât la relation de cause à effet entre sa décision générale et la prescription particulière de l'art. 4. Il n'aurait pas commis cette inconséquence de langage qu'on lui impute bénévolement : « Les œuvres parues à l'étranger seront assimilées à celles publiées en France, *néanmoins,* on applique les mêmes règles aux unes et aux autres. » S'il avait voulu établir une telle confusion, il l'aurait fait en ces termes : « Les œuvres parues à l'étranger sont assimilées à celles publiées en France *et, par suite, par conséquent,* on applique les mêmes règles aux unes et aux autres. »

Notre décret suppose donc des droits préexistants et ne donne aux auteurs que le moyen de faire respecter ceux qu'ils peuvent avoir acquis en pays étranger. Néanmoins, la plupart des auteurs qui admettent cette règle en principe, la font fléchir pour le cas où le délai de protection garanti par la loi étrangère serait plus long que celui fixé par la loi française : car, prétendent-ils, il est impossible que cette dernière se montre plus favorable pour les étrangers que pour les nationaux ; dans une pareille hypothèse, nos lois ne devront donc pas protéger les étrangers au-delà du terme fixé par la loi du 14 juillet 1866 (1).

Cette solution est trop contraire aux principes suivant lesquels doivent être tranchés, selon nous, les conflits relatifs à la matière, pour que nous puissions l'accepter. Il est impossible de ne pas reconnaître avec M. Fliniaux tout ce qu'une pareille argumentation a d'arbitraire. Nulle part nos lois, au sujet des droits qu'elles permettent aux étrangers d'invoquer en France, n'établissent une telle sélection dans le but de repousser ceux d'entre eux qui pourraient être plus larges que les nôtres. Et il arrive fréquemment que nos tribunaux reconnaissent au profit d'étrangers des prérogatives dont ne jouissent pas les Français. L'ordre public seul peut limiter la portée de cette règle ; or, le fait d'une protection plus longue reconnue à l'auteur ou à l'artiste par une loi étrangère ne lui est

(1) RENAULT, *J. D. I. P.* (1878, p. 138) ; — PAQUY, *op. cit.* (p. 84) ; — WEISS, *op. cit.* (p. 825).

certainement pas contraire. Tout au plus pourrait-on soutenir que le principe de la perpétuité inscrit dans la législation mexicaine est incompatible avec lui.

L'idée d'assimilation de l'étranger au national, repoussée par le décret français, est au contraire consacrée par la plupart des législations internes et des conventions internationales, ainsi que par la convention de Berne. Dans presque tous les traités nous rencontrons ce principe d'assimilation formulé en termes à peu près identiques : « Les auteurs de livres, brochures.... et de toutes autres productions du domaine littéraire ou artistique jouiront dans chacun des Etats réciproquement des avantages qui y sont ou y seront attribués par la loi à la propriété des ouvrages de littérature ou d'art, et ils auront la même protection et le même recours légal contre toute atteinte portée à leur droit que si cette atteinte avait été commise à l'égard d'ouvrages publiés pour la première fois dans le pays même.... » (1). Voilà le principe, mais une grave dérogation vient immédiatement en diminuer la portée dans une mesure notable : « Toutefois, ces avantages ne leur sont réciproquement assurés que pendant l'existence du droit dans le pays où la publication originale a été faite et la durée de leur jouissance dans l'autre pays ne pourra excéder celle fixée par la loi pour leurs nationaux. »

D'après la convention de Berne, la même règle comporte la même exception : « Les auteurs ressortissant à l'un des pays de l'Union jouissent, dans les autres pays.... des droits que les lois respectives accordent actuellement ou accorderont par la suite *aux nationaux*.... La jouissance de ces droits..... ne peut excéder, dans les autres pays, la durée de la protection accordée dans le pays d'origine. »

Ce système hybride d'imparfaite assimilation aboutit en définitive à une combinaison de la loi d'origine et de celle du pays de contrefaçon, et les termes un peu vagues dans lesquels on le formule nous montrent que les droits des auteurs ou artistes sont restreints, à la fois par l'une et par l'autre, car des deux lois en présence c'est toujours la plus étroite qui impose sa volonté.

Cette manière d'agir est-elle logique ? On a prétendu la justifier théoriquement. Le rapporteur du projet belge de 1859 disait : « Ce

---

(1) Voir nos traités avec les Pays-Bas (1855, art. 1er); — le Luxembourg (1865, art. 1er); — le Portugal (1866, art. 1er) ; — l'Autriche (1866); — la Suisse (1882); — l'Allemagne (1883); — l'Italie (1884).

serait évidemment donner une portée exagérée au principe que de faire durer la jouissance des auteurs étrangers au-delà du terme que la loi belge réserve aux nationaux. Ce terme représente la mesure exacte de ce qu'il est juste et convenable de faire en leur faveur, sans porter atteinte aux droits et aux intérêts de la société : on ne peut admettre que des avantages plus étendus soient accordés aux artistes et écrivains étrangers. Ce serait également consacrer une application fausse du principe que de maintenir en Belgique un privilége pour ces derniers lorsqu'ils sont dessaisis de tous droits dans leur pays. » M. Borchgrave, rapporteur de la loi de 1886, a adopté sur ce point les opinions de son prédécesseur et les a fait triompher (1).

Nous ne saurions admettre à la fois cette double limitation, car il est contradictoire de traiter tour à tour une œuvre comme nationale ou comme étrangère, dans le but unique de restreindre les droits de son auteur. Un système qui se fonde sur une considération d'ordre si peu juridique nous paraît difficilement acceptable. Qu'on considère l'œuvre, dans les Etats étrangers, comme une production nationale : nous y souscrivons pour une minute, si l'on veut, mais nous ne pouvons pas admettre un principe pour en rejeter aussitôt les conséquences. Si cette assimilation peut parfois diminuer les prérogatives originales, elle doit pouvoir aussi les augmenter et les étendre. Il pourra arriver sans doute que le monopole subsiste au pays d'importation, alors qu'il aura disparu au pays d'origine. Mais qu'importe puisque, même au pays d'importation, l'œuvre est considérée comme *nationale*. Dites-nous, avec le rapporteur de la loi belge, que le délai de protection garanti par votre loi représente la mesure exacte de ce qu'il est juste et convenable de faire en faveur des étrangers : c'est une conséquence forcée du principe d'assimilation. Mais n'ajoutez pas qu'il vous est impossible de maintenir un privilège à ces étrangers lorsqu'ils en sont dessaisis chez eux par l'expiration du délai que leur garantissait leur loi nationale, car cette conséquence est condamnée par le même principe d'assimilation, et pour la justifier vous ne pouvez même pas alléguer une prétendue raison d'ordre public, votre loi étant plus libérale que celle de l'auteur étranger.

Il vous reste une dernière objection à nous opposer : comment

(1) Voir art. 38 de cette loi.

un auteur qui n'a plus de droit dans son pays peut-il en réclamer dans l'Etat voisin ? — Mais pouvez-vous faire un pareil raisonnement sans écarter le principe d'assimilation pour verser dans celui de la personnalité de la loi ? Nous répondons : il peut réclamer dans l'Etat voisin parce que son œuvre y est considérée comme *nationale* et non comme *étrangère*.

Nous avons dit ailleurs déjà que, lors des conférences préparatoires de la convention de Berne, les délégations helvétique et française avaient tenté de faire triompher l'idée plus heureuse d'une assimilation pure et simple ; et M. Louis Ulbach résumait en termes heureux les inconvénients de la pratique actuelle : « MM., vous avez repoussé la rédaction qui nous paraissait la plus simple, en même temps qu'elle était de la part de la délégation française l'expression d'un sentiment désintéressé, puisque nous offrions aux étrangers plus que nous ne recevions de leur pays.... Il nous paraissait tout simple qu'un auteur acceptât les conditions du pays qui lui donne l'hospitalité. C'était une règle facile pour les tribunaux en cas de contestation ; c'était la meilleure manière d'arriver à cette égalité, à cette uniformité dans la durée du droit que vous trouvez juste, que nous trouvons indispensable.... » (1).

Bien qu'il soit de l'essence même du principe d'assimilation que ses conséquences opèrent tant à l'avantage qu'au détriment des étrangers, la conférence a préféré dire avec la plupart des conventions littéraires que « la protection ne peut excéder dans les autres pays de l'Union la durée de celle accordée dans le pays d'origine de l'œuvre. »

L'assimilation de l'étranger au national constitue une incontestable conquête du présent sur le passé (2). Mais pour que les avantages évidents qui en résultent, pour que la simplification qui en découle n'aient pas une existence purement théorique, il faut que le principe soit consacré dans sa généralité, car nous avons vu à quelles anomalies et à quelles complications conduit un système assis sur une assimilation partielle. Dans l'état actuel, pour rendre une sentence qui échappe à la critique, force sera au juge du délit de contrefaçon de se pénétrer à la fois des dispositions de la convention

(1) V. notre deuxième partie, chap. II, p. 79.

(2) V. la deuxième partie de cette étude, chap. I, p. 65.

de Berne, car sur certains points elles pourront être le seul appui
des prétentions du revendiquant (1) ; des lois respectives des parties
en présence, car elles conservent toutes leur application en tant
qu'elles assurent aux étrangers des droits plus étendus que ceux
que leur garantit l'acte diplomatique de 1886 (2) ; enfin des traités,
s'il en existe, réglant les rapports des deux Etats, puisque la convention de Berne, elle-même, en désire le maintien en tant du
moins qu'ils ne restent pas au-dessous du minimum fixé par elle.

La question des conflits n'a donc pas fait encore un bien grand
pas dans la voie de la simplification, et le système auquel se sont
arrêtés les rédacteurs de la convention n'est pas dans un parfait
accord avec la logique et les principes : c'est une combinaison du
principe de la personnalité et du principe d'assimilation, qui conduira tour à tour à l'application de la loi d'origine et à l'application
de la loi du pays de contrefaçon. Ainsi, quel sera le sort en France
des plans dressés en Allemagne par un architecte allemand ? Seront-
ils protégés ; pendant combien de temps le seront-ils ? L'application
pure et simple du principe d'assimilation, posé par la convention
(art. 2, § 1), conduirait à décider que ces plans seront protégés en
France, et pendant cinquante ans à compter du décès de leur auteur, puisque telle est la protection accordée par la loi française
aux œuvres nationales.

Mais la restriction posée par le § 2 ne nous permet pas de nous
arrêter à cette solution. L'œuvre sera protégée, non pas en vertu
de la loi nationale de son auteur, mais en vertu de la convention de
Berne, qui modifie sur ce point, dans les rapports internationaux,
les dispositions moins bienveillantes de la loi allemande. Elle sera
protégée pendant trente ans puisque, d'une part, telle est la durée
de la protection accordée par cette loi aux productions énumérées
par l'article 4 de notre convention, et que, d'autre part, cette convention (art. 2, § 2) limite la protection internationale à la durée la
plus courte garantie par les deux lois en présence. Ce n'est donc

(1) Par exemple, l'auteur allemand dont l'ouvrage sera traduit en Belgique
puisera dans l'art. 5 de la convention le droit de poursuivre en contrefaçon
pendant dix ans le traducteur non autorisé.

(2) Ainsi, l'auteur belge jouira pendant cinquante ans en France du droit
exclusif de traduction, puisque les lois belge et française protègent le droit de
traduction au même titre que le droit de reproduction.

plus, dans cette hypothèse, la loi du pays d'importation qui doit être prise en considération, mais bien la loi d'origine, pour ce seul motif que la protection organisée par elle est moins longue en durée. Ce serait au contraire la loi du pays d'importation qui recevrait application, si le conflit s'élevait entre la loi espagnole et la loi française, car la durée de protection organisée par cette dernière n'est que de cinquante ans, tandis que celle garantie par la première est de quatre-vingts.

On voit suffisamment par là combien peu satisfaisant est un système fondé sur des considérations d'ordre purement contingent, combien peu juridique est une solution qui applique tour à tour la loi nationale et la loi étrangère, dans le but unique de restreindre les droits de l'auteur.

Il ne reste que deux systèmes admissibles, sur le mérite respectif desquels nous nous sommes déjà prononcé : l'assimilation pure et simple, et l'application du principe de la personnalité des lois; le premier conduisant à une plus grande simplicité, mais introduisant dans la protection une mobilité regrettable ; le second, plus en harmonie, selon nous, avec les véritables principes de la matière, et donnant aux droits des auteurs une fixité dont les heureux résultats ne peuvent échapper à personne. La convention elle-même (1), en matière de formalités, en a fait une application dont les avantages sont chaque jour appréciés dans la pratique de la vie littéraire et artistique.

---

(1) V. deuxième partie, chap. v, p. 151.

CONCLUSION

Dans chacune des réunions qui, de près ou de loin, ont préparé l'Union, l'Association littéraire et artistique internationale a poursuivi avec un zèle infatigable la réalisation de l'idée qui avait présidé à sa fondation : rechercher les meilleurs moyens d'assurer à l'écrivain et à l'artiste le droit le plus large et le plus certain sur la création de sa pensée, sans distinction de nationalité ni de frontière. Ce but poursuivi est-il le résultat atteint par la convention de Berne?

Les jugements les plus divers, les plus opposés peuvent être portés sur l'acte diplomatique ratifié le 5 septembre 1887. Le Syndicat français des Sociétés littéraires et artistiques qualifiait « d'absolument stérile le généreux élan qui animait le Conseil fédéral suisse en 1883 ».

L'œuvre, une fois accomplie, a suscité chez les auteurs une admiration, un enthousiasme qu'explique, nous n'osons pas dire l'attrait de la nouveauté, mais la croyance à la réalisation d'un vœu qui leur est cher. M. Clunet s'est fait l'écho de cet enthousiasme de la première heure et au lendemain de la signature du traité, il écrivait dans son *Etude sur la convention d'Union internationale* : « Un fait considérable s'est produit dans le domaine du droit international. Une convention d'Union pour la protection des œuvres littéraires et artistiques vient d'être conclue et officiellement promulguée. La moitié environ de la population du globe, rangée sous une même bannière, s'inclinant devant cette propriété sacrée entre toutes, mais d'essence toute métaphysique, niée pendant si longtemps, ne comptant pas même un siècle d'existence, et qui s'appelle le droit de l'auteur sur son œuvre! Certes, le spectacle est grand et c'est là un évènement qui vaut la peine qu'on s'y arrête; il est digne de l'attention de l'historien et du jurisconsulte..... La convention du 9 septembre 1886 constitue un des actes internationaux les plus considérables du siècle. Devant ce résultat inespéré, ses promoteurs ravis et émus se demandent s'il est bien vrai que l'ère du rêve soit déjà close. »

Nous ne refusons pas l'hommage public de notre reconnaissance aux efforts de cette généreuse et vaillante Association qui, depuis sa création, n'a cessé de prêcher en tous lieux, sans défaillance, la bonne doctrine, multipliant les Congrès, semant les travaux de la plume et de la parole. Nous savons aussi rendre grâce aux diplomates qui se sont réunis pendant quatre années consécutives sous la présidence de l'éminent conseiller fédéral M. Numa Droz. Ils ont déployé un zèle infatigable dans l'élaboration du traité dont M. Clunet salue si bruyamment l'avènement. L'expérience, la connaissance approfondie du sujet, le labeur consciencieux sont des qualités trop inhérentes à de telles fonctions pour attendre la louange. Ce qui ne se rencontre pas toujours, même en des matières d'où la politique est exclue, c'est une vue des choses sans parti pris et cette heureuse disposition aux concessions réciproques qui a permis de mener à fin une œuvre où les conflits d'opinions étaient vifs et nombreux.

Et pourtant, nous ne cachons pas notre embarras à nous prononcer sur la valeur des dispositions que nous avons cherché à analyser dans cette étude. Cette appréciation devrait nécessairement varier suivant le point de vue auquel nous nous placerions. Quelle méthode conviendrait à cette critique, et à quel point de vue devrait-elle être entreprise? Faut-il, adoptant un point de vue élevé et absolument général, essayer de déterminer ce qui devrait être? Faut-il, au contraire, se préoccuper surtout de ce qui est, et considérer non pas les rapports rationnels qui peuvent exister entre les diverses législations, mais bien les rapports positifs qui en fait existent entre elles? Suivant le parti que l'on prendra, l'on sera conduit à émettre des doctrines scientifiquement irréprochables, mais peut-être médiocrement pratiques; ou à donner des solutions susceptibles d'une application immédiate, mais qui encourront le grave reproche d'être l'émanation d'une législation déterminée et non pas l'expression des rapports naturels existant entre les lois des différents pays.

Au cours de nos explications sur les dispositions fondamentales de la convention de Berne, nous nous sommes placé successivement à ce double point de vue, et nous n'avons pas à revenir sur les critiques que nous avons faites ou l'appréciation que nous avons donnée.

Dans chaque hypothèse, nous avons dit à quelle solution, souvent bien différente de celle consacrée par la convention, aurait conduit l'application des véritables principes. Mais nous avons aussi cherché à expliquer l'arbitraire et même l'illogisme de certaines dispositions par des nécessités pratiques supérieures au caprice de l'homme et souvent incompatibles avec les exigences d'un théoricien.

La convention de Berne est donc loin d'être une œuvre parfaite et les résultats acquis sont bien inférieurs aux avantages qui résulteraient d'une codification uniforme de la matière. La convention, il est vrai, place au-dessus du principe d'assimilation certains droits dont elle assure la protection d'une façon absolue, constituant un minimum d'unification qui, dans les rapports internationaux, supprime l'effet des lois ou conventions plus restrictives. Mais le principe fondamental qu'elle pose est celui de l'assimilation de l'étranger au national, c'est-à-dire le maintien d'une bigarrure regrettable dans les diverses solutions de la matière. Cela nous montre qu'une part très large doit être faite, dans chaque hypothèse, à l'examen des lois internes de chacun des Etats signataires; c'est dire aussi que la source des conflits de loi est loin d'être tarie. La convention est donc un acte essentiellement éphémère, en ce sens qu'elle subit la loi. N'aurait-il pas mieux valu, dès lors, travailler à l'unification des diverses législations. Ou du moins, au lieu de faire de cette convention une transaction entre les nombreux systèmes, tous plus ou moins imparfaits, consacrés par les lois des différents pays, n'aurait-il pas été plus digne de l'Union projetée de convenir que l'on prendra pour base la meilleure convention particulière?

Théoriquement sans doute; mais il faut se rendre un compte exact du but que l'on s'est proposé en cherchant à conclure une convention aussi générale que celle qui nous occupe. L'idéal aurait été certainement la constitution d'un droit unique pour les ressortissants. Mais cet idéal était impossible à atteindre dans un domaine où les différences entre les législations sont si nombreuses, si profondes. Il est évident qu'aucun pays n'aurait voulu et pu renoncer purement et simplement à ses lois intérieures pour accepter la loi d'un autre Etat. Chaque loi répond à un degré de culture et de science juridique aussi bien qu'à la satisfaction d'intérêts qui varient suivant les milieux, suivant les pays. Les uns, qui appliquent chez eux des principes très avancés et qui sont en même temps pour les autres pays de grands fournisseurs de produits intellectuels, auraient désiré voir cette unification atteindre du premier coup l'idéal le plus complet. D'autres, au contraire, guidés par les nécessités d'une situation dont il convenait de tenir compte, consentaient bien à faire un pas en avant, dans la voie du progrès, mais ne pouvaient pas le faire aussi grand pour la première fois.

En présence d'une telle divergence d'intérêts et d'aspirations, fallait-il donc renoncer à toute tentative de conciliation? Et parce qu'on ne pouvait pas tout obtenir, fallait-il ne rien demander? Non : s'il est beau de mourir pour ses convictions, il est peut-être préférable de vivre pour les faire triompher.

La conférence a dû reconnaître que, si elle voulait voir le plus grand nombre de pays entrer dans l'Union, elle ne devait codifier le droit matériel que dans la mesure où cette codification pouvait être acceptée par ceux des pays dont l'adhésion devait être une garantie pour l'œuvre commune. Or ces pays ne sont pas ceux dont la législation libérale accorde, par une confusion générale et bien entendue, les mêmes droits aux nationaux et aux étrangers sans distinction, mais plutôt ceux qui ne protègent que leurs nationaux ou n'accordent protection aux étrangers que sous des conditions aussi nombreuses que difficiles à remplir.

Appelée ainsi à choisir entre une Union restreinte, ne comprenant que les pays les plus avancés en matière de protection, et une Union moins parfaite, mais embrassant presque tous les pays importants au point de vue de la littérature et des arts, la conférence a considéré que cette dernière alternative présentait plus d'avantages que la première. D'ailleurs, en invitant les uns à s'acheminer dans la voie de progrès incontestables, elle ne forçait pas les autres à demeurer stationnaires ou à revenir sur leurs pas. La convention est un minimum qui n'empêche aucun Etat d'avoir une législation plus libérale, ou de conclure des conventions plus largement protectrices. Elle les stimule même à marcher dans cette voie.

Si enclin que nous nous soyons montré, dans notre étude, à critiquer un grand nombre des dispositions de la convention, quand nous rapprochions les solutions admises de celles que dictent la raison pure et la nature intime du droit à protéger, notre appréciation est nécessairement plus bienveillante quand, des hauteurs où nous retenait la philosophie du droit, nous descendons dans le domaine des réalités, quand nous tenons compte des difficultés qu'il a fallu vaincre pour constituer l'Union, des susceptibilités qu'il s'est agi de ménager pour atteindre le but poursuivi, de mille circonstances, de mille événements contre lesquels venaient se briser les meilleures volontés, les plus généreux efforts. On constate alors que les progrès que la convention réalise, sur l'état antérieur des législations particulières, constituent pour les œuvres de la pensée une conquête importante : assimilation de l'étranger au national, remplaçant le principe trop étroit de la réciprocité diplomatique ou légale ; suppression des formalités multiples de l'enregistrement et du dépôt, autrefois exigées cumulativement et dans le pays d'origine et dans l'Etat protecteur ; assimilation, dans son principe sinon encore dans la durée de protection, des traductions illicites à la contrefaçon proprement dite ; suppression du délai arbitraire dans lequel le plupart des législations exigeaient que fût terminée la traduction pour sauvegarder pleinement les droits de l'auteur ; interdiction des contrefaçons serviles et des appropriations indirectes ; fixation de présomptions claires et précises pour l'ouverture de l'action judiciaire ; constitution d'Unions restreintes plus avancées que l'Union° générale sur les questions qui n'avaient pu réunir les conférenciers dans un même sentiment (œuvres photographiques et œuvres chorégraphiques) ; organisation d'un bureau international, chargé de concentrer tous les renseignements, de pourvoir à tous les besoins et de prendre en main la défense des intérêts de la communauté..... etc....

L'action progressiste du traité de Berne ou des conférences qui l'ont préparé, se fit bientôt sentir dans les Etats européens qui avaient encore une législation très inférieure, imparfaite ou arriérée. Ainsi la Grande-Bretagne qui voulait entreprendre l'unification des vieux statuts de la reine Anne, de Georges II, Georges III, Guillaume IV et de la reine Victoria, commença par sa loi du 25 juin 1886 à modifier, selon les principes de l'Union, sa législation sur le Copyright. La Belgique, la même année, par une loi du 28 mars 1886, abrogeait toutes les dispositions antérieures relatives au droit d'auteur, et portait la législation sur la matière à un degré de perfection qui la place entre les meilleures. Les Etats-Unis, en 1891, introduisent dans leurs lois un principe qu'ils avaient ouvertement méconnu jusqu'alors, celui de la protection internationale des droits intellectuels. La protection accordée par cette loi n'a qu'une portée pratique bien minime, puisqu'elle suppose la publication simultanée au pays d'origine et aux Etats-Unis de l'œuvre à protéger; mais elle n'en est pas moins l'affirmation solennelle d'un principe. Dans l'Amérique du Sud l'influence bienfaisante de l'Union s'est fait sentir d'une manière plus effective, plus efficace; elle a provoqué un mouvement analogue et déterminé un groupement des Etats en vue de la protection des auteurs et des artistes. Le 10 mars 1888, les gouvernements de la République Argentine et de la République Orientale de l'Uruguay invitaient ceux de la Bolivie, du Brésil, du Chili, de la Colombie, de l'Equateur, du Paraguay, du Pérou et du Vénézuela à se faire représenter à un Congrès « juridique international sud-américain », qui devait se tenir à Montévidéo le 25 août suivant. Chacun de ces gouvernements répondit à l'appel qui lui avait été adressé, sauf la Colombie, l'Equateur et le Vénézuela. Les délibérations durèrent du 25 août 1888 au 18 février 1889; on y discuta toutes les questions susceptibles de naître en matière de droit international privé, et l'on n'élabora pas moins de huit traités dont un notamment relatif aux droits intellectuels. Ce dernier a été signé le 11 janvier 1889, sauf approbation des pouvoirs législatifs compétents par les délégués des sept Etats sud-américains représentés au Congrès : Bolivie, Brésil, Chili, Paraguay, Pérou, République Argentine et République Orientale de l'Uruguay. La longue période de troubles que viennent de traverser un grand nombre des Etats de l'Amérique du Sud ne leur a pas laissé des loisirs suffisants pour donner une consécration législative aux principes de droit international déposés dans le traité de Montévidéo. Mais, si à l'heure actuelle, faute de renseignements précis, nous ne pouvons pas encore affirmer l'entrée en vigueur du traité de 1889, il est du moins permis de croire qu'il deviendra exécutoire dans un avenir assez rapproché.

Le traité relatif à la propriété littéraire et artistique a été visiblement inspiré par celui qui a servi à fonder l'Union de Berne. Les dispositions qu'il renferme sont très souvent les mêmes que celles contenues dans l'accord de 1886.

Un autre heureux effet de l'œuvre imparfaite de l'Union est facile à découvrir; en signant la convention du 9 septembre 1886, les Etats contractants que n'unissait auparavant aucune convention particulière, se sont engagés à reconnaître les droits de leurs auteurs respectifs ; tel était précisément le cas de l'Allemagne et de l'Espagne. La nécessité d'une prompte ratification par les plénipotentiaires de ces puissances a été démontrée par un incident survenu au cours de l'année 1887 et rapporté dans le *Journal de Droit international privé* (1888, p. 210). Enfin rappelons encore l'indépendance de fait que la convention a eu pour conséquence de créer entre les traités de commerce et les accords littéraires, indépendance à laquelle nous avons fait allusion en terminant notre étude.

Le rôle du jurisconsulte ne consiste pas uniquement à signaler les résultats acquis, les progrès réalisés, mais encore et surtout à appeler de ses vœux les améliorations possibles et les réformes à apporter. Nous les avons notées déjà chemin faisant, mais il en est deux qu'il est utile peut-être de rappeler à l'attention des législateurs.

Nous serions heureux de voir la convention proclamer le principe de la protection de tous, sans distinction de nationalité, au lieu d'en limiter l'application aux cas prévus par les art. 2 et 3. Le système étroit, par elle consacré, est incompatible avec le but à atteindre, en opposition formelle avec les idées dont l'Union poursuit la réalisation, et que s'efforçait de faire triompher l'Association littéraire et artistique internationale. Seul l'exemple du désintéressement peut faire naître chez les peuples arriérés un sentiment de générosité. Tolérer la contrefaçon chez soi, c'est justifier son maintien au dehors ; les puissances non signataires ne rougiront pas de l'admettre chez elles, tant qu'elles verront l'Union lui donner un asile dans son sein. Peut-être même convient-il d'expliquer par là la lenteur qu'apportent ces Etats à venir grossir le nombre des puissances qui ont donné leur adhésion à la convention de 1886.

Un autre progrès, non moins important à réaliser, est celui de l'assimilation du droit de traduction au droit de reproduction : le premier n'est qu'une des variétés du second et offre, en droit international, une importance beaucoup plus considérable que la reproduction textuelle. Le droit exclusif de traduire n'est qu'une fraction du droit général d'auteur : or, la partie a la même nature que le tout ; elle n'en diffère que par l'étendue : il n'est donc pas logique que l'un s'éteigne alors que l'autre continue à subsister. Si l'on a été momentanément forcé de subir le délai de dix ans assigné par l'art. 5 à la durée de protection, déja en 1885 la délégation allemande reconnaissait que l'assimilation du droit de traduction au droit de

reproduction était une tendance de l'époque. Cette tendance n'est-
elle pas assez prononcée, assez accusée aujourd'hui pour recevoir
enfin satisfaction ? Les rédacteurs du traité de Montévidéo se sont
mieux inspirés à cet égard des vrais principes en matière de droits
intellectuels et n'ont pas hésité à considérer le droit de traduction
comme compris parmi les attributs nécessaires du droit de reproduction, assurant ainsi aux deux une protection égale en durée
(art. 3).

Nous avons dit aussi à quelles libertés de reproduction sans
contrôle peut conduire la solution admise par l'art. 8 au sujet des
emprunts licites faits par une nation à l'autre; nous savons également par quelles expressions vagues et confuses la convention limite
le droit d'adaptation ou d'appropriation indirecte ; combien étroite
est la protection accordée à la photographie et aux œuvres chorégraphiques (1) ; combien illogique et anti-juridique est la condition
imposée par l'art. 9 *in fine* à la sauvegarde du droit d'exécution des
œuvres musicales.

Ne serait-il pas temps, sur tous ces points, de donner une satisfaction plus entière aux vœux des intéressés, de consacrer une
doctrine plus en harmonie avec les principes, de rechercher une
unification plus complète, plus parfaite des règles en la matière?
Les lenteurs apportées dans la révision d'une convention d'un caractère aussi général que celle de Berne sont dangereuses; peu à
peu un courant s'établit contre toute convention, rendue forcément
solidaire des défauts qu'on lui reproche, et le courant, de plus en
plus fort, en arrive à emporter une œuvre qu'on a eu le tort de ne
pas vouloir perfectionner. Rédigées par des hommes et pour des
hommes, les conventions sont comme eux imparfaites, mobiles et
perfectibles; la société change, les idées et les intérêts se modifient :
la convention est obligée, pour être durable et toujours utile, de

(1) Sur ce point encore, la solution du traité de Montévidéo nous paraît
préférable à celle de la convention de Berne : tandis que cette dernière place
dans une catégorie spéciale les œuvres photographiques et chorégraphiques,
tout au contraire, les négociateurs américains ont pris soin de faire figurer
ces œuvres dans l'énumération que renferme l'art. 5; celles-ci sont donc mises
sur la même ligne qu'une œuvre littéraire ou artistique quelconque, et les
tribunaux des pays qui adhèreront au traité de Montévidéo n'auront pas,
notamment en ce qui concerne les photographies, à rechercher si elles constituent ou non une œuvre artistique.

suivre ces évolutions. Les auteurs du traité de Berne ne se sont pas imaginé avoir fait une œuvre immortelle, parce qu'ils la savaient imparfaite, parce qu'ils savaient que les résultats obtenus n'étaient que le gage de ceux que l'avenir leur promettait.

Qu'ils exercent aujourd'hui le droit de révision qu'ils ont eu l'heureuse inspiration de se réserver par l'article 17 ! Qu'ils poursuivent leur œuvre de rapprochement fraternel entre les peuples ! Ce sera là un spectacle consolant, témoignant que, malgré les rumeurs confuses d'armes remuées que l'on entend à notre époque, l'humanité n'en poursuit pas moins sa marche ascendante vers la lumière et la paix.

TABLE DES MATIÈRES

14

POSITIONS

DROIT ROMAIN

I. — L'institution de la limitation des terres tend à prouver que la forme primitive du régime agraire, à Rome, a été la propriété privée ou familiale et non la propriété collective de l'Etat.

II. — La publicienne semble avoir été inapplicable aux fonds provinciaux à l'origine.

III. — Le défendeur à l'action en revendication, qui refuse d'obéir à l'arbitrium du juge, ne peut pas, à l'époque classique, y être contraint manu militari.

IV. — Le mariage, à Rome, se forme par le seul consentement.

DROIT CIVIL

I. — L'obligation, pour l'héritier, de payer les dettes *ultra vires hereditatis*, est une conséquence de son acceptation pure et simple et non un effet de la saisine.

II. — L'art. 1419 C. c. ne déroge pas au principe « *qui auctor est se non obligat* ». L'obligation dont notre article déclare le mari tenu n'a pas sa cause dans l'autorisation donnée, mais est une conséquence des règles de la communauté.

III. — Le droit de suite n'est pas attaché au bénéfice de la séparation des patrimoines.

IV. — L'art. 747 C. c. doit être interprété restrictivement en ce qui concerne les biens auxquels s'applique le retour successoral, mais peut être étendu aux ascendants naturels, père et mère, en ce qui concerne les personnes au profit desquelles a lieu ce retour.

DROIT COMMERCIAL

I. — L'autorisation de justice ne peut suppléer l'autorisation maritale pour habiliter la femme à faire le commerce.

II. — La faillite est un état de droit et non un de fait : elle ne peut exister sans un jugement déclaratif, pour lequel la compétence des Tribunaux de commerce est exclusive.

DROIT DES GENS

I. — L'Eglise ne semble pas devoir être considérée comme personne internationale.

II. — La ratification donnée à un traité par un souverain sans l'assentiment préalable du Pouvoir législatif dans les cas où il est requis par les lois organiques, est un vice constitutionnel qui n'ôte rien à la force obligatoire du traité dans les rapports internationaux des parties contractantes.

VU PAR LE DOYEN :
CH. TARTARI.

VU PAR LE PRÉSIDENT DE LA THÈSE :
EDOUARD BEAUDOIN.

VU ET PERMIS D'IMPRIMER :
Le Recteur,
ZELLER.

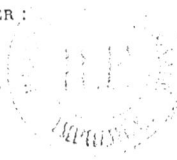

Bône, Imprimerie EMILE THOMAS, rue Marcel Lucet.

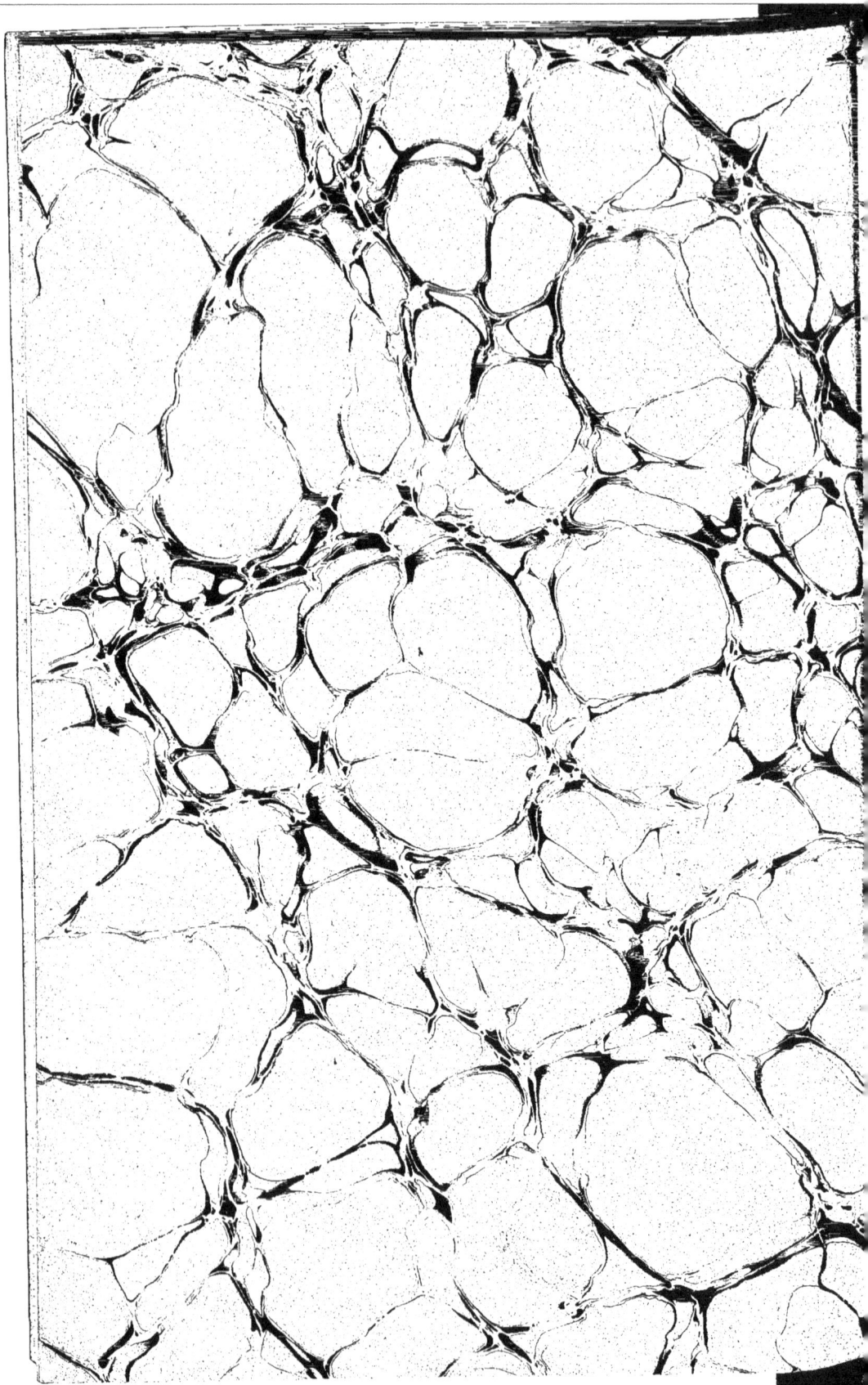

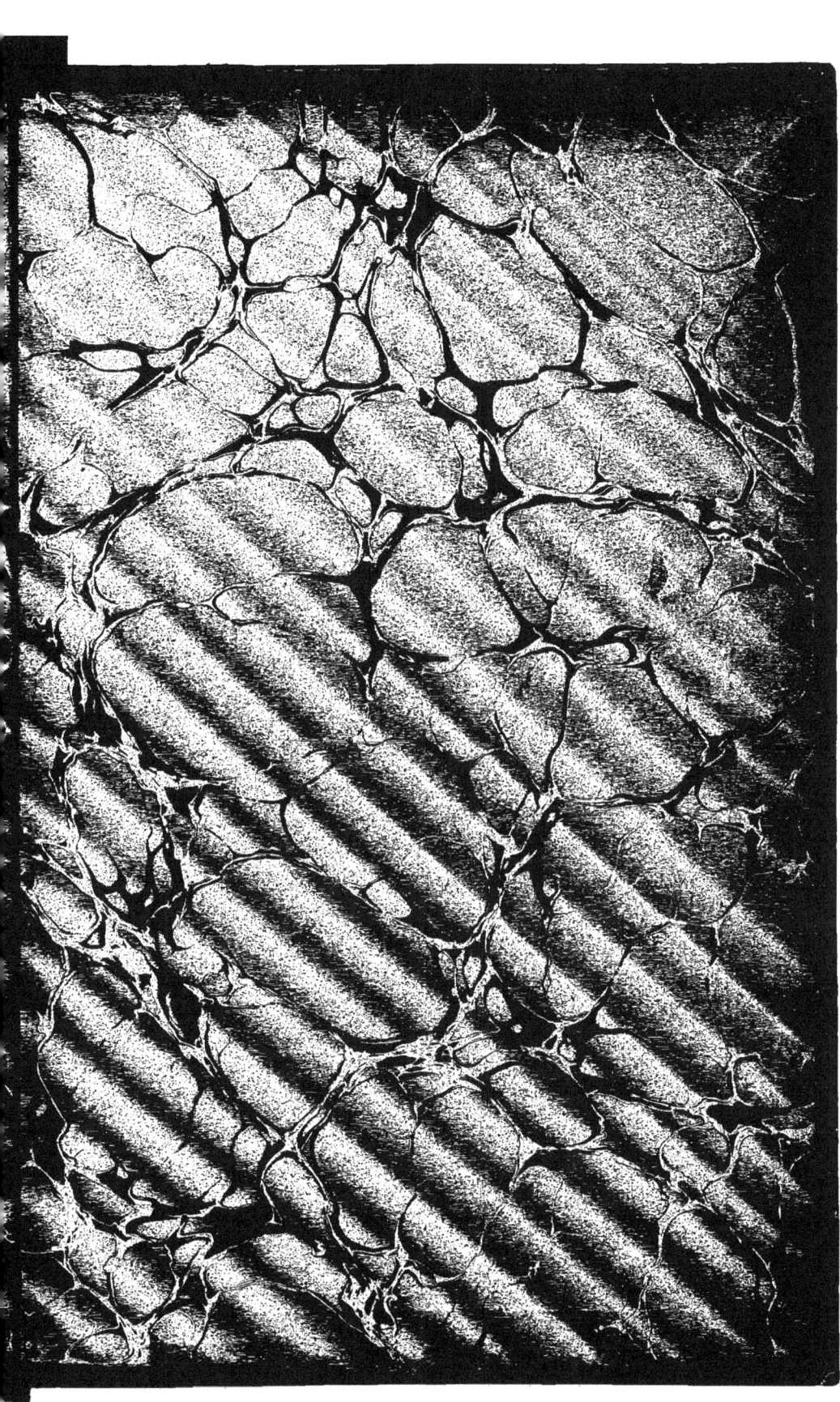

www.ingramcontent.com/pod-product-compliance
Lightning Source LLC
Chambersburg PA
CBHW070520200326
41519CB00013B/2868